# 柳全
# 州景

主编　陈奕

GUANGXI NORMAL UNIVERSITY PRESS
广西师范大学出版社
·桂林·

QUANJING LIUZHOU

总策划：胡　昕
出版统筹：罗财勇
项目统筹：伍秀娟
编辑总监：余慧敏
特约编辑：温　华　房　松
　　　　　赞　歌　朱　红
责任编辑：唐　娟
装帧设计：蒋佳佳
图片编辑：彭泳琳
责任技编：李春林

**图书在版编目（CIP）数据**

全景柳州 / 陈奕主编 . —桂林：广西师范大学出
版社，2020.7
　　ISBN 978-7-5598-2611-4

Ⅰ . ①全… Ⅱ . ①陈… Ⅲ . ①柳州—概况 Ⅳ .
①K926.73

中国版本图书馆 CIP 数据核字（2020）第 025207 号

广西师范大学出版社出版发行
（广西桂林市五里店路 9 号　邮政编码：541004）
　网址：http://www.bbtpress.com
出版人：黄轩庄
全国新华书店经销
珠海市豪迈实业有限公司印刷
（珠海市香洲区洲山路 63 号豪迈大厦　邮政编码：519000）
开本：787 mm ×1 092 mm　1/16
印张：22.5　　字数：450 千
2020 年 7 月第 1 版　　2020 年 7 月第 1 次印刷
定价：128.00 元

如发现印装质量问题，影响阅读，请与出版社发行部门联系调换。

风物 | 技艺 | 化成 | 天赐

序言

珠江水系西江上游的柳江，上接黔中，南下梧州，远流南海，水势浩大，川流不息。柳州曾是中国古人类的发源地，这里的人类生活遗迹跨越了三万年。柳州白莲洞及周边人类遗址，是东亚最早的新人遗址群。北有山顶洞，南有白莲洞。贾兰坡、裴文中先生对这两处新人遗址群的发现，说明了中国人的南北起源。远古以来，一部分柳江人从这里北上洞庭，东及太平洋，演绎出数不尽的文明故事。

两千年来，柳州这座柳江上的中国历史文化名城，也曾两次与国家命运休戚相关：秦亡汉兴，汉武帝曾欲借蜀人与夜郎攻打赵氏南粤，所选路线为经潭水（柳江）下苍梧。柳州居潭水中游，建于汉武帝元鼎六年，初名潭中，是控扼云贵、进击南粤的要津。另一次，现代柳州在抗日战争中，作为重要的大后方，接收了全国内迁工业，承担了抵抗日本侵略者的重任，承受了巨大的牺牲。来自柳州的铁鹰忠魂，曾奋战在南北中国的上空。

温柔的柳江给予了柳州以姓名。唐贞观八年，当时的南昆州以柳江为名更名为柳州。柳州西连云贵，自古西南云贵物资到南海都由柳州而出；柳州因其水运的便利，自宋代始称"桂中商埠"。柳州是农业发达地区，产杉木、竹、麻葛、甘蔗、香料、油粘米，输出竹木器、柳布、蔗糖，粤闽和湘地商人将它们带出，而带入海盐及家用百货。

唐宋以来，柳州得人文眷顾。唐初开凿的相思埭将漓江与洛清江—柳江连通，自此从潇湘至柳江一苇可航。柳宗元沿此水路来到柳州，在柳州敷扬教化，使柳州成为岭南西部文教的大宗，福泽至今。柳宗元寄寓柳州时，不仅留下了文庙、水井、竹、柳、柑橘、儒学、仁爱和诗篇，还发现了龙壁回澜的柳州石，这是柳州作为中华奇石之都的缘起。

明万历时，北宋邕州知州苏缄之后——知县苏朝阳在融江筑岛为城，和睦各族，迁闽人于此，开办贸易，开发柳北，融江上舳舻相衔，带来了柳北区域的经济繁荣。这座岛城存续至今，就是水中古城——丹洲。

与古代农业柳州不同，近代柳州发生了翻天覆地的变化——柳州完成了向一座现代工业城市的转变。清末以来，人们利用本地的矿产资源，开始了制铁等手工业。清末洋务派杨道霖出任柳州知府，引入了广西最早的机器采伐业。民国时期，新桂系李宗仁、白崇禧、黄绍竑倾力建设广西。时任广西建设厅厅长伍廷飏更把柳州作为广西的经济文化中心来打造。自20世纪20年代起，柳州引入民用工业，创办军事工业，规划城市交通，布局现代教育。柳州成为新桂系手中现代城市建设的一个地方样板。柳州机械厂就建于这一时期。即便是在抗战时期，柳州的地位也在不断提升。40年代初期，湘桂铁路与黔桂铁路在柳州交会，柳州成为西南绝无仅有的铁路交通枢纽。

新中国成立后，在全国工业企业的支援下，柳州工业崛起于西南。从机械、钢铁到热电、化工，柳州一度成为西南地区工业重镇。而作为西南的交通枢纽，柳州汇聚湘桂线、焦柳线、黔桂线、衡柳线等众多干线。

今天，柳州的装载机销量全球第二，新中国第一台轮式装载机、铰式装载机都来自柳州工程机械。柳州人均汽车产量为全国第一，是中国汽车产业自主品牌最多的城市。时至今日，从冶金、机械、重化到纺织、家电、药业，"柳州制造"几乎是全方位的。而柳州人很早就懂得回顾自身工业史的必要性，柳州工业博物馆是中国第一座工业博物馆，是柳州人 60 年工业辉煌的写照。柳州工业如今仍有着强大的活力与适应性，柳州的精神世界与铁路相连，是开放的，而柳州人的性格则如同铁轨，刚直、顽强。

柳州少数民族与黔东南苗、瑶各民族，湘南的瑶族、侗族来往密切。西江就是"南岭民族走廊"的大动脉。西江上游，柳江承接都柳江、古宜河、贝江、龙江，下连红水河，流入郁江。作为"八桂通衢"，历史上少数民族，或溯江而上，或沿江而下，来往活跃，带来了柳州多样的民族结构。今天，壮、侗、苗、瑶、回、仫佬族等少数民族人口仍占柳州总人口的一半以上，民族风情多姿多彩。

柳州融水苗族自治县是国内最早的苗族自治县。贝江河两岸、元宝山地区，苗乡、苗村、苗屯都有各自的坡会，融水被誉为"百节之乡"。这里的芦笙踩堂、打同年、百鸟衣、芒蒿节、斗马在西南苗疆享有盛名。三江侗族自治县，保留着古老的木造艺术、大歌、多耶艺术和夜郎祭祀。侗族依山川形便建造的鼓楼、风雨桥，其形式之雅，是中国民族建筑的精华。而侗族三月"约青"、九月"约黄"，用"讲款"保存着这个民族的法典和内心信仰。

柳州是我心目中的另一个岭南。忆岭南，怎不忆柳州？这里的山水、物候、人文，有着岭南风物所不具有的层次与恢宏：元宝山神祇般的花岗岩柱、奇趣横生的喀斯特天生桥、融安五色的万顷林海、鹿寨四十八㟖的锦绣田园；融江坦荡碧澈、柳江百里画廊九曲回肠；你以为的一座钢铁城市的冷灰坚硬，却遇轻风携雨时节，紫荆花的云霞染尽大城小巷，少女步入镜框与你相对——请不要忘记，柳州的紫荆花花事，已成为柳州人春天的心事。

一条柳江孕育了这座城市，一座车城缔造了这座城市，一片花海渲染了这座城市，人们引以为傲的一碗粉——柳州螺蛳粉感动了这座城市。请和我们一起，走入柳州！

陈奕
2020 年 6 月 3 日

CONTENTS

目录

第二篇

化成

第三篇

技艺

第四篇

风物

Chapter 1

第一篇

天赐

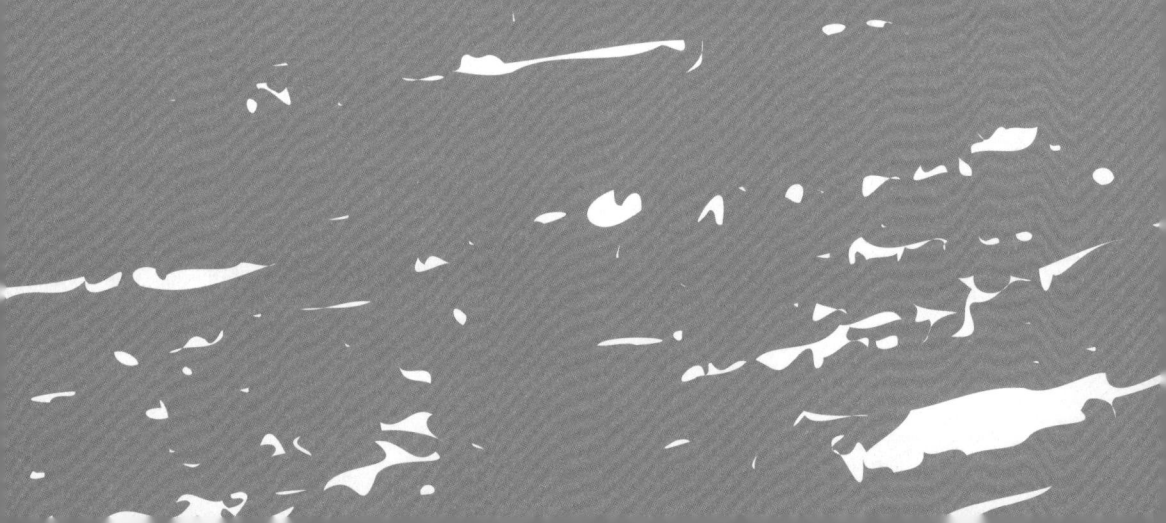

# 百里柳江，日进千里

撰文 覃妮娜

说到江山如画，今天的柳州可以媲美任何一座城市！

柳江全长逾千里，其中自到达柳州市区时，从上游的露塘，到市区下游的洛维，全长55.5公里，最为宛转曲折，恰如一条玉带缠绕城垣，青峰点缀其中，风光无限，入城百里方出，被柳州人称为"百里柳江"。

千百年来，柳州城依水而建，人们临水而居，行水运，拜水神，以水聚财。柳州人用一砖一瓦一木，亲手将柳州建成一座繁华美丽的都市。

清人蒋鹏在《柳江舟行》诗中写道："岸隐芦花新月小，云笼疏树远山微。崖猿唤子含

千年古城千年韵，百里柳江美画廊。柳江环绕市区回流，北岸城中心三面环水，形成一个巨大的 U 字形，古籍记载为"三江四合，抱城如壶"，故柳州又有"壶城"之称。摄影／邹柳辉

烟断，沙鸟惊人踏水飞。"那是古人游览柳江看到的景色。以前柳江没有筑坝，柳州每年汛期到来，江水漫上河岸一楼人家那是常态。柳江筑坝以后，水位抬升了 20 米，汛期时河岸人家倒是不再发生被水淹的事情了。

旧时看柳江风光，多是在船上看。柳州沿江两岸的景点，星罗棋布，大多都是自然山水。古八景中，南潭鱼跃、灯台返照、龙壁回澜，这些名字都起得很文雅，还有一些如龙须崖、凤凰嘴、叠书岩、牛蹄岩等直白如见其形。古时看景似乎都取其形胜，似人或似物，像什么便是什么。

现在看柳江，人们更喜欢上到山上看。从

马鞍山脚下，沿着盘旋的石阶道步行约二十分钟，便登上山顶。俯瞰柳江，九曲回环。柳江环抱柳州城，西来东去，形成一个大大的 U 字形，正对山顶观景台。因而这里也是观赏、拍摄"壶城"的最佳方位，是柳州之行的打卡地标。

百里柳江，也有百里滨江道。柳江两岸，处处是公园。亲水的钓台沙滩、行人步道、自行车道、汽车景观道，与绿树相伴，在花丛中穿过。环境更优美的自行车道，激发了柳州人开展自行车运动的热情，去滨江路骑行两圈成了柳州自行车爱好者的新爱好。

柳州的自行车运动发展在短短几年即达到了一个高潮。自 2016 年全国自行车赛，到

2019年广西公路自行车世界巡回赛，选手们在柳州滨江道上追风。碧绿宽阔的柳江上，两岸的青峰耸立。伴行的摩托艇，轰鸣的马达声和飞溅的白浪，让人的肾上腺素飙升，这条都市赛道，给他们留下惊艳的印象。

柳江的桥，也是柳江的一个亮点。1000多年来，柳江两岸维持了船渡和浮桥的历史风貌。从1940年柳江铁（路）桥建成，到1968年柳江（公路）大桥开通，再到2019年1月"柳州之门"的合龙，80年来，20座大桥飞架柳江两岸。其中有三座跨江大桥获得鲁班奖，一座获得詹天佑奖。不得不提一下，鹧鸪江大桥一桥囊括了这两项殊荣。

20座桥当中，除了1940年建成使用的柳江铁桥，1968年通车的柳江大桥，其余18座都诞生于改革开放之后，特别是近20年来，柳江上大桥进入了快节奏的建设阶段。就在屡获殊荣的鹧鸪江大桥通车的同一天，当时国内市政公路钢桁拱桥梁中，桁间距最大、跨度最大的桥梁——白露桥也同时通车。一座城市，拥有这样的架桥能力，真是值得骄傲！

在飞速建桥的同时，柳江依然保留和发展了水上的交通。2014年水上公交船开通9条线路，8艘12座的小船在柳江上穿梭往来，乘客横渡柳江只需2元。2艘20座的大船游览柳江，也不过3元。船班7：00至19：00运行，日出而发，日落而归。几元钱就能和柳江进行一次亲水体验，感觉船运公司和政府是在做公益呀！

水上公交无法体现柳江内心的速度。柳江宽阔的水域，是各种艇类赛事的优选场地。国家体育总局水上运动管理中心五部副部长、中国摩托艇运动协会秘书长万红军说："F1摩托艇世界锦标赛中国大奖赛是一项世界顶级体育赛事，它代表了水上动力艇赛事的最高水平，是现代文明中速度、科技的天然载体和象征。"柳江已连续10届承办该项赛事。来自世界各地的F1顶尖赛手们，带着速度与激情，飞驰在柳江上。每年赛季，江岸上观赛的场景，比端午节划龙舟时还热闹。F1，已经成为柳江和柳州人生活的一部分。

夜幕降临后，柳江还有另一副面孔。如果说白天，你的视线被高楼大厦阻挡，被青山绿水吸引，看过了你想象的柳州，那么夜晚，柳江会再帮你打开柳州的另一个意境。

那从水下升起的音乐厅，将328米宽的江面舞出律动，将音乐的高潮推上33层楼的顶峰；蟠龙山下，那延绵数百米的瀑布群，是世界规模最大的城市景观瀑布群；金碧辉煌的文庙，带着某种寓意，照亮江南的夜空；还有那些被霓虹灯点亮的现代建筑，一座接一座飞虹般的大桥，彰显着柳江与时代同行的气象。自然、历史与时尚，交融在百里柳江的夜色里。

柳州，一座人们印象中的工业城市，以第二产业的思维和力量，迅速打造了柳州的第三产业。这种降维投入，赋予了百里柳江加压级的增长动力，使她蜚声国内外。

作为世界 F1 摩托艇赛分站赛举办城市之一，柳州每个赛季都吸引着各国选手上演速度与激情的大戏，为两岸观赛者带来水上极速对决的视觉盛宴。摄影／陈玉平

清澈的柳江一年四季都有人下水畅游。柳江沿岸也修筑了许多亲水平台，方便市民亲近自然。摄影／赖柳生

蓝天白云下，柳州市城中区建筑高低错落，碧色的柳江绕过，文惠桥像一道美丽的彩虹架在江上，桥下的江面小船轻轻驶过，水波不兴，文昌塔静静地伫立在江边，世界仿佛在这一刻静止。摄影／黄保华

元宝山又名大苗山，是融水苗族世居之地，"高山瑶，半山苗"，居住在半山腰的苗民，依山开辟出梯田，层层叠叠，高低交错，美不胜收。摄影／郁良权

天
赐

撰文 覃妮娜

元宝山之宝

元宝山，因山上巨石形似元宝而得名。这个名字每年引来很多背包客和自驾的游客，他们不惜花上一两天往返，挥汗如雨，爬上元宝山，对巨大的元宝各种花式拥抱，似乎抱了天然元宝以后真能得到金元宝一样。

元宝山位于融水苗族自治县城北，距县城 65 公里，主峰青云峰海拔 2086 米，为柳州市第一高峰，广西第三高峰。另有 2081 米的蓝坪峰、2076 米的元宝峰、1799 米的白虎顶三峰相护。

元宝山和周边地区的地质地形完全不一样，它由七八条很有规律的东西走向山脉组成。元宝山的山石，有着与华山一样的形态。不过因为南方温热多雨，植被苍郁，土壤覆盖面大，看起来不及华山那么突兀险峻。这样的地貌是由于志留纪末期（地壳）的广西运动，使地层断裂，岩浆涌出，在该地区形成数千米厚的侵入岩。它因此成为古冰川时期广西第一高峰。

到了夺冠期，正好遇上冰川横行的时代，由于古冰川的强烈剥蚀，元宝山被削低，使它排名降到了广西第三。元宝山的经历仿佛给元宝山的植物基因打下了印记，在蓝坪峰可以看到鲜活的例子。山顶的树木活得再久，长得再高，也没有一棵愿意超过山顶巨石的。

1982 年，元宝山省级自然保护区建立。2013 年 12 月 25 日，经国务院批准，晋升为国家级自然保护区，范围包括四荣、安太、白云、安陲、香粉等五个乡镇，主要保护对象为森林植物资源、水资源等。这里最珍贵的树种是国家一级保护植物元宝山冷杉、南方红豆杉和伯乐树。

元宝山冷杉是世界上冷杉属分布最南的树种之一，也是世界上濒危植物之一，保护区最早就是因为冷杉而建立的。这些古老的树种，遗存在元宝山最陡峭的山顶。元宝山独特的自然环境和险峻的山势，让 200 棵冷杉得以保存下来。

除了濒危植物，元宝山还有丰富多样的植物种群，如雷公藤，开花如兰的油点草，又叫紫海葱，一身紫色的斑点，花蕊像喷泉一样。靠近山肩，有数千亩杜鹃林带，每年四五月，山花烂漫，美丽至极。冬天，海拔 1600 米的山肩以下，冰雪覆盖。而 1600 米以上却是阳光灿烂，微风习习。每个季节来元宝山，都有不同的惊喜。

元宝山还是候鸟迁徙的绿色通道。元宝山保护区处于东亚大陆中部候鸟迁徙的重要通道上，是每年种类繁多、数量巨大的候鸟迁徙的主要驿站。保护区内的动物中，白眉山鹧鸪和仙八色鸫属全球珍稀濒危鸟类。其中仙八色鸫全球只剩不到 10000 只！中国有 100—1000 个繁殖对，下限的数据非常小。元宝山所有的仙八色鸫都是这个数据的重要组成部分。

清《融县志》描述："三宝山（元宝山旧称）层峦叠峰，壁立千仞，虽猿猴也不能上；在山之麓望之不见山巅，一见云必有雨。山腰山腹有水涌出，泉如悬河，四季不竭。"登元宝山遇雾遇雨是常态，几步之外不可见。

保护区内著名的瀑布有很多，如野人瀑、六叠瀑等。瀑布汇聚成的主要河流有元坪河、荣坪河、泯罗河、大坪河等 11 条。元宝山也是广西重要的水源保护区。

由于交通闭塞，原始森林深茂，整个 80 年代，元宝山地区的苗民们，突然传出了很多遭遇"野人"的故事。由于时间相距不远，大多数故事的主人公还在世，他们绘声绘色的描述，无疑给这座大山增添了更多神秘色彩。

元宝山在广西，还有一个使用得更久的名字——大苗山，因为这里聚居了 10 余万苗族同胞。1952 年，先是成立了大苗山苗族自治区（县级），1955 年改为大苗山苗族自治县，是中国第一个苗族自治县。直到 1965 年改称融水苗族自治县，大苗山的县名使用了 13 年之久。

苗族，号称百苗。清代贵州的百万苗裔中被记录的就有 82 种之多。从广西融水到贵州黔东南，被学者们称为"苗族支系最多的地区"。可大苗山生活的数 10 余万苗族人，至今也没有看到他们的支系划分。也许，苗族，才是大苗山最大的宝藏！

千百年来，从古蜀四川，到战国楚地，不同时代和地区的苗裔一批又一批地迁入大苗山。这些先后到来的族群，带着各自的文化烙印，在大苗山再次融合，寻找祖先共同的记忆。当四川成都街头芒蒿神起舞时，大苗山的芒蒿神也跳着同样的祭神舞，这些傩师并不知道千里之外彼此的存在，但他们依旧延续着肩负的职责。

隐藏在山林里的苗寨，多为干栏式建筑，底层架空的建筑结构具有通风防潮的作用。摄影／郁民权

元宝山南北走向，中部稍凹，远眺状如巨型元宝。这里地层古老，山势高峻，为古冰川时期广西第一高峰。由于古冰川的强烈剥蚀，现为广西第三高峰。图为元宝山饭甑岩，状如金龟。摄影：郁良权

# 鹿寨国家地质公园，天造的香桥

撰文 覃妮娜

跨越河流，连接两岸的桥，是人类为跨越障碍修造的建筑。香桥的出现却非人力所为，而是天造。当板块运动将广西中部的这片岩层挤碎，这里留下了几块坚硬的岩板。洛江水用了百万年的时间冲蚀雕琢出这些岩板最美的样子。香桥，被地质学家以天生桥典范收入《岩溶学词典》，它和蜘蛛岩、月亮岩三座天生桥，共同构成了鹿寨香桥岩溶国家地质公园的"天生桥群"。

这片外表看起来"瘦骨嶙峋"的山地，隐藏了地质地貌上丰富多彩的景观。鹿寨香桥岩溶地质公园，在约40平方公里的核心区域内，集中展示了亚热带喀斯特不同发育阶段的典型地貌景观及形态，还有罕见的天生桥、天坑、天窗和天井。

鹿寨香桥岩溶地质公园，经由洛江潜流的雕琢，形成亚热带岩溶不同发育阶段的典型地貌景观，以及岩溶发育过程中代表性的岩溶形态：天窗、天坑、天井、天生桥。摄影／严跃新

天生桥，是地下河与溶洞的顶板崩塌后，横跨沟谷或河流的残留顶板，其两端与地面连接，中间悬空而呈桥状。香桥岩溶地质公园的天生桥群分布于古河道和现代河道上。

蜘蛛岩和香桥岩毗邻而居，两岩的桥拱宽大，相互守望。香桥岩下洛江碧波荡漾，蜘蛛岩的古河道已堵塞，被遗弃在江岸上，显得更高峻一些。月亮岩，因形似月牙而得名，看起来更像一个穿洞。但它位于近山顶的地方，顶板比一般的穿洞薄，所以学者将它界定为"桥"。月亮岩的海拔最高，是三座天生桥中最小也是最古老的一座。

天窗，是由早期的或现代的地下河溶蚀，河道顶板局部坍塌贯通地表而成。中国的学者为它们细分出具有中国文化韵味的名字——"天窗"。天窗规模比天坑小，而且没有垂直的四壁，更像一个打开小窗的穹顶。

按照发育辈分来说，香桥的天生家族中最年轻的、成员最多的是天窗，天窗中水位下降后发育成天井，成熟期时是天坑，"老年"期则成为天生桥。

在公园核心区域内不到 5000 米的地下河道上，探明发育有 20 余个规模、形态各异的天窗，其中规模较大、形态典型、可进入的就有 8 个。它们是青塘天窗、九龙洞天窗、大岩天窗、半满山天窗、米粉岩天窗、老虎笼天窗、老鸦天窗、十二槽天窗等，是国内外较为罕见的天窗群。

目前国外已知的地下河天窗数量少，在

在河流长期冲蚀作用下，地下河道顶板坍塌，残留部分横跨河道，中间悬空而成桥状，这便是天生桥。摄影／严跃新

响水石林是中国罕见的埋藏型石林，因地表水对石灰岩长期进行溶蚀溶解，后经人工开采铁矿裸露于地表，如剑、如林、如猿、如鹰，形态各异，千姿百态。摄影／严跃新

洛江穿山劈石，一路奔腾，在这里隐没地下，靠着自己的耐力和实力，冲刷出了天生桥，拱洞洞壁依稀可见洛江倔强的痕迹。摄影／陈碧信

国内开放的地下河天窗为数也不多。像香桥这样高度集成的喀斯特景观资源，对研究喀斯特发育史具有重要的科学价值，对普及喀斯特地学知识也有重要意义。

中渡镇，距柳州市 72 公里，距桂林市 100 多公里，是著名的桂柳运河南段洛清江的航线支流——洛江上的古埠古镇。洛清江航道，自唐代起，就起着沟通广西西部、通往贵州和云南的作用，这条航道也是古代中原王朝金属矿产漕运要道。

造成云贵高原隆起的板块运动，在这片喀斯特岩层组成的阶梯中，不但形成了响水瀑布这样的多层叠水奇观，也形成了丰富的金属矿藏。距响水瀑布不远，浅层地表散落着铁矿石，这种在人类冶炼金属的早期历史中就已出现的矿石，一直是地方政府和百姓眼中的宝贵资源。

铁矿石存在于石芽裸露的山坡，松散的红土当中，人力用锄头便可以轻易地获得。当人们在石芽中不断挖掘、采集，发现这里的石头全是"竖"着长的，像七八米高的巨大竹笋和剑锋一样，有着光滑的表面。当地表矿石被采集殆尽，山坡上剩下一片壮观的石林，成为另一种固定资产——景观。

石林的出现，是借助人力之手。但石林的形成，则得益于自然之力。裸露在地表的石林，依靠水蚀和风蚀形成。埋在地下的岩层，一样躲不掉水的改造。穿透覆盖其上的酸性红土的地表流水和降雨，在漫长的岁月里悄悄地改变着它的形态。

从山顶眺望，香桥跨越碧玉般光洁的洛江，远处是一望无际的峰丛洼地，让人不禁想起李白那句"若非群玉山头见，会向瑶台月下逢"。难怪人们称这里是"桃源真境"！

公园内的摩崖石刻共有 8 处，最早的始于宋代。其中体量最大、字数最多的是明代的"一方保障"摩崖石刻。文中记载了明代万历三年（1575），朝廷军队在这一带作战的史实。另一块同时凿刻的"京观"巨型石刻，其中提到的也是同一事件。

除了人类留下的痕迹，大地和河流也都留下了它们"到此一游"的印记。在公园步道旁，各种地质景观都做了标识和说明。向斜和背斜，是地层被挤压形成的波浪形皱褶，凸起的是背斜，凹下的是向斜。

在远离河道的蜘蛛洞高高的穹顶上，远古时期荡漾的水波，留下了满壁的弧形凹槽。水一直没有离开香桥。每年 6 月，是汛期洪水的高峰期，记录在峡谷边 5—6 米高的崖壁上，有明显的水位线。

我们有幸在香桥最美的年华中遇到了它！

天赐

# 贝江：一江碧水向东流

撰文／覃妮娜

贝江的水碧清澄净，由于两岸竹木繁茂，随着河面宽度和光照程度的不同而呈现出墨绿、宝蓝和淡绿等不同颜色，亦梦亦幻。
摄影／严跃新

沐浴在余晖中的贝江。摄影／廖佳

　　贝江是融水苗族的母亲河。我觉得很贴切，无论我到融水多少次，无论到融水的哪个苗寨，无论走多远，总是沿着贝江前往。沿岸看见的苗寨，遇到的苗家人，每一幅画面定格，都与贝江在一起！

　　贝江，发源于融水境内的九万大山，全长146公里，在县境内有都朗河和香粉河注入，汇入融江，下柳江，合西江。关于贝江的美，有数不尽的赞誉，如《融水县志》里生动的描述："贝江蜿蜒萦回，两岸青山连绵，杉竹竞翠，苗楼隐没。沿途秀石奇峰，崖壁幽壑，茂林修竹，美不胜收。"

面向贝江上游，左边是九万大山，右边是元宝山，两边都是广西著名的大山脉。这里有三个国家级自然保护区，总面积39817.5公顷，两边都是水源林。由于地广人稀，加上得天独厚的地理条件，孕育出贝江的一江碧水。

贝江给我印象最深的，是它永远都是绿色的。从没有哪条河，绿得那么长久和专一。无论是在河道宽处，还是窄处，似乎连浪也是绿的。贝江像一个谦谦君子，沉稳而含蓄，保持着一贯作风，不会因人因事而改变。

而有的人说，贝江像一个明艳娇媚的女子，四季不停地展示她的美。岸边的凤尾竹，就像她摇曳的裙摆。那小船上穿红戴绿的苗家姑娘，是她送来的秋波。那些放木排的健壮男子，则是她有意无意炫耀的小把戏。

还有人说，贝江是一条流淌着苗族神话与苦难的河。石门的财宝，乌龟的修行，讲的是适度和坚持；望夫石则诉说着战争与分离。

贝江的沿岸遍布村寨，在江面上却很难直接看见。一个原因是沿岸植被繁茂，还有一个原因恐怕就是历史上积年的战乱，让苗家人习惯了隐藏自己。当年《闪闪的红星》中脍炙人口的主题歌"小小竹排江中游，巍巍青山两岸走"所唱的外景片段就是在贝江拍摄的。但外人知道的并不多，也许就和这份低调有关。

贝江两岸最多的就是凤尾竹。当江中的船拉响汽笛，藏匿在竹林深处的苗寨，即刻就以芦笙回应。船还没靠近，竹丛之间已经跑出身着苗装的数人，用力地挥着手，像是迎接离家久远的亲朋。那份热情与真诚，隔着半条江扑面而来，闯入心怀，让人流连忘返。

一瓢贝江水，一杯迎客酒，一段芦笙曲，一醉解乡愁。贝江的苗寨，从此就住在心里了。

"贝江江水水弯弯，七十二潭三十六个滩。"名不见经传的长塘很长，有4.5公里，这里是贝江汇入融江前最后一段平静的水面。

出了长塘是"了滩"，险滩接着险滩，怪石嶙峋，激流翻滚，浪花飞溅，是走完了贝江也不曾见过的景象。

这突如其来的跌宕，也许是融江河道深切造成的落差，或许又是上天给贝江的护佑。它让融江上穿梭的船只望而却步，让贝江保有静好的岁月。

融水苗族把贝江当成他们的母亲河，苗寨在贝江沿岸随处可见，沿江而下，竹影摇曳中不时露出观间苗楼。摄影／严跃新

贝江古称脊江，因流过县城背面而得名，发源于九万大山，是融水县最长的一条河流，沿江两岸分布着诸多苗寨。摄影／卢志松

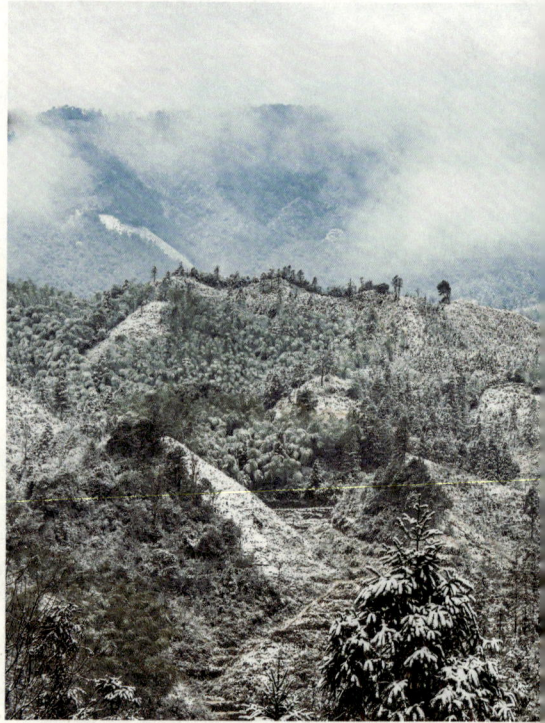

天赐

九万大山的
身世之谜

撰文 覃妮娜

薄雪覆盖下的九万大山带有一种迷幻色彩。图为融水县同练乡同练村。摄影／郁良权

在生物学圈里，有一个词叫"特有现象"，说的是某物种只在一个地区发生的现象，只有一个地方独有。当独有的物种不止一种，而是出现了很多种的时候，这个集中出现特有现象的地区，就叫作"特有现象中心"。九万大山就是这样的中心。

打开谷歌地图，广西区域最大的一块绿色，被标注在九万大山山脉的位置，并没有将元宝山涵盖在内。

这片绿色的自然保护区里，有野生维管束植物2735种，占广西野生维管束植物种数的1/3，在广西各类自然保护区中居首位，其中有中国特有属35种，九万山自然保护区特有种或准特有种（在此首次发现的）100余种，仅是以九万山或大苗山命名的植物就有30多种。这等规模的物种，不光是在中国，就算放在世界，也是令人惊叹不已的。

能够拥有植物宝库遗存，首先得益于云贵高原的抬升，将远古物种与人类活动拉开了距离，沿着贝江往九万大山前进深入。九万山自然保护区是广西重要的水源林区，发源于保护区的河流共有74条，其中集雨面积50平方公里以上的河流有4条，贝江是最大的。

江岸山坡的植被种类一直在变化，从竹林、人工林、灌木林到阔叶林、混交林、桫椤林。那些被称作"活化石"的高大桫椤，布满山坡的景象，蔚为壮观。

九万大山的植物构筑了一个立体的观赏空间。在上层，是华南五针松、海南五针松、鸡毛松、南方红豆杉、福建柏等高大乔木。中层有花形如小鸟扎堆的白花油麻藤、果珠紫红饱满的五味子藤。粉粉白白的绣球藤攀缘在灌木丛上，煞是可爱。还有各种阴生地被植物，喜湿的蕨类伸展着羽状叶片，犹如晾晒翅膀的鸟儿。

这些植物当中已经发现了具有药用价值的种类。九万大山也是瑶医的药材库。远离城镇医院医疗设施的山里人，会到山上采来新鲜的草药煮水，注入自制的木桶，浸泡以舒筋活血，祛湿驱寒，消除疲劳，治疗疾病。

就像瑶族是九万大山居民中的少数，九万大山上生长的花岗岩也是这块土地上的另类。大山东面，融水县城以东，是老子山、石门仙湖这样的喀斯特地貌；大山西麓，也是罗城剑江天生桥喀斯特景观。是一股前震旦纪古老岩层涌出的变质岩，冲破柳州西北的这片喀斯特地层，而形成九万大山的花岗岩。

被喀斯特峰丛包围的九万大山山脉，其

主峰摩天岭海拔 1938 米，副峰阿扣山海拔 1936 米，两峰相距约 10 公里，形成"姐妹峰"。如今公路已修到位于海拔 1000 米处的村寨，登摩天岭更加方便快捷。

九万大山这个名字，自听到起，就会萦绕在每个人的心头。尤其是在听到广西还有六万大山和十万大山之后，每个人都会问：真的有那么多山吗？一定是有那么多山哦！

长久以来，人们都没明白，老祖宗怎么给屋后那片群山起的名字。直到有一位壮族地质工程师韦炯隆，在走访了众多壮族长者之后，以壮语重读了这些以"数字"命名的大山，才有了新的解释。

韦炯隆说：古代壮族祖先越人居住在岭南各地，留下许多古老难懂的地名。如南粤古镇番禺，如果用壮语解读，番禺就是最大的村庄，很符合史实。九万大山的"九万"系壮语"九怀"（水牛头）的汉文记音，山名的实际意思是"水牛头山"。

虽然人们依然不知道"水牛头山"的来历，但我在九万大山的北麓看见了秀塘、刚边两个壮族乡。这两个乡隔着大山又在贵州省境内，一直不为广西的资料收集记录。而融水作为苗乡，人们不理解壮语含义，只是跟着前人读也很正常。

那么在苗人侗人来此之前，九万大山真是壮族祖先世居之地吗？

同练乡传统农业以水稻为主，图为瑶家妇女在晾晒水稻、辣椒。摄影／郁良权

山村、秋色、湖水，宛如一幅水彩画。摄影／郁良权

位于桂北的九万大山，跨柳州、河池两市，由元古界的四堡群地层构成，以强烈的岩石变质著称。其山地资源丰富，林木茂密，水力丰沛，拥有大量珍稀物种。摄影　卢志松

# 石门仙湖，自带仙气

撰文 覃妮娜

神仙自己从来不发言，神话故事都是人在传说。融安的仙湖也不是仙人建的，是20世纪融安县政府和劳动人民，在一条峡谷河道里围坝修建的水库。因为地势壮美，又发挥了很大的作用，才被赞誉为仙湖。

石门河是仙湖的前身，所以石门是此地元老。没有来过融安的人，或者说没有看过石门仙湖的人，可能很难想象石门是个什么样的门。魔幻电影《指环王》里面有一个给人留下深刻印象的画面：主角们坐船进入刚铎国境时，峡谷两岸，突然出现以山体刻出的巨人石像，举手阻止人们前进。

穿越暗河，到了美丽如画的"仙湖"。石门仙湖面积 1.5 平方公里，享有"小三峡"的美称。摄影／黄光亮

融安的石门就是那样的两座山峰，如刀片般地矗立在峡谷两岸。比《指环王》的场景更壮观的是，石门后面真的有门！那一个高度约 40 米，可容纳 13 层大厦的穿洞，比法国的凯旋门的门拱还高 4 米，宽度更大。何况它还有一个约 23 米高的上洞和 49 米高的下洞，整座山就像一座披着迷彩伪装服的三层宝塔。

这一带是喀斯特地貌，周边峰丛、峰林密布，像这样天坑、天生桥和石门三种景观相连的情况，非常罕见难得！广西的天坑很多，天生桥也不少，但能够这么完美地联合

展示地下峡谷"前世今生"的，还确实独此一家。

喀斯特地貌发育过程：地下河下切后，形成地下峡谷，一处河道顶板的塌落，会形成天窗或天坑；多处顶板塌落后，剩下相连的岩板形成天生桥；继续塌落，就会形成石门这样的直立残壁；再塌落，就会变成低矮的峰丛。

石门上中下三洞的形成，是地球造山运动的三次抬升造成的。按照洞的分布，最高的上洞是最古老的河道。按照洞的大小，可以推演出河道在该层作用的相对时长。这样

地下暗河一水穿三坑是石门仙湖的一大奇观，河水的冲蚀加上地球造山运动的抬升作用，形成上、中、下三个巨大的石门。新建的玻璃栈道，可以透视整个谷底。摄影／陈碧信

的三层洞穴形式，在柳州鹿寨的香桥国家地质公园和阳江的凌霄岩都可以相互印证。

几十万年来，河水一直没有离开这条峡谷。从洞中望出去，天空射下来的光线，正好照在地下河岸的崖壁上，像墙砖一样整齐等分的沉积岩。这些纯净细密的灰岩，源自海底沉积的尘土。如果一层是一千年的话，意味着每隔一千年就发生一次沉积物异常的状况，重复经历了几百上千次那么多。

经过亿万年，这些岩层从海底来到陆地，又在地球持续的运动中被地表水侵蚀，最终显露出来。由于该地层最初形成于海底，这类岩石也叫海相板岩。鉴于它形成环境的特殊性，以及它的易剥离性和开放性，在其中较容易发现化石的遗存。如远古时期的珊瑚、水草和鱼类是最常见的品种。

石门仙湖所处的地方，当地人称之为始祖山。不知道缘由，但山确实有些神奇的地方。比方说，山脚下洞的暗河出口，水很浅，不及膝，每天下午三四点钟，河道中叫"狗仔泷"的地方，就会涌出白色的泉水，接着水面会飘出一层薄雾。此时划船穿越下洞，感觉是自带仙气！

这样的变色，可能是因为地下河深处发生运动时产生的细小气泡，会携带一些矿物质，如硫黄一类，对人体有害，应避免饮用。对人有害的不是水，主要还是"运动"。

咸丰年间，广西前有太平天国运动，后有大成国起义，两场轰轰烈烈的运动。为了躲避战乱，众多的百姓躲进了石门，藏身其间数年。如今洞内崖壁上还可见一个个被碎石墙半砌的小洞，就是当年难民的穴居遗址。为了自保，可以作战的人结成乡团，聚团而居，日久后此地被称为清流团寨。在山口建寨门，以山谷为寨，叫寨谷关。

由于洞内人口太多，当时还在洞壁上凿刻了"管理办法"，让众人遵照执行。洞壁上洋洋洒洒篆刻了几千字，还有文人描述时局的诗词："石岩幽深几转弯，小溪穿谷即为关。红扣胜似黄巾数，内寇强增外寇招……胡为骚扰三都患，致使浃流千里惊。时人若问何年事，志在咸丰同治间。"

现在是太平盛世，进入石门仙湖不用跋山涉水，前两年建成了高108米、长218米、宽2米的玻璃悬索桥后，又在石门绝壁上建成了3D玻璃栈道。这个透视谷底的立体感视觉效果，加上行走时伴着玻璃破碎的音效，"那个酸爽！"

仙湖还有一样让当地人自豪的东西，就是银鱼。这种小鱼只有牙签那么长，宽也不过两根牙签并排那么宽，对水质的要求非常严苛，因通体雪白，被称为银鱼。我特别提醒大家，不要关注它的味道！它在水里的价值，远远高过它在盘子里的价值。当我们在仙湖水里看到银鱼时，身心的那种喜悦，是任何仙丹和神药都不能给的！仙湖最仙的，就是它了！

石门壁立千仞，怪石嶙峋。摄影／陈碧信

石门湖处处是风景，惹游人常驻足。摄影／黄光亮

四十八弄的弄，是山与山之间形成的洼地或较为平坦的空地，瑶寨散居在各弄之间。图为山村春景，树密花稠，俨然一世外桃源。摄影／黄光亮

天赐

幽境
四十八岽

撰文 李胜昌

在融安县东南部与鹿寨县、柳城县、永福县交界的方圆百余里的喀斯特峰林峰丛之间，早在晋太康二年（281），就设有常安县。明代，曾有众多瑶民聚居于此。明广西巡抚杨芳于万历三十年（1602）编纂的《殿粤要纂》中，时称永宁州的图上，城外清一色分布着两百多个瑶族村寨。这片曾经密布瑶寨的山地，现在民间称为"四十八岽"。

岽，也叫岽场，是当地人称山与山之间的小块平地。自明嘉靖年间，当地少数民族暴动被镇压后，众多瑶寨渐渐与城一起消失了。现在这块地方，大部分属融安县管辖，壮、汉、瑶、侗多个民族杂居。

四十八岽峰丛延绵，峰林挺拔，树木茂盛，河流蜿蜒，人烟稀少，是桂北的幽雅之地。峰丛、岽场、天坑、岩洞、明暗河构成的地形特点，也是摄影爱好者拍摄山地景观的优选。

泗顶镇振彩村下泗塘，是四十八岽中一个只有 26 户 123 人的普通小山村。村周边喀斯特地貌发育得非常完好，地下溶洞、天坑、暗河一应俱全。峰峦耸峙、沟壑深切的地形，发育了层层叠叠的拉丹瀑布群。

从融安县城出发，驾车沿 357 国道行驶一个小时到达泗顶镇，再往桂林方向行驶约 10 分钟向左转入振彩村下泗塘屯。振彩村村支书小韦和下泗塘屯的老韦，带着我和县摄影协会黄主席一起进山。

山岽中有限的土地都种上了罗汉果、百

香果、沙糖橘等。我们进山时正是罗汉果点花最忙的时节，老韦种了近千棵罗汉果，那将会带来一笔不小的收入。

走了不到 10 分钟，听到水声轰鸣。转过一道弯，30 米的落差的拉丹瀑布，这个隐藏在融安四十八㟖里的胜境在我眼前徐徐展开。飘扬的水雾迎面而来，让人情不自禁深吸了一口气。

悬崖下有一条幽谷，两边石山对峙，植被茂密，更多瀑布就隐藏在那茂密的绿荫下。由小径小心翼翼地下去，即看见一条白花花的水龙跳跃深潭。一潭碧水，凉爽宜人。

再往下走，又见高约 20 米大小两股的瀑布。瀑下是整个瀑布群最大的水潭，约百平方米，水深 2 米多，如翡翠般，清澈见底。潭水在阳光下不断变换色彩，瑰丽斑斓。

看到两个村民在钓鱼，我们感到好奇，这么高的山上也有鱼？而且有鲶鱼、鲤鱼、石豪鱼，还有螃蟹。向导老韦说：鱼是从地下河游出来的。

大水潭往下，山沟渐趋平缓。在水流千万年的冲刷下，石灰石形成一个个石凹，大的成潭，小的似盆，有时水流集于一沟，时而分汊两三股，高有两三米，矮如四五十

山弄在朝阳中渐渐苏醒，虽然土地有限，但是勤劳的山民开垦出良田沃土，种植水稻、果树。摄影／黄光亮

拉丹瀑布以多闻名，瀑布群散落在山谷中，瀑布与潭似一对双生姐妹，相伴相生。摄影／黄光亮

厘米的叠水，层层相连。此时石头也成了一景。

石头边上生长着一丛丛野菖蒲，凑近闻有淡淡的香气。树、藤也顽强地从石缝中长出来，树根老成拙朴。在沟中行走，头上绿荫，脚下流水。突然一个深潭，抑或突兀的一块大石挡住去路。拨开树枝，顺着水流绕行，又可以欣赏碧树石中长、清溪石上流的美景。

真是令人意想不到！拉丹不到一公里的谷中有66座大小瀑布。四十八峰藏于深闺的拉丹瀑布群，纯净、幽美。

如果说拉丹是瀑布群体聚会之地，那么清潭瀑布则是一瀑独居，自得其乐。从拉丹瀑布处沿357国道往桂林市方向行驶不到8公里，就到了位于泗顶镇山贝村中村屯的思美清潭瀑布。

一条河连通清潭水库，两岸风景清幽，青山倒影，村落炊烟。一路走来，至中村屯河道变陡，有一处断崖，河水从40米高的悬崖豁口流出，随山势跌落，形成一道宽20米的主瀑，水流急湍，溅玉飞花。东侧20米外开出一条分瀑，别有韵致。大家把它们分别称为"父瀑""母瀑"。

夏季降雨频繁时，瀑布宽度可增至40米，并且形成许多细小的分流。仰望瀑布，只见河水与天上白云相接，似天河之水奔涌而下，撞击在岩石上，澎湃之声振荡整个山谷。水声清脆如铜铃，悠扬似洪钟，大自然的美妙之音悦耳动听。水雾弥漫扑面，令人心旷神怡。

瀑布之下为一汪百余平方米的深潭，潭水清幽，水色郁碧如黛，站在潭边会觉寒气逼人。枯水季节，潭中水清澈见底，可见野生鱼类来回游动。瀑布周边植被四季茂密，与山水构成一幅水墨画。

石岩屯，四十八峰深处沙子乡三睦村一个村落。沿357国道行驶到泗顶镇三坡村右转进入沙子乡道约10公里，就到石岩屯。从岩洞中流出的石岩江，水质清澈，绕村而流，沿岸山石嶙峋，竹树丛生。

石岩屯有丰富的岩洞群，那是上天赐给石岩屯的自然遗产。牛岩、经堂岩、走兵岩、石龙石对岩、白马岩、社岩、龙塘岩、狗庙岩、六寨园、长岩、仙人洞等，10多个各具特色的天然溶洞，分布在石岩屯四周。顺溪流上行半里的经堂岩，过去是和尚及信士诵经念佛之地。

村东南半山的走兵岩，是一个长约1500米，由80多个大小溶洞组成，可容纳千人的岩洞。洞内地势平坦，四壁光滑，钟乳倒挂。洞深处有可饮用的流水。洞内大厅还有一个天女池。清咸丰年间，世道混乱，石岩村村民常入洞中避匪盗，并在洞口修建坚固石墙岩门，因此取名"走兵岩"。

石桥横卧溪流，水车转动岁月，一株古樟树见证了石岩屯300多年的历史：石岩吴氏先祖吴志贤，官至明朝世袭千户校尉。清康熙后期，实行民族平等政策，明官后裔也享有求学参政的权利。吴志贤之子吴永昌于康熙五十八年（1719）考取功名，1736年被委任八品乡饮馔宾，栽下此树作为纪念，遂成为石岩屯的守护神。

石岩屯人利用丰富的石头资源起房造屋，石头打基，条石砌阶，石板铺地，石礅安门，在住屋之下用青石条建牲口屋以关牲口，楼上住人。过去家家户户在屋下养牛养猪，一来因地势狭窄，二来为避偷盗。

石铺村巷，石墙围院，石砌寨门，石岩人为自己在石山嵝中营造了一个石的世界，一如石岩人坚毅的性格。

秋雾弥漫，游人泛舟水面，好一幅"落景余清辉，轻桡弄溪渚"。摄影／黄光亮

# 双龙沟：久违的森林

撰文 覃妮娜

双龙沟，离融水县城只有 5 公里，是融水县城周边交通最便利的景区。一出县城，刚看见古选屯的田野，就到山下双龙沟了。光是这一点，也让人挺愉快的！那里还有 199.9 米长的玻璃吊桥和目前广西跨度最长的 528 米高空滑索，科普和休闲娱乐融于一体。

双龙沟的终点是大冷水库。冷，有冷和清澈的意思。大冷水库收纳着双龙沟的水，为山下农田调节四季的灌溉。距离县城这么近，水库的水位又那么低，我对双龙沟并没有太大的期待，可双龙沟却给了我一个大大的惊喜！

双龙沟森林覆盖率为 98.2%，拥有 5000 多亩原始森林，以树、藤、瀑、桥、溪五奇闻名。摄影／陈奕

手绘的双龙沟地图上，根据游人体力设计了不同的游览路线。最低级别：蜗牛路（约1公里）；第二等级：乌龟路（约1.5公里）；第三等级：蟒蛇路（约2公里）；第四等级：猴子路（约4公里）；最高级别：老虎路（约6公里）。形象的比喻，让观看的人们不由会心一笑，心里已做好了几步打算。

沟口的风雨桥，是乘船进沟的地方。一个碧绿的小湖，沿着山谷弯到山的背后。湖边有栈桥步道，桥面上散落着一地金黄色的果子，是从山崖上一个叶子长着白色绒毛的树上掉下来的，树干上还有更多果实。

船工说那是"贼乌米"（音），成熟后会流出白色的乳浆，常常看见松鼠和老鼠来吃，人不能吃。后来，在山谷里看见同样的树，挂着的牌子上写着"桑科，对叶榕，别名牛奶树、牛奶子、捻水冬瓜"。名字很形象，让人一见难忘。

送我们上岸前，船工还告诉我们：前面不远，山涧分别来自左右两个山谷，我们船行的水域，就是两边的山涧合二为一形成的。一水为一龙，所以就有了双龙沟。啊，原来这么简单。

双龙沟的地质年龄较小，加上森林的含水量大，腐殖质层厚，看起来沟不大，水也不大，但它信息量挺大的。山谷的步道石阶旁，沿路有很多植物名牌，对山谷里野生植物做识别。但还有很多形象罕见的大小蕨类，虽没能挤进公示的名单里，也生长在道路两侧，只要爱好者略微注意，就能自己观察到了。

还有一种牌子，写的是汉字和苗语对照的读音。一边爬山，一边学苗语，正如老祖宗说的，读万卷书不如行万里路。在双龙沟是又要走路又要读书呀！山路上前前后后，众人一会儿汉语，一会儿苗语，此起彼伏，学得挺乐呵！走到猴子路口，一块"爬山有点累，可以省药费"的木牌，让大家哈哈一笑，全部走上了老虎路。文字的力量，真是不可想象！

双龙沟自备了"五奇"：树、藤、瀑、桥、溪。山谷里，阳光照射的时间短、角度小，为了获得阳光，大小树木都长得既高又直。常看见倒下的老树，在丛林里进入下一个生态循环。各种形状的藤蔓交织在林间，想要攀上抓住了阳光的那棵树。瀑布轻快地跳下高崖、叠石，好像携带着数不尽的珍珠，一路播撒。桥似乎隐身了，被溪水抢去了风头。而溪水把人们的眼神一拖，越过了青苔绒绿的石头，也不见了。

在森林里穿行的时候，我以为五奇都见到了。直到登上山顶，看见双龙沟整个山谷，我才发现双龙沟5000亩的原始森林，是我在西双版纳求之未得的，就在那里，正是我梦寐以求、藤树相连的样子！很多年没有见到这么健康的亚热带原始森林了！

双龙沟景区空中漫步步道。供图／柳州市融水双龙沟原始森林景区

双龙沟的树茂密挺直，偶尔会看见倒下的老树，形成林中另一个生态循环。摄影／杨秉政

撰文 覃妮娜

天赐

# 老子是真仙

老子山位于广西融水县城西南郊，有寿星岩、鲁班岩、读书岩、牛鼻岩、伏地岩等 10 多个景致各异的岩洞。山上香客不断，钟声缭绕，已成为远近闻名的佛教胜地。摄影／陈靖文

寿星岩又名揽胜岩，岩洞壁上尚存历代摩崖石刻。在寿星岩口，矗立着一尊 6 米多高的寿星翁塑像。摄影／陈靖文

老子山和真仙岩，很多人以为融水这两处道教名胜是一体的。老子山原名老人岩，和真仙岩相距 1.5 公里。两者相似之处在于它们不仅是道教名胜，而且形似度高：老子山的外形如一位盘坐江边的老人，真仙岩则是山洞之中有天然的钟乳石形如太上老君，须发皆白。姑且把它们当作兄弟俩吧。

宋代的融州，也就是今天的融水县，当时进入了开发高潮期。除了东边的西江水道，桂林的桂柳运河也连接了北上湖南的通路，融州成为西达贵州的主干道，商贸繁荣。一拨又一拨的官员和文人来到融州，融州周边绮丽的山水，让他们逐溪穿岩，游了个透彻，石壁上留下他们感慨万分的诗词歌赋。

随着官员和商人一起来到融州的，还有宗教人士。融州东南，无山不洞，他们在山水之间，找到了各自的安身之所。老人岩和真仙岩两者皆奉道家神仙。宋绍兴年间，著名诗人兼状元张孝祥游览真仙岩后，赞叹不已，称之为"天下第一真仙之岩"，而老君洞也是全国道教圣地"三十六洞天"之一。两者不相伯仲。

道教是中国的本土宗教，弘扬得道修仙，当世的造化。这种可印证的现世报的教义，

老君洞又名真仙岩、灵岩、老君岩，现是全国道教圣地"三十六洞天"之一。老君洞是历代游览胜地，为融州八景之首，称"水月洞天"。摄影／郁良权

自唐时就被佛教不可印证的来世报观点冲击得一塌糊涂。当佛教寺院在经济发达地区茁壮发展的时候，道教被逼到了社会的边缘。

宋太宗赵光义初登位时崇佛，他的三女儿很小就出家，七女儿也在他死后出家。赵光义后期转向黄老之道（道教），他的儿子宋真宗赵恒受其影响，也开始重道。真宗上位后，经历了与辽的澶渊之盟，为恢复国力，开创了咸平之治。他所用的手段之一就是"祥瑞沓臻，天书屡降"。融州的真仙岩也因此收到了两位皇帝分别御笔亲书的书卷赏赐。

几十年前，真仙岩还存有宋太宗"精忠""西江""瑞云""颐堂"四块御书碑。这些字有什么含义呢？我查证了资料，发现太宗深爱的第一个皇妃尹氏的哥哥尹崇珂曾来岭南平乱，在平复了西江流域五个州的叛乱后不久即过世了。四幅字里有"精忠""西江"可以和这个故事联系上。

宋人韩淲有诗《浣溪沙》："瑞云深处是三台"。碑刻"瑞云"的深意是引证和喻指三台。天上三台是六星，分管寿命、宗族和军队；在人间指三公，掌管开拓德行，宣扬政令，意指政令清明即是祥瑞。

那"颐堂"呢，是养生的地方，按"圣

修成法师住进寿星寺后，先后在寿星寺内塑起如来佛祖、观音菩萨、韦陀将军、太上老君像，又在虎耳岩内塑起十八罗汉像。图为所雕佛像一角。摄影／严跃新

人养贤以及万民"的自勉来理解。颐，是《周易》六十四卦中第二十七卦，上卦是艮为山，下卦是震为雷，说明当时是写给道观的。

除了两位皇帝的手书，真仙岩还有一件国宝：元祐党籍碑。元祐党籍碑颁刻天下各州后，随即又被勒令铲除。目前全国只有桂林和融水各存一块，融水的这块是元祐党人获平反后，党人沈千的曾孙沈暐于嘉定四年（1211）所刻。

时为融州军事兼管内劝农使的沈暐，照家藏原《元祐党籍碑》拓本刻碑，置于老君洞内。碑跋，为沈暐所撰。碑高154厘米，宽82厘米。传说碑额"元祐党籍碑"五字是宋徽宗手迹，但考证《宋史》，宋徽宗只书写过皇城端礼门外有120党人姓名的碑刻。融水这块309个党人姓名的碑文出自崇宁三年（1104）蔡京手书的版本。蔡京的书法名冠天下，因此这方石刻更显珍贵。

直到徐霞客的到来，又为老子山和真仙岩留下了一笔珍贵的文书。徐霞客来的时候，真仙岩里供的是老君像，住的是僧人。徐和在真仙岩修行的僧人参慧一拍即合，竟然一起探险，同宿同吃。

按日记记载，六月二十五日他开始住在真仙岩，到七月初七离开，住了12天，写下1万多字的融水"洞游记"。其中抄录的碑刻原文，也为后来遭到损毁的石刻留下了宝贵的资料。他花了大量时间采集岩壁上的古代石刻，因为拓片一再丢失，他只好守在岩下。在等待拓纸干透的时间，他为真仙岩画下图，此图成为游记中仅仅的五图之一。

有一段时间，看《徐霞客游记》，我最喜欢的，不是山水胜迹，而是徐霞客一路上遇到的人，特别是出家人。在融水，徐霞客遇到了在真仙岩供他食宿十余日的参慧，县衙派来的拓碑僧，老人岩请他吃瓜的前岩僧，铁旗岩留饭的砍柴僧，独胜岩指路的汲水僧……徐霞客没有遇到一位道士！

又经过一轮沉寂，来到1989年5月，修成法师入主老子山寿星寺，陆续塑起如来佛祖、观音菩萨、韦陀将军、太上老君像等。中国佛教协会会长、著名书法家赵朴初为该寺写下"当知心是佛，应以戒为师"的楹联，刻于圆通门。老子山依托佛界香火再度旺盛。晨钟暮鼓，香客不断，成为柳州最具影响力的宗教文化景区。

不管老子山和真仙岩姓佛还是姓道，拜佛告仙者无外乎寻求康宁和解脱。前人所建的亭台楼宇，湮灭无数，人造的神像和天造的"神像"相比，太经不起世事的变迁。大概像老子山和真仙岩这样的能穿越时空的天造之神，才是真仙吧！

天赐

# 人间龙女沟

撰文 覃妮娜

龙女沟景区面积 10 平方公里，居住着侗族、苗族等少数民族，属于自然山水和人文景观相结合的民族风情景区。摄影／陈靖文

风雨桥，开始只是简单四节跨溪木桥，由红军修建而成，故称红军桥。摄影／严跃新

龙女沟景区位于融水苗族自治县西北的四荣乡境内，距离县城 52 公里，坐落在海拔 2086 米的元宝山西南面。沟内的花岗岩在山泉数十万年的揉搓下浑圆光滑，潭水碧蓝，浣水一路跌宕，连成一个接一个的瀑布群。

龙女沟有一个老套路的故事。相传古时候沟边石崖下住着一个无依无靠又生活清苦的青年叫扁哥。扁哥勤劳淳朴，心地善良，靠打鱼捞虾过日。有一年的八月十五晚上，扁哥到沟口与盘龙潭汇合的地方捕鱼，不幸掉入盘龙潭中，正在挣扎求救时，突然一阵狂风巨浪袭来，将扁哥掀到岸边，一个美丽姑娘将扁哥救起。

美女救小伙儿，有点意外吧。

救人的姑娘是盘龙王之女。扁哥住的崖洞离盘龙潭很近，为了感恩，扁哥频频拜会救命人。一来一往，小伙与姑娘便产生了感情，经过盘龙王的允许，答应龙女入沟入俗。两人便结为夫妻住在沟边的山崖下，这条沟就成了龙女沟。

是不是很俗？但事实也许真是这样。龙女沟侗家先祖于 400 年前从湖南迁徙而来，最早择地落居于荣地村归秀屯。荣地村原名嵘地，意为"山高险峻的地方"。即便是公路畅通的今天，荣地村所在的环境，依旧如此。

龙女沟开发成景区后，归秀屯的村民就

峡谷中的溪流在山谷中汇集成龙女潭，潭水碧如翡翠，短暂停留之后，又一路向下。摄影／刘武

水自龙女潭继续向下，不大的落差，形成一个微型瀑布。摄影／严跃新

近到景区工作。和在景区里做安全员的屯民聊天，得知荣地村是侗族村，以潘姓为主，归秀屯则全是潘姓家庭。婚姻则历来与周边的各族通婚，没有限制。屯里保持着侗族的传统，娶进来的各族女人都穿侗衣，按照侗族风俗处理日常生活事宜。这就印证了故事里的"跨界"婚姻。

难怪在龙女沟的各屯里，不时能看到女子戴着苗族的头巾，让人错以为是苗寨，其实都是侗家媳妇。历经400年的发展，荣地村已繁衍扩展成数个屯，沿着元宝山的龙女沟，从山脚一直蔓延上山肩。

从龙女沟最远的高处往下走，整条峡谷被绿荫覆盖，山路上基本看不见沟底的景象。山越高，峡谷越浅，汽车就从水面的小桥上驶过。那里的水潭一个个像绿色的桌面，高低错落。下到红军桥的时候，山谷到公路已经有300米深，水面已经大到半个篮球场的面积。山花垂挂在树梢，树下水色由白渐绿，再深绿。山风从峡谷中吹过，带来莫名的植物香气。红军桥上静静的。

1930年，邓小平、张云逸领导的百色起义成功后，红七军两次经过龙女沟。那一年的初冬，红军第二次经过大苗山，2000多名红军在归秀屯驻扎了三天。为了跨过龙女沟，战士们架成带栏杆的四节木桥，就是后来的"红军桥"。外出躲兵的村民家里，留下了署名"邓斌"的借条。邓斌，就是邓小平以中共中央代表身份来广西时的化名。

此后，该桥一直为当地村民使用，直到1996年，"红军桥"被一场山洪冲毁。2000年，在融水县民委的支持下，侗家人在木桥的旧址上重建一座水泥桥。2013年政府投资，将其改建成侗族风格建筑风雨桥，寓意为百姓遮挡风雨。

侗族建筑还有一项传统建筑，就是鼓楼。现在各个屯里都复建了鼓楼，成为侗寨的标志性景观。随着游客的增多，村民们将自家的空余住宅整理出来，改成民宿。推窗见景，自家的梯田也成了景观，除了产粮，还能"产"照片！视角越好，房价越高。

游客的到来，也给龙女沟带来了自信。民宿的墙上，挂着村民自己拍的风景照。没想到砍柴的手，有朝一日也能拍出堂堂展示的"作品"来。婶婶们衣柜里压箱底的陪嫁衣服，现在天天有人追着借，穿上它到沟里拍照。沟里穿着民族服装拍照的，一准都是城里人。

老祖宗们看了几百年的峥嵘地，如今变成金不换了！

拉沟自然保护区属自治区鸟类自然保护区和生态公益林保护区，境内森林、矿产资源丰富。摄影／杨秉政

# 天赐

拉沟自然保护区的精灵

撰文 覃妮娜

拉沟河是一条集雨面积只有 50 平方公里的小河。拉沟是瑶乡，乡政府建在拉沟河畔。小河上游的架桥岭山脉，森林植被茂密，有众多溪流、峡谷和瀑布。拉沟自然保护区，距柳州市 76 公里。1982 年经广西壮族自治区人民政府批准成立，是自治区鸟类自然保护区和生态公益林保护区。

保护区为中低山地貌，中山面积占总面积的 68%，低山占 32%，最高处是海拔 1240 米的古报尾山。最低处在木龙村大洲河口，海拔 166 米。整个地势东高西低，落差 1000 多米，多条小溪都是由东向西流。

拉沟自然保护区的重点保护对象是白颈长尾雉。作为中国特有的、世界受威胁物种和国家Ⅰ级重点保护动物，白颈长尾雉是 1989 年成为中国国家重点保护鸟类的。因种群减少速度太快，仅隔 7 年，到 1996 年已成为《中国濒危动物红皮书》中易危等级物种。2012 年被列入世界自然保护联盟（IUCN）濒危物种红色名录。

白颈长尾雉原来一直生活在中国东南沿海的低山丘陵地带。2008 年，浙江一个猎人

在不认识保护品种的情况下，猎取并食用了一只白颈长尾雉，结果被判刑18个月，罚款4000元，没收猎枪和狩猎证。

随着东部沿海地区城市化进程加速，白颈长尾雉很自然地迁徙到了更适宜生存的西部低山丘陵地区。2019年2月，有摄影师在贵州拍摄到了白颈长尾雉的影像。位于与迁移路线同纬度上的柳州保护区，有更多的机会为这些美丽的精灵提供生存庇护。同时，前车之鉴也提醒我们，需要预先对保护区民众普及受保护物种知识。

保护区中还有一批广西特有植物。它们是石山楠、黑楠、米念芭、蝴蝶藤、肥牛树、广西九里香、龙州细子龙等7种。作为乔木，石山楠有一个特别明显的特征，它的花序有25厘米长。这个标志，让人一眼就能把它从森林中众多的树木里辨认出来。

峡谷里的古藤特别多，时不时就从山崖上垂下一挂"秋千"，或是一条"绳索"。拉着山藤，直接抄近路，走上溪中的巨石或滚水坝。前面的人刚上去，后面的就忍不住跟了上来，一根藤上几个人，像极了一根草上串的蚂蚱。一不留神，上面的人"啊呀"一声，接着下面的水潭里，稀里哗啦砸出一片浪花。

由于越来越多的游客进入保护区徒步，有个安全问题必须提示一下。保护区的溪谷中有两种石蒜科的黄花，一种是可食用的金针——黄花菜，另一种则是全株有剧毒的黄花石蒜——忽地笑。

辨别两者的简单方法是：黄花菜花瓣较宽，约4厘米，通常一枝一日开一朵花，花蕊较短直，叶片青黄较长。黄化石蒜花瓣较细，1—2厘米，一茎一日会数朵齐开，花瓣有弯曲的波浪形，花蕊较长，有弯弧，开花时茎秆底部无叶片。

拉沟保护区的峡谷两边，笔直陡峭的石壁，全是紫红色砂岩，有的因风化或是表面生长了苔藓，变得有些斑驳和灰白。溯溪而上，溪边随处可见紫红色砂岩和页岩上下承接的景象，下部的页岩像城砖一样整齐有序，

供图：鹿寨县文化体育广电和旅游局

供图：鹿寨县文化体育广电和旅游局

摄影／冉玉杰

摄影／冉玉杰

摄影／冉玉杰

如果一时眼花，还以为是砌好的水渠呢！

这两种岩石极易风化发育成紫色土，而紫色土含有丰富的钙、磷、钾等营养元素。与此地质相同的四川盆地，就因此被称为"紫色盆地"。拉沟也有这样的地质岩层，随着风化作用的不断发生，下游也会因此受益。

这些紫红色的砂岩，崩塌在山谷中，被溪水揉搓了数十万年，变成了大大小小，或方或扁的漂砾，因此人们把这里叫作红石谷。前来探奇寻幽的人们，看见这些红色的鹅卵石和沙砾，无不称奇感叹。在浅滩泡水的小孩子，抱住一块圆石就久久不愿松手，好像捡到了一个大自然丢给他的皮球。

溪边的石头上，溅了一小汪水的地方，停满了蝴蝶。一只挨一只的，黑色翅膀上有明亮的蓝色斑纹，蓝色花纹像回旋镖一样的是木兰青凤蝶，蓝色碎圆斑的是统帅青凤蝶，还有细小的拖着尾翼的，不知名的小蝴蝶。蝴蝶们是在这里产卵呢！如果遇见了它们，请不要打扰，让我们的森林有更多蝴蝶翩跹飞舞。

流动的溪水里，小手指头大的石头鱼，几条一群，张开它们的吸盘，一动不动粘在石头上。当人忍不住伸手想去触碰它们的时候，手还没入水，它们就忽地一下全没影了。

摄影／杨秉政

拉沟自然保护区内的国家一级保护动物白颈长尾雉、二级保护动物白鹇。保护区内盛产香菇、灵芝、竹笋等特产。

天赐

# 城市边的绿色宝库

撰文 覃妮娜

　　2016 年，广西新闻网曾经报道，一种地球上最古老的花卉——龙虾花悄悄盛开在三门江。

　　柳州市林业局科技人员经过田野调查之后证实，三门江国家森林公园的确生长着这种古老的植物"活化石"——龙虾花种群。

　　在 1 亿年前的白垩纪，龙虾花曾广泛分布在地球各个角落。第四纪的大陆冰川活动，摧毁了这一花族，因此现在只剩下极少数龙虾花存活在环境适宜的森林里。每年秋季，只有在三门江森林公园一条小溪的沿岸，能见到这种传奇的野花。

　　龙虾花的旗瓣和翼瓣组合看起来就像虾头，唇瓣囊状似虾身，花基部延长内弯似虾尾，花柄长长的青丝，就像虾须，俗名"青丝吊龙虾"。龙虾花只适合生长在林下溪边的潮湿环境，依靠种子繁殖，野外的植株不能进行移植，所以要一睹龙虾花的真容，必

龙虾花是凤仙花属一年生草本花卉，因形似龙虾而得名。龙虾花一般生于海拔 500—1200 米的山林灌木林下及水沟旁，三门江国家森林公园就是适合这种植物生长的绿色宝库。摄影／邹柳辉

三门江国家森林公园位于柳州市莲花山片区、柳江河畔，与桂中第一高峰——古亭山隔江相望，森林面积约 9300 公顷。摄影／邹柳辉

俯瞰层林叠翠的公园，盘山公路蜿蜒穿行其间，美不胜收。摄影／周健

须到它们的生境中去。

在柳州市东郊，距市中心 6 公里处，柳江向南折行，两岸岩溶峰林星罗棋布，而左岸是柳州的古亭山。这片山地的西缘、葱郁的山脊线下、临柳江处，就是三门江国家森林公园。作为城市的天际线，三门江国家森林公园是一颗最耀眼的绿宝石，有"龙城绿肺"之誉。

公园所处位置是市区段柳江的下游，水位低的时候，江面上隐约可见有三处间隔的大礁石，它们使河面航道形成了三个部分，就像水中的三道大门。因此当地人称此地为"三门江"。江岸森林林场在 1993 年建成三门江国家森林公园。

古亭山海拔 556 米，是柳州城区的最高点。古人曾在山顶搭亭，遥望柳州城，于是留下古亭山的名字。志书说山在城外 30 里，是按照山到柳州古城门的距离。如今城市扩大，城市建筑和道路已蔓延到山下。

公园中水系密布，有众多山塘河溪，这些自然条件造就了优越的局地小气候，9300 公顷的森林里生长着《中国物种红色名录》中植物种类 24 种，国家重点保护野生植物 21 种，包括苏铁、石山苏铁、篦齿苏铁、水松、水杉、红豆杉、云南红豆杉等 7 种 I 级重点保护植物。

龙虾花，凤仙花属，一年生草本，为中国狭域分布的特有种，仅仅在湖南张家界、怀化、郴州、永州，广西柳州，广东博罗等地区分布。柳州三门江国家森林公园里发现的野生龙虾花，是广西的首次记载。龙虾花有红、黄、紫、白等花色，三门江森林公园里记录到的龙虾花种群为黄花品种。龙虾花对生境非常"挑剔"，在柳州城区东部边缘发现龙虾花这种古老植物，让人感到惊异，此前公园内还曾发现史前孑遗蕨类植物——桫椤树。三门江森林公园就像是一条遗落在柳州市边的远古宝库，把遥远的古生命带到今天。

三门江森林公园是柳州城市供氧地。公园地貌为中低丘陵，平均海拔约 200 米。园内道路坡道平缓，非常适合徒步锻炼。峻奇秀美的岩溶山石，藏在葱葱郁郁的林海之中，山间溶洞错落，穿行于林间小路时，真有寻宝一般的惊喜。在榕园，既有岩溶洞穴——清风洞，又有"古榕抱石"奇观。林区步道上，前来健行的人们大多以家庭为单位。这里含氧量高，空气质量好，常来这里的人会给新来的人打气："深呼吸！越走越有劲！"

奔向这里的过程本身最令人愉快。沿柳江一侧的滨水大道驾车疾驰，一侧绿岭逶迤，一侧碧水蜿蜒。进得山去，又有穿越景区各处的游览步道，穿过疏林草坪，穿过野花谷地，登上古亭山巅，整个柳州城尽收眼底。

龙潭公园集喀斯特自然山水景观、少数民族风情文化、亚热带岩溶植物景观于一身，龙潭、雷潭咫尺相隔，水温恒定，风雨桥横跨镜湖。隆冬时节，水面烟雾缭绕，似蓬莱仙境。图为紫荆花盛开时的龙潭公园。摄影／李家树

撰文　覃妮娜

## 柳州大龙潭：雷神之宅

唐元和十年（815），柳州大旱。田涸禾枯之际，柳宗元抵达柳州。七月十六日，柳宗元率众地方官员和城中父老，到柳州城东南的雷塘祭神求雨。传说此塘寄居着雷神与龙。柳宗元作的求雨文就是今天传下来的《雷塘祷雨文》。这篇祷文似乎是一篇写给雷雨之神的问政书，颇可一读：

惟神之居，为坎为雷。专此二象，宅于岩隙。风马云车，肃焉徘徊。能泽地产，以祛人灾。神惟智知，我以诚往。钦兹有灵，

爰以庙飨。苟失其应，人将安仰？岁既旱膜，害兹生长。敢用昭告，期于肸蚃。

某自朝受命，临兹畲壤。莅政方初，庶无淫枉。廉洁自持，忠信是仗。苟有获庚，神其可罔。擢擢嘉生，惟天之养。岂使粢盛，夷于草莽。腾波通气，出地奋响。钦若成功，惟神是奖。

用白话来说大意就是：雷神雨神你们以风为马，以云为车，巡回降雨，让大地产出，不让灾荒发生。你以往灵验，于是人们供养你，而今你不回应百姓，百姓又仰仗谁？今年旱得草都脆了，到处都受灾，生灵万物全赖你，你若失职，会让祭品与礼器遗弃在荒草里！你赶快刮风、打雷、下雨，若办成功，一定对你酬谢！

柳宗元摆位子、讲道理、说轻重，警告雷、雨二神不得尸位素餐，以配其"庙飨"。这就像很多地方百姓求雨时，会把神像和牌位放到太阳下暴晒、游街和鞭神一样。神仙懈怠了，也是需要鞭策一下的。在责成神灵用命的同时，柳宗元也承诺廉洁自持，忠信是仗，不敢欺天。

据说柳宗元祈雨后，雷神即归位，很快柳州就下雨了。雷塘祷雨文碑也成了龙潭胜景中最值得一游的地方。1000多年来，雷塘祷雨的应验，不是十次八次了，难道雷塘真的住着雷神吗？

龙潭公园为喀斯特自然山水景观公园。公园雷山、龙山、卧虎山、孔雀山等24座

山峰耸峙，峰丛中为镜湖。龙潭风雨桥横跨镜湖，遥看时长桥连接两岸，没入高大的树林中，似乎与山峰相接。桥面五座四层的风雨亭，清晰地倒映在平静的湖水中，像一幅镜画。偶尔有小船划入画中，久久地停在湖心赏景，无意中让自己进入画里。

走上桥面，廊柱排列如林。"穿林而过"，又看见青峰照进湖面，忍不住在桥上美人靠上坐下来，湖光山色，微风袭来，正是发呆的好地方。数座少数民族的木楼依山而建，从湖畔的绿茵中露出飞挑的檐角。木楼旁的民族餐厅供应民族特色美食。门口的食档还有野菜糍粑、炸油堆等一些在市井很难见到的乡下美食。进餐的时候，如果听到唱歌的声音，那就是少数民族的阿哥阿妹们来了！

透过餐厅的窗户，可以看到镜湖周围的二十四峰，把湖面围成一个封闭幽静的山谷。雷山和龙山紧紧相峙。雷山绝壁下的一泓清泉在雷、龙二山间汇成"龙潭"，古称"雷塘"，咫尺相隔的"雷潭"经地下河与之潜通。潭水经过"八龙喷雪坝"泻入镜湖，又穿园而过，最后注入莲花山下的溶洞而无影无踪。

很久以前，柳州百姓就发现此地常有雷雨。每到隆冬时节，两潭常见到水汽蒸腾，烟雾缭绕的景象。民间传说有雷、龙二神居于此，称为"龙雷胜境"。

龙潭就是唐代的雷塘，具体什么时候变成"龙潭"，为什么雷塘的主神位让给了龙神，也说不清。塘畔立着一根花岗岩雕刻的

龙潭公园群山环抱，自成屏障，园区内河道时而地上时而地下。水由龙潭始，自镜湖终，在莲花山脚下再次潜入地下。
摄影／严跃新

盘龙柱，划定龙神的地盘。不过与龙潭相邻的雷潭，还是在树林深处为雷神保留了一席之地。

若不是受到大龙潭公园的介绍上说"群山环抱、自成屏障"的启发，雷雨偏爱龙潭的原因并不容易被发现。龙潭公园的群山高耸，基座相连，如游龙自成一脉，首尾成环。山谷中的大小湖泊水域皆是来无影去无踪的地下水。来水口是龙潭，泄水口在镜湖畔的莲花山脚，再次潜流进入地下。整个大龙潭公园原来是一个几近封闭的盲谷。

雷雨的形成，需要水汽的蒸发和强对流。

当带有不同电荷的云层相互接近时，相互摩擦就会产生雷电现象。柳州市区内地势开阔，喀斯特峰林、孤峰散布四处。柳江穿城，风水流动，全无阻碍。

白天，四周如桶的石灰石山峰，在阳光的照射下，升温很快。山谷中宽阔的水面，蒸发面积也大，能形成强烈的上升气流。升到一定的高度，与周边的暖气流发生碰撞，就容易形成雷雨云，在炎热的午后产生对流雨。大龙潭这样的地形，和世界上著名的雷区都有着相似的条件。难怪这里会成为雷神"驻地"。

秋游的孩子们在龙潭公园尽情嬉戏。摄影／严跃新

## Chapter 2

化成

# 第二篇

# 柳城巨猿洞

撰文 罗安鹄

柳城巨猿洞位于广西柳城县社冲乡新社冲屯西北 500 米的楞寨山上，洞口离地面约 90 米，峭岩陡壁，垂直上下，徒手难攀。1956 年发现化石后，这里先后出土巨猿下颌骨化石 4 块，巨猿牙齿化石 1100 多枚，分别代表 72 个巨猿个体，同时还发掘到哺乳动物化石 4000 多枚，是迄今世界上发现巨猿化石最多的一个洞穴，对研究巨猿形态及人类进化系统均有重大价值。

之所以把这 72 个家伙称为巨猿，是专家根据发掘出的下颌骨化石推测的。这种生活在 60 万年前的古猿，身高超过 2 米（一说达到 3 米），让人不禁联想到经典电影《人猿泰山》。也有美国学者认为，这种古猿骨

巨猿洞在广西柳城县的楞寨山上，先后出土巨猿下颌骨4块，巨猿牙齿化石1100多枚，是世界上迄今为止发现巨猿化石最多的一个洞穴。图为楞寨山全景，巨猿洞在距离地面90米处。供图／柳州白莲洞洞穴科学博物馆

骼构造更接近于早期原始人，它的名字应该叫作"巨人"。

延伸思考一下，这种现象很有趣。原始人在进化为现代人类的过程中，身高不断降低。同样，今天的亚洲猿中体型较大的褐猿，身高只有1.4米，几乎仅有远祖的一半；现存的亚洲象（印度象）身高一般在2.1—3.6米，也比不上远古时期剑齿象4米以上的身高。

是什么把世界缩小了吗？按照生物进化理论，可以理解为自然选择的结果：体形小的更适应环境，更容易生存。与原始人和动物的进化相反，进入文明社会以后的人类身高，却呈现出缓慢增长的趋势，特别是在工业革命之后，开始快速增长。比如，从1914年到2014年的100年间，荷兰男性平均身高由169厘米增长到了182.5厘米（世界第一），女性由155厘米增长到169厘米（世界第二）；同时期，我国大陆地区男性平均身高由160.8厘米增长到171.8厘米，女性由149.7厘米增长到159.7厘米。现在"00后"青少年的身高，更是普遍超过了父辈。

回到巨猿洞。

巨猿真的在这里栖息过吗？发掘表明，巨猿下颌骨的埋藏情况都是前端朝向洞里，尾端朝向洞口，明显是顺应水动力的搬运方向；再从下颌骨的排列看，它们都靠近洞壁，彼此相距又不太远，表明这些巨猿下颌骨是由水从同一洞口冲进来的。另外，巨猿牙齿

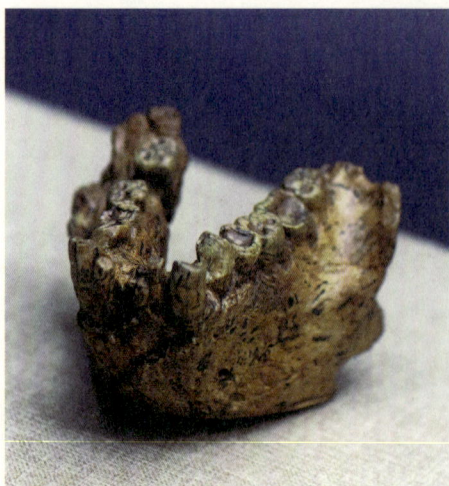

巨猿下颌骨化石。摄影／严跃新

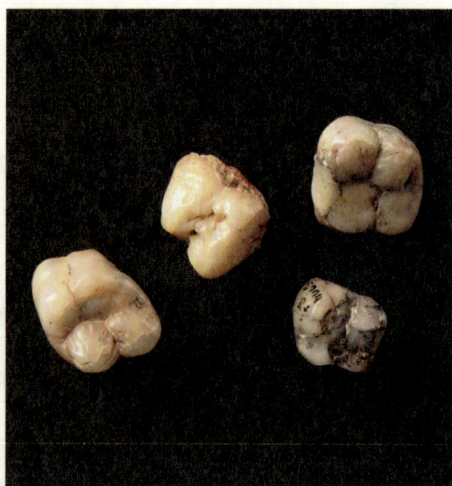

巨猿臼齿化石。摄影／陈俊

周围都有很多小土球，似乎也是由洞外顺水冲进来的。当然，仅从堆积物一个侧面进行推理还难以定论。即使巨猿没有在此栖息过，我们也可以大胆假设，洞外是巨猿的埋藏地。至少也有一个巨猿群落栖息在附近。

站在巨猿洞下仰望，很容易产生另一个疑问：90 米垂直高差，洪水从何而来？瓢泼大雨也不可能因漂灌而成洪水呀！这就得从柳州地区的地质地貌上找原因了。

根据地质工作者的考察和水文地质资料，专家认为，柳州一带的溶洞可以和柳江沿岸的五级阶地相对应：第一级阶地高 10余米，第二级阶地高 20 余米，第三级阶地高 30—40 米，第四级阶地高 50—65 米，第五级阶地高 90—100 米。这就意味着，柳江水面从高 100 米的地表逐渐溶蚀下切到 10米以下。一方面，新构造运动使山体间歇性上升；另一方面，水流及风化使地表溶蚀下切逐渐下降。这就使原来在地面的洞穴升到了"天上"，原本在地下的洞穴升到了地面。离地面越高的洞穴其时代距今越远，离地面越低的洞穴其时代距今越近。照此推论，高程 90 米的柳城巨猿洞在 100 万年前还在地面上，洪水带着泥、石、巨猿及各种动物遗骸冲进洞内，就不难理解了。

20 世纪 80 年代初，笔者在柳州地区负责文物工作。为接待美国学者进巨猿洞考察，我们在近乎垂直的岩面上，以竹木搭建四折弯曲的楼梯。美国学者由中国科学院古脊椎动物与古人类研究所专家陪同来到山下后，

1983 年，广西博物馆彭书琳（右二）陪同广西医学院一行考察巨猿洞。
供图／柳州白莲洞洞穴科学博物馆

仰头一看"天梯"就有几分惊怵。为打消他的顾虑，我小跑着上到洞顶再小跑下到平地，以示梯子牢固可靠。可美国学者人高马大，踏上倾斜 40 多度的梯子不到 5 米，就把一根横置的木板踩断，让他彻底断了上梯登高的念头，只在山下拍摄询问后就离开了。当年科考发掘的难度可见一斑。

从 1957 年到 1963 年，中国科学院古脊椎动物与古人类研究所几乎每年都派遣野外队前往该洞进行发掘。除 1961 年外，前后历时 6 年之久。每年发掘的时间最少 3 个月，最多 5 个月，而且都是徒手攀爬陡岩峭壁。我每每看到拔地而起、独竖一峰、"石笋"般耸立的楞寨山，仰头看着雾气缥缈、荆刺掩映的洞口，就万分敬佩那些专家学者和工作人员的吃苦耐劳和执着精神。

还有一件事，数十年了，提起来还依然感动。1956 年首次发现巨猿化石的村民老覃，不仅及时把化石交给正在广西工作的考察队，还亲自把考察队员带进洞里。为表彰这种大公无私的精神，国家有关部门准备对老覃予以奖励。当老覃被问到需要什么时，他毫不迟疑地回答："牛！"土地和耕牛是农民的命根子，老覃的想法简单而朴实。古脊椎所欣然给老覃送来一头牛犊。此后六七年，古脊椎所在村里的活动一直得到村民们的大力支持；此后几十年，巨猿洞一直得到村民的精心保护。

这实在算得上国家与民众共同发现与维护国宝的典范。

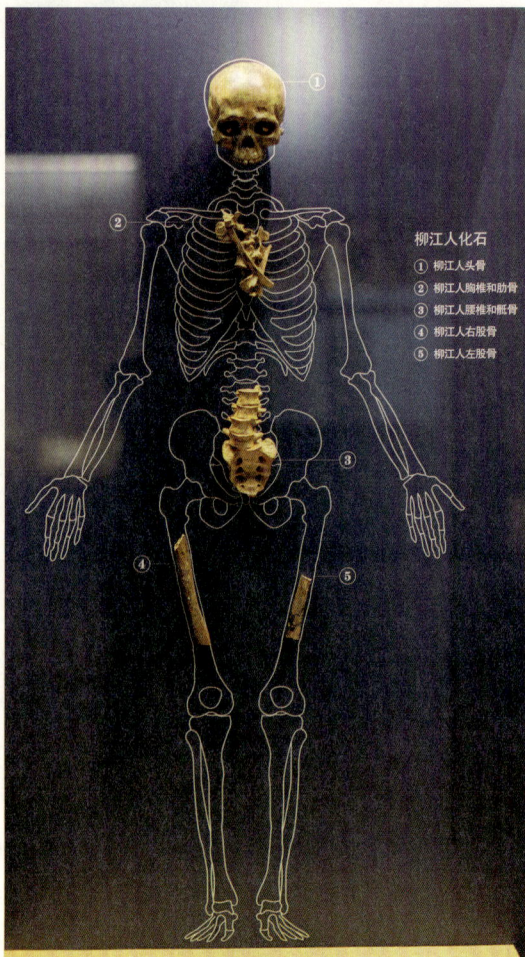

# 化石

## 『柳江人』探秘

撰文 罗安鹄

柳江人化石

① 柳江人头骨
② 柳江人胸椎和肋骨
③ 柳江人腰椎和骶骨
④ 柳江人右股骨
⑤ 柳江人左股骨

1958 年 9 月，在柳江县新兴农场通天岩旁的一个小溶洞中，发现了"柳江人"，图为"柳江人"化石：一个完整的中年男子头骨、四个胸椎、五个腰椎，以及骶骨、右髋骨和左右股骨各一段。摄影／严跃新

探秘"柳江人"前，我们不妨先把时针拨回到 160 年前。

1859 年 11 月 24 日，一位叫达尔文的英国人出版了一部专著《论依据自然选择即在生存斗争中保存优良族的物种起源》，也就是今天常常被提起、引用的《物种起源》。这部伟大的著作不仅开创了生物学发展史上的新纪元，使进化论思想渗透到自然科学的各个领域，而且引起了整个人类思想的巨大革命。

一个直接的影响，是引发了对人类起源和进化历史的探究，并在 20 世纪的 100 年中达到高潮。在欧洲、亚洲、非洲、美洲、大洋洲……古人类遗址的发掘此起彼伏，人类历史的上限一次次被刷新。仅仅在中国，1921 年发现"北京人"遗址，1964 年发现"蓝田人"遗址，1965 年发现"元谋人"遗址……

在这场蔚为壮观的人类起源再发现中，1958 年 9 月，在广西柳江县新兴农场通天岩旁的一个小溶洞中，发现了"柳江人"，这个溶洞也被称为"柳江人洞"。

1958 年发现的"柳江人"化石包括：一个完整的中年男子头骨、四个胸椎、五个腰椎，以及骶骨、右髋骨和左右股骨各一段，被认为属于晚期智人，生活年代在距今 7 万年前。

抛开严谨的学术研究，"柳江人"至少在三个方面颇有意思。

一是"柳江人"的发现过程。1958 年，新兴农场还是劳改农场。9 月下旬，狱管干部带领几十名服刑犯，在农场附近的通天洞挖泥堆肥。他们一连挖了几天，几乎把洞里的沉积土挖下 3 米深。9 月 24 日，在离洞口 18 米处，有人偶然发现一个完整的人的头骨化石（缺下颌骨）。此事上报后受到有关部门的高度重视。在后继的考古发掘中，又发现更多的人类和哺乳动物骨骼化石，包括完整的大熊猫骨架、箭猪头骨以及中国犀牛、东方赤象的牙齿。最初发掘的头骨化石送到北京后，经著名的人类学家吴汝康研究，发表了题为《广西柳江发现的人类化石》的重要论文，从此"柳江人"开始闻名。

有一种说法，发现头骨化石的是个叫潘定芳的犯人。他本是土匪头目，被判 12 年有期徒刑，后因为此事而获得减刑。还有人说，刚发现头骨化石时，狱管干部以为是旧社会土匪留下的，没当回事。不过收工时，狱管干部仍把头骨用衣服包好带回队部办公室，在一个角落里放了一个星期左右。后来，有人终觉这东西可能有来头，向上级作了汇报，经鉴定才发现是年代久远的化石，很有研究价值。随后，通天洞也被封锁起来。

二是"柳江人"属于什么人种。从生物学的角度看，"柳江人"头骨属中头型，面部和鼻部短而宽，眶部低宽，门齿舌面呈铲形，但眉嵴很显著，额骨和顶骨较现代人扁平。有学者认为"柳江人"属于正在形成中的蒙古人种早期类型（即中国人的早期类型），但多数学者认为处于蒙古人种（黄种人）和澳大利亚—尼格罗人种（黑种人）的

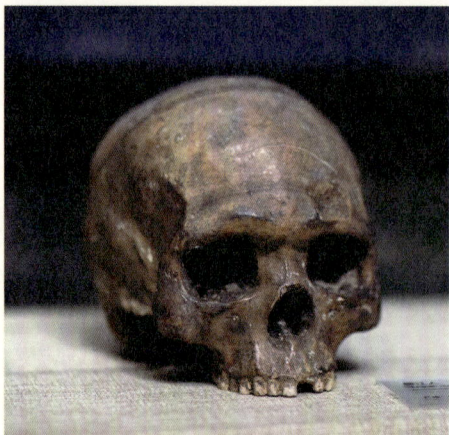

"柳江人"头骨化石，此为复制品，原品存放于中国科学院古脊椎动物与古人类研究所。摄影／严跃新

大熊猫巴氏种头骨。摄影／李玉祥

中间状态，同时具备两个人种的特征。

这两种基因的叠加，在社会学层面，只能通过杂交形成。历史或许是：尼格罗人种从印尼、马来西亚及越南北上，与南下的蒙古人种在柳江流域一带相遇，然后战争、停战、联姻，接着又是战争、停战、联姻……直到完成两个人种之间的基因交流，如同HBO美剧的史前时代版本。

三是"柳江人"与日本人有什么关系。民间传说，日本人是秦始皇派出海外寻仙的三千童男童女的后代，但似乎没什么科学依据。"柳江人"则不同，多少有些根据，最关键的还是日本人的研究成果。

1984年，《科学之春》杂志第一期刊载日本东京大学人类学教授植原和郎一篇题为《日本人起源于中国柳江？》的文章。文章称："到目前为止，在日本所发现的人骨化石形态都是矮个子，类似中国柳江人，特别是港川人简直跟柳江人像极了。许多日本人类学家认为日本人的起源要到中国南方去找。"

这段话读起来不严谨。几万年前的古人类就能漂洋过海？专家认为，他们是走过去的！据说，那时是第四纪冰川最盛期，全球有三分之一大陆为冰雪所覆盖，海平面下降130多米，现在的白令海峡完全露出，古人类通过白令陆桥进入北美洲。其时澎湖、台湾、琉球至日本很可能也形成了一个弯曲的壶嘴式狭长的陆桥与中国华南地区相连，"柳江人"就因逐食追兽等原因而沿陆桥进入日本。

1994年，"中日古人类与史前文化渊源

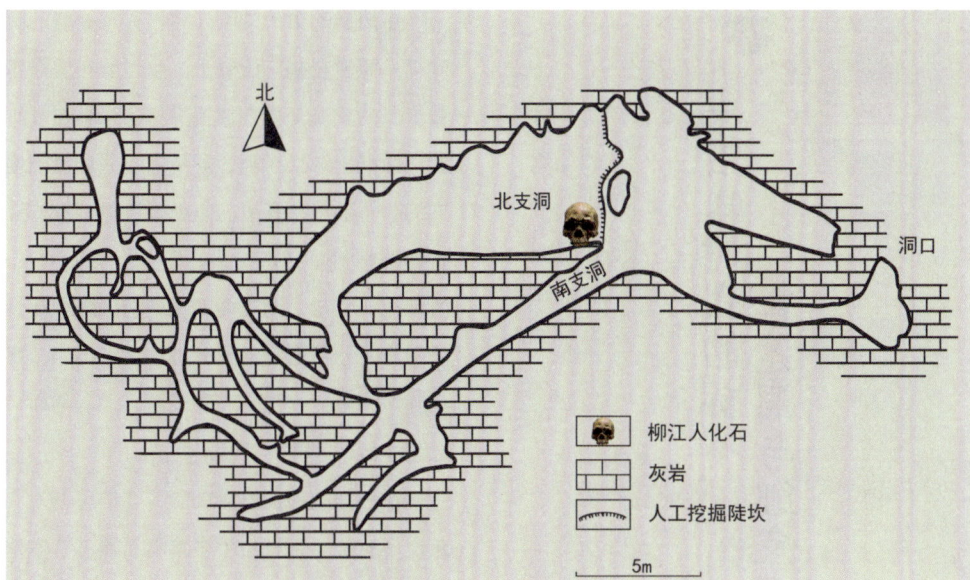

柳江人遗址平面图。供图／柳州白莲洞洞穴科学博物馆

图中标注：

北

北支洞

南支洞

洞口

柳江人化石

灰岩

人工挖掘陡坎

5m

关系"国际学术研讨会在柳州召开，来自中国以及日本、越南、韩国、美国的专家学者聚集一堂，共同探讨中国古人类的渊源关系。日本学者题字"我怀念我的远祖"，并与参会学者共植日本国花——樱花，以资纪念。

更具可信性的，应该是"柳江人"与壮族的关系。壮族学者在《壮族通史》一书中认为："柳江人所在的区域，恰好是壮族先民的活动地域，也是今天壮族的聚居地区。基于此，壮族是这些古人类的后裔之一。"考古学、民族学资料证实，广西从旧石器、中石器至新石器时代古人类遗址皆没有出现

过断层，世代相袭相连；到周秦时期称为"西瓯""骆越"；到魏晋唐宋称为"俚僚"；明清称为"僮"。名称虽随时代有所衍进，但世居的实质与身份始终未变。因此，基本可以认定，"柳江人"就是现代壮族的先祖。

纵览八桂大地，自80万年前，原始人类就在这片土地上繁衍生息，仅已经发现的明确的人类化石出土地点就有17处，"柳江人"只是其中最具代表性的成果之一。正如著名人类学家裴文中先生所说："中国可以成为世界上古人类学研究的中心，而广西是中心的中心。"

# 中石器时代的标本：白莲洞与鲤鱼嘴遗存

化成

撰文 叶亮

当清晨的第一缕阳光透过雾气缭绕的阔叶林，照射在胡广山岩上。金丝猴和猕猴带着自己的族群开始在树梢穿行，采食树叶。躲在树洞里的果子狸惊醒了。一只还没回地穴的小竹鼠正在张望。森林边的山坡草地上，斑鹿群悠闲地吃草，躲在灌木丛后的赤麂不时探出头张望，而秀丽漓江鹿群缓缓地往湖边踱步。一群野猪从阔叶林中走了出来。雾气随风渐散，金色的光线铺满大地。喀斯特丘丛中传来人类的呼喊，回荡山间。

在白面山南面的半山腰，"白莲洞人"走出了岩厦。青壮年手里拿着石器、竹木棒和弓，有些腰间绑着一个兽皮口袋，往远处的丘陵灌丛和草坡走去。老人、抱着小童的妇女，带着一群稚气未脱的少年走进森林。持续的坏天气后，白莲洞人储存的食物所剩不多了，大家商量好了，各自去狩猎、采集、渔猎，以补充更多的食物。

白莲洞的猎人们常去草坡狩猎，胆小的赤麂早已躲得没有踪影，斑鹿群也机警地四散开。但一头小斑鹿成为猎人的目标，他们紧跟着它跑了很远。

身着树皮裙的女人带着儿童走到森林里，她们是天生的采集者，总是知道不同的季节在哪里能找到可口的食物。树上的果实、灌木的嫩叶、草地里的浆果、刚出来的新笋、蕨类的块根、枯叶下面的菌菇都是她们眼中的美味。女人们把采到的食物用宽大的树叶或者兽皮包起来，孩子们的小嘴被浆果染成了红色、紫色。

白莲洞位于柳州市南郊莲花山上，出土了大量由旧石器时代向新石器时代过渡时期的磨制石器，图为白莲洞洞穴遗址。摄影／严跃新

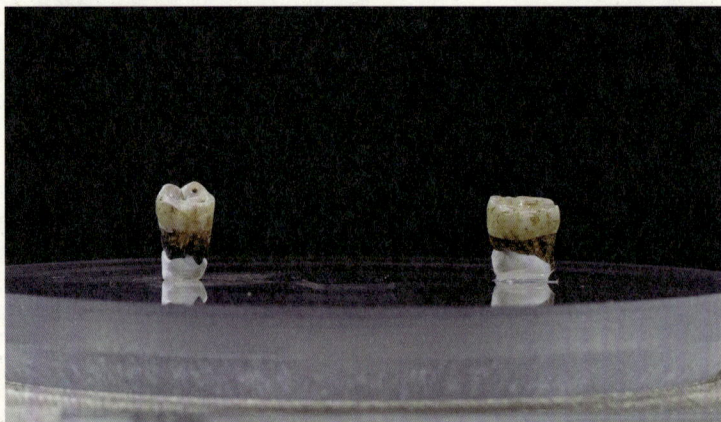

旧石器时代晚期古人类臼齿化石。摄影／严跃新

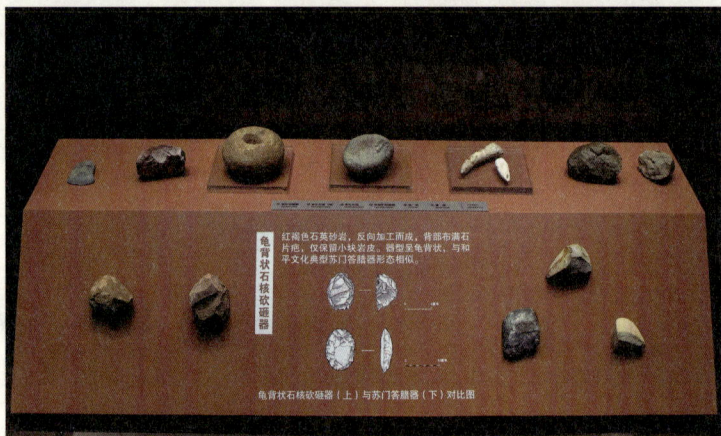

由旧石器时代向新石器时代过渡时期的磨刃石器、穿孔石器、石核砍砸器等，表明古人类已经具备了一定的生产能力。摄影／严跃新

　　烈日下的人群走到了大龙潭那头的龙山。少年们一头扎到潭水里，老人绕到山脚仔细查看后，决定在这里停歇。因为连日下雨，离白莲洞较近的那处营地，洞内积满了水无法使用，这处岩厦叫作鲤鱼嘴，老人们说这里的水冬暖夏凉，螺蚌丰富，鱼也特别肥美。这时，一个少年拿着木棒在水里一阵扑腾，随即递给旁边摸螺蛳的女孩一条被打晕的大鱼。老人在洞口的浅水里翻弄一会，找到了一只龟。

　　太阳渐渐落山，采集的队伍提前回到了白莲洞中，她们把今天的晚餐铺在火堆旁边，儿童在山腰上远远地呼喊着远方狩猎回来的队伍，他们捕到了那只小斑鹿。

　　白莲洞人的一天过去了……

　　在距今数万年前，柳州先民是如何为生存奋斗的？上述场景是我们想象中"白莲洞人"的生活画卷。

1935 年裴文中考察广西后提出旧石器与新石器时代之间存在中石器文化之说。1956 年，裴文中、贾兰坡带领中科院古脊所华南调查队，在广西发现了柳州白莲洞等古人类遗址。此后，广西这片气候温暖、喀斯特洞穴广布的古人类生存之地，发现了众多著名的古人类遗存，包括距白莲洞遗址 2 公里的"柳江人"遗址。而与白莲洞人密切关联的柳州市南 1.5 公里的鲤鱼嘴遗址于 1980 年被发现。

迄今，白莲洞遗址出土了古人类牙齿化石 2 颗、动物化石 3500 多件，石器 500 多件，以及螺蛳壳堆积；发现了火坑 2 处。遗址属于旧石器时代晚期、过渡时期和新石器时代早期三个不同的文化时期，时间跨度大约从距今 37000 年到距今 7000 年。其二期文化中，出现了磨刃石器、磨制骨角器、两件似可作为点播工具的穿孔"重石"和一件仍附有许多红色矿粉的研磨器，代表了一种从旧石器时代文化向新石器时代文化过渡的形态。与白莲洞遗址极为相似的大龙潭鲤鱼嘴遗址，则发掘有大量螺壳堆积，砺石石器、燧石小石器和粗、细绳纹陶器等各期遗存，时间跨度从 20000 至 6500 年，较白莲洞文化略晚。

白莲洞遗址和鲤鱼嘴遗址同处一个不大的范围内，二者无论在古生态环境、文化源流及人种渊源上都有着十分密切的关系，文化承继性明显。在这两个文化的后期，花粉组合中出现了较多禾本科花粉，昭示着原始农耕的发轫。

白莲洞古人类遗址和鲤鱼嘴遗址的白莲洞文化受到了考古学家们的高度关注。白莲洞遗址堆积拥有连续完整的层位，是华南地区洞穴遗址群中不可多得的晚更新世至早、中全新世标准剖面和地点。考古学家安志敏称："白莲洞遗址是解决旧石器时代文化如何过到新石器时代文化的关键性遗址。"香港中文大学邓聪教授则说："白莲洞遗址的发掘，完全解决了中国考古学上旧石器文化如何经中石器时代过渡到新石器时代文化的长久不解之谜，白莲洞遗址的发掘是伟大的，是中国人的光荣。"

白莲洞遗址也是罕见的南亚热带晚更新世玉木冰期以来全球性古气候信息的储存库。白莲洞遗址古生态环境的复原，提供了探讨华南地区古人类演化及其生产活动，特别是原始农耕与动物驯养活动的环境背景。白莲洞文化的发现与研究，证实了我国南方中石器时代文化的存在，为探索南方旧石器时代文化如何向新石器时代文化转变，提供了珍贵的实证材料。

柳江流域自古就是华南地区人类起源和远古文化演化的区域性中心。柳州先民制造出石器、骨器、竹木器及陶器，并发明了人工取火。柳州先民正是利用这些工具，在漫长的岁月中，与大自然顽强拼搏，铸就了柳州的史前文明。

# 甘香一脉 柳侯祠

撰文 覃妮娜

唐元和十年（815）三月底，柳宗元从京城出发，日夜兼程，为了在御批的期限内赶到贬谪地柳州赴任。到柳州时已是六月，"炎烟六月咽口鼻，胸鸣肩举不可逃"。阴森的藤蔓遮天蔽日，悬挂着的蛇像葡萄一样串串团团。真是千种蛮荒，万般不适。

初到寓所的柳宗元，看着爬满野藤的庭院，满心悲凉地给难友刘禹锡写下他到柳州后的第一封信："城上高楼接大荒，海天愁思正茫茫……"

当时的柳州，百业不兴，豪族横行，百姓卖儿换粥、质身为奴之事比比皆是。"到官数宿贼满野，缚壮杀老啼且号。"即便是落难之身的柳宗元，看着眼前的人间惨剧，

也难以释怀。他拿出自己的俸禄，为难民赎身，他以地方官身份上门家访，说服豪族释放奴仆。近千人因他的善举得以摆脱债务，恢复自由身，与家人团聚。百姓受他恩惠如同再造。

也许是百姓水深火热的疾苦，让他忘记了自己仕途的坎坷。他不再在政治上纠结，一改在永州"钓鱼翁"的闲适，将自己的才华全力投入到对柳州的治理当中。

天旱，他带领官员和百姓一同祈雨，直到雨来。

柳江河岸高深，到河边汲水需上下数十米高的堤岸，汲水人常常因路滑摔倒或打碎水罐。柳宗元就让工匠在岸边凿井，免去百

为感念柳宗元德政惠民，在柳宗元去世三年后，其部下在罗池建起了罗池庙，以供人们供奉。宋徽宗时，追封柳宗元为文惠侯，罗池庙自此改名柳侯祠。摄影／吴冠炜

姓上下汲水之苦。

当地没有学堂，柳宗元便开设义学，让适龄孩子入学。穷人家的孩子也能读书，社会风气顿时开明起来。

他大力推广植树，"手种黄柑二百株，春来新叶遍城隅"。他以苦为乐，在诗中写道："柳州柳刺史，种柳柳江边。谈笑为故事，推移成昔年。"身为刺史亲自种树的事情，被老百姓传为佳话。

身为柳州刺史，四年的殚精竭虑耗尽了柳宗元的心血。原本就郁结的心情，加上岭南的气候和环境，让柳宗元"奇疮钉骨状如箭，鬼手脱命争纤毫"。他在诗中说自己：饮食不当像吃下毒药一样，内脏如刀绞般疼痛，近来身体虚弱消瘦得连筋骨都暴露出来，就剩下白发苍苍能招摇了！他的身心时刻都处在崩溃的边缘。

819 年底，唐宪宗召他回京的诏书还在路上，柳宗元已于柳州刺史任上病逝，终究没等到皇帝对自己的再度重用。他为柳州付出的不仅仅是生命，还有他所有的俸禄。柳宗元逝世后，他的家人没有旅费送他的尸骨回祖籍地安葬，停灵滞留至第二年，才在裴行立的资助下启程返乡。

柳宗元的不幸成就了柳州的大幸！韩愈为柳宗元撰写的墓志铭中写道：士人到了穷境时，才看得出他的节操和义气！……若是子厚被贬斥的时间不久，穷困的处境未达到

极点，虽然能够在官场中出人头地，但他的文学辞章一定不能这样地下功夫，不一定能像今天这样流传后世，这是毫无疑问的。即使让子厚实现他的愿望，一度官至将相，拿那个换这个，何者为得，何者为失？

三年后，感念柳宗元恩德的百姓，自发在罗池边建起祭拜他的罗池庙。时任礼部侍郎的韩愈得知后，再次作《柳州罗池庙碑》，碑文附作《迎享送神诗》（即今荔子碑文，韩原文已不存）。诗仿《楚辞·九歌》文体，配上乐曲可在祭祀迎神送神的仪式里吟唱。

1104 年，宋徽宗赵佶追封柳宗元为文惠侯，柳州罗池庙此后便据此更名为柳侯祠。后来，苏轼抄录《迎享送神诗》的手迹被送往柳州，于南宋宁宗嘉定十三年（1220）刻碑立于祠中直至今日。现存这块石碑，集"柳事、韩文、苏书"三位中国古代大文豪事迹于一身，也被称为"三绝碑"。又由于文章开头一句"荔子丹兮蕉黄"，还被民间称为"荔子碑"。

三绝碑的产生颇有意思。事由是柳宗元被贬为柳州刺史，身死柳州；同年，韩愈被贬为潮州刺史，南下岭南的他为柳宗元写下《迎享送神诗》；1094—1100 年 6 年间，苏轼陆续被贬惠州、儋州、廉州，在岭南数州徘徊跨踏，也许正因感同身受，他才会重写 200 多年前韩愈作的《迎享送神诗》。同样才华横溢的三个旷世奇才，因类似的仕途命运而惺惺相惜，三绝碑才由此而生。

柳侯祠历经修葺，香火不断，现存建筑为清代所扩建的三进院落，由仪门、中殿、后殿、东西廊、东西厢房等建筑组成，大门匾额上的"柳侯祠"三个金色大字，乃郭沫若所书。

后人在停灵之处修了衣冠墓，以供凭吊，墓在祠后，苍苔印履，翠柏环绕。祠东侧有亭曰"柑香"，传为柳宗元手植黄柑之处。

二进院中，有两口石井，是纪念柳宗元为民凿井而设的。正殿之中，有身穿官服、手执狼毫的柳宗元塑像，望之令人肃然起敬。每年清明节，柳侯祠内都会举行隆重的祭祀仪式，追思这位先贤。

再没有一个人，像柳宗元那样在柳州受到如此高的推崇。从唐代地方官演变为宋代官方之神，发展至今，柳宗元已成为柳州最著名的文化符号。柳宗元带来文教，开启了柳州千年文脉。柳州人承袭了柳宗元的崇文重教精神，并将之发扬光大。千年儒风惠柳，柳州已成为广西的文教重镇，教育质量声名远扬，历年来柳州考取北大、清华等名校的人数总是高居广西前列。

柳宗元和柳州人共同成就了一段历史佳话。柳侯公园因此也成为柳州人精神的殿堂。

柳宗元身死柳州，韩愈为其作碑文《柳州罗池庙碑》，后苏东坡抄录韩愈碑文附作《迎享送神诗》，被人刻碑立于柳侯祠，这块集"柳事、韩文、苏书"于一体的石碑就是"三绝碑"。摄影／吴冠炜

在柳宗元来柳前，柳州人曾多次尝试挖井取水，无一成功。柳宗元派人在城北勘测地形，挖地六丈，终于见水。从此柳州有了第一口水井。柳侯祠前院有水井两口，以纪念柳宗元挖井取水之功。摄影／吴冠炜

柳宗元一生仰慕屈原，屈原喜橘，柳宗元便种橘于城西北，表达其朝堂之志。柑香亭即为纪念柳宗元手植柑橘而建。摄影／吴冠炜

化成

撰文 陈俊

# 重修柳州文庙

唐代尊儒，贞观四年（630），太宗诏令"各地州、县学皆立孔庙"，各地学校里开始建孔庙。孔子在朝堂上地位崇高。孔夫子被唐太宗尊为"先圣"，高宗封孔子为"太师"，武后称其为"乾道公"，至玄宗时则封孔子为"文宣王"。

永贞革新失败后，元和十年（815）六月底柳宗元抵达柳州。当时的柳州文庙破败不堪，八月的一场大雨将孔子神位所在的大成殿毁坏，柳宗元记述道："州之庙屋坏，

柳州文庙始建于唐贞观年间，唐元和十年（815），柳宗元下令重修，其后历经多次重修。1928 年，文庙在一场大火中荡然无存。现在的文庙，于 2009 年重修，是"百里柳江"景观带上重要的文化标志性建筑。摄影／金祥

几毁神位。"为了遏制当地巫风、杀牲陋俗，以修齐治平为己任的柳宗元率先捐出一月俸禄，又向官员、富商筹钱，百姓出工，修复文庙。这或许是柳州文庙的第一次重修。重修完工后，柳宗元在《柳州文宣王新修庙碑》一文中写道："人去其陋，而本其儒。孝父忠君，言及礼义。"

柳宗元几乎是以一己之力敷扬文教，改变柳州。柳宗元亲手创办学堂，延请老师，自己在政事之余亲授儒经，为学子传道授业。

一时间，衡山、湘水以南科举考士之人，闻风而从，以柳为师，那些经他亲自指点过的人，提笔撰文皆合法度。

柳宗元的作为引起后来者尊崇效法，柳州自此人才辈出。北宋翰林学士汪藻在纪念再次重修文庙的《柳州修学记》中写道："昔唐柳宗元尝为此州而兴庙学矣，其被教者，至今为可观，故大观中，士之弦颂者至三百人，为岭南诸州之最。"即说大观年间（1107—1110）柳州州学有学生 300 人，办学规模为

岭南第一。更为可观的是绍兴二年（1132），柳州人一科中进士者有 5 人之多。

学风之盛让柳州"习与化移，而衣冠文物，蔚然为礼义之邦"。千年以来，柳州才涌现出明代的"柳州八贤"，和清代以"开兰名宦"杨廷理为代表的大批人才。自从柳宗元开创修文庙、兴儒学的传统，柳州历代地方官皆乐此不疲。即使在元代，柳州地方官也把扩修文庙作为不可或缺的政务，他们在文庙内立下"柳州路文宣王庙碑"，勒记柳宗元当年所撰文字和他的画像，弘扬其儒风。

1200 余年来，柳州文庙几经迁徙，历数十次修葺，传承有序，记录有文。明代之后，柳州府学文庙在今景行路西段。民国十七年（1928）该庙毁于柳州城的一场大火。出于对先贤的感念、文教的重视，也为延续柳州文脉，2009 年，柳州市重修文庙，选择在柳江南岸的灯台山（东台山、登台山）下原柳州塑料二厂旧厂区易地重修，新修文庙占地 6.5 公顷，已经成为柳江南岸最炫目的建筑群。

重修的柳州文庙有很多与众不同之处。棂星门后的从心门石牌坊，取意《论语》"从心所欲，不逾矩"。杏坛置于庙墙之外，采用开放式的设计，喻"有教无类"，内置有孔子铜像，让市民们不进文庙，亦可面见夫子。大成殿高 31.8 米，为全国之最；盝顶重檐，玻璃天井，紫铜包裹金柱与斗拱。每年孔诞祭祀，人们聚集于大成殿前广场，跳起佾舞，焚香读祝，向孔圣行三献之礼。大殿台基之下为孔子生平陈列，且每天都有公益教学惠及广大市民。有人统计过，按每年三百生徒计算，十年之后这里也能走出"弟子三千"。

平日里的夜间开放，是柳州文庙的一大特色。明伦堂重檐攒尖顶上方下圆，晚间里面也是灯火通明，书声琅琅。沿江游廊，为游人最爱。庙堂之下，弦诵之声入耳，游廊漫步，明月清风入怀。全国文庙中独有的文昌塔设计，紧挨游廊，似为一体，又在园外。取义"触塔为笔，蘸江为墨，以登台、驾鹤为书案，以天地为画卷"。

人们常常把孔庙和文庙混为一谈，实际上，这两个称谓是有些许差别的。在古代，称为"孔庙"的多是家庙，行"家祭"之礼；而文庙，除供奉孔子外更是官办的学府，祭祀使用官方颁布的礼制仪程，行的是"公祭"之礼，其最显著的特点就是"庙学合一"。

自重修以来，大家对柳州文庙的建筑设计褒贬不一，有人很喜欢，也有人觉得它不合传统。不过，地址改了，样子变了，它就不是文庙了吗？问问每年祭孔大典上行礼如仪的小朋友，问问常年为文庙服务的文化义工们，问问每到公益班招生就排起的长队，你会知道，它还是当年"柳州柳刺史"理想中的那座"文庙"，那个于"巍然炳然"中教化万民的所在。尽管已逾千年，依然守在柳州人身旁，守着这一方文脉。

每年孔子诞辰日，柳州人必在文庙举行祭孔大典。鸣钟击鼓，吟诵经典，虔诚追慕圣人遗风。供图／柳州文庙

文庙大成殿内景，中间为孔子坐像。摄影／吴冠炜

文欣

# 出乎震之万物生：柳州东门城楼

撰文 罗安鹄

主楼重楼檐下有"出乎震"字样。摄影／邹柳辉

穿城而过的柳江，蜿蜒环抱着柳州的城中半岛。半岛的东南角，有始建于明洪武时期的柳州东门城楼。它矗立在文惠大桥北端，扼住了柳江转弯处的津口要冲，仿佛摄住了龙泽之地的咽喉，巍然瞭望着对面的山水。历经了600多年的风霜刀剑，它竟似练就了一副烧不烂、摧不折、打不垮的顽强身姿，见证着柳州城的兴衰荣辱、发展壮大。它是柳州五座古城门中迄今仅存的一座，也是柳州乃至广西保存较为完整的明代城门楼。1994年，这座城楼被广西壮族自治区人民政

代建筑风格的典型特点。城门洞高大宽深，厚重的木门敞开着，夏季洞内凉风习习，与洞外的酷暑形成鲜明对比，是人们消暑纳凉的好去处。门洞上方，署有明代"洪武十四年四月立"的书匾"东门"二字，昭示着这座城门的来历。迎着扑面而来的历史气息，回溯到明洪武十二年（1379），当时的柳州"东西三里，南北二里"，"周围七百四十八丈"，有如此坚固的城墙和门楼镇守，外加山环水抱的天然屏障，彼时的柳州府城实在是安居乐业的好所在。当年的东门，作为学子赶考、官员进京以及结婚嫁娶、新官上任等出入之门，被称作"喜门"，深得百姓重视。徐霞客来到柳州，留下这样的字句："其城颇峻，而东郭之聚庐，反密于城中。"即使在徐霞客如此专业的旅行家眼里，柳州的东门城楼也算是颇为高大了，城门外商铺林立，比城里还热闹呢！寥寥数语，描绘出东门城楼巍峨挺拔、立于繁华之中的生动画面。

府列为重点文物保护单位，是中国历史文化名城柳州的一大标志。

柳州东门城楼坐北朝南，占地500平方米，高约17米，面宽20米，进深11米。城门以大块料石作基，以青砖砌墙。左右与约120米长的明代砖砌城墙相连，呈现出弧形的包围护城之势。城门楼是二层谯楼，重檐歇山式屋顶，檐角飞翘，再以花雕卷曲收回，与檐沿雕花装饰及双鳌朝珠相呼应，凌空向上中透出些许温婉。楼内圆柱无斗拱，直接承支屋顶，为穿斗式木构体系，具有明

东，太阳升起的方位，阳光最先到达的地方，万物之本，生机之源。《周易·说卦》云："万物出乎震，震东方也。"柳州东门城楼上至今还悬挂着"出乎震"的青底金字横匾。据查，此匾原为清光绪六年（1880）邑贡生秦绳祖（字其武）所书，本是青底黑字，因商周"以青圭礼东方"，战国秦汉以"青龙、白虎、朱雀、玄武"的方位"四神"来代表东西南北，青即寓意着东方。此匾"文革"时被毁，目前所挂为20世纪90年代的复制品。正如生命有代谢，城楼亦有重生：东门

城门之上的武帝阁为奉祀关帝的地方，内有神像，每逢年节，附近居民可上楼进香。摄影／吴冠炜

城楼始建于明洪武十四年（1381）；清咸丰年间毁于火灾；清光绪元年（1875）依照明代古城楼的建筑风格重建楼阁；1998年由市政府主持、广西文物修缮队施工，按"修旧如旧"的原则，对东门城楼进行了拆除重建。为了每一块砖都能恢复到原位，拆除前还对城墙上的近8万块砖逐一进行了编号。尽管有灾难的摧残和岁月的侵蚀，东门城楼所携带的柳州历史文化基因，在修复和重建中仍被细心地保存下来。它以出乎震而万物生的催动力，激发人们建设并守护这美好家园。

今天的柳州城早已超越了明朝时的体量，物质和精神的丰裕已是任何朝代都无法比拟。民国十年（1921）之后，东城门入夜不再关闭，标志着城楼在冷兵器时代的使命已基本结束。后来，人们在城楼上奉祀关帝，如果你登上城楼，会看到"武帝阁"的匾额；再后来，有人借楼门洞的便利，做起了生意；还有人在城楼前搭台唱戏，各种表演从不间断；这里也曾一度定期举办庙会；甚至还有人在这里举办集体婚礼，让东门见证普通男女的爱情……寒来暑往，东门城楼下的柳州人生机勃勃，尽情享受着生活。它则像一名完成任务的战士，收起了征战沙场的武器，笑看门前花开花落，只是手中还牢牢擎着那面"出乎震"的旗帜。那来自中国哲学经典中的喻示仿佛有一种魔力，激发柳州城不断开疆拓土、发展壮大、繁荣昌盛。紫气东来，喜门相旺，它承载着百姓心中长盛不衰的希冀。

侧面的东门城楼，屋角飞檐凌空、屋脊上龙吻兽饰气势宏伟。摄影／严跃新

柳州东门城楼，距今已有 600 多年的历史。城门上为两层楼梁，楼内圆柱无斗拱，直接承支屋顶，巧妙异常。楼外采用重檐歇山顶式屋顶，飞檐翘角，精致厚重。摄影／严跃新

# 从柳州出击

化成

撰文 赵伟翔

全面抗战中的柳州是一座空军之城、英雄之城。柳州柳南区航五路上，一片杂草丛生的土地，几栋饱经沧桑的旧建筑，与周边现代的高楼大厦形成了强烈反差。这里是柳州旧机场。

柳州机场于1932年10月建成，但故事要从1931年说起。

1931年，新桂系军阀为增强实力，开始筹建空军，成立广西航空局，先后招收三期飞行、机械学员，每期30人，第一期委托广东航校代培。机场建成后，广西航空机构遂由南宁迁至柳州，改称国民革命军第四集团军总司令部航空处。1934年4月，第四集团军航空学校在柳州成立。次年，航空处与航空学校合并为广西航空学校。

1933年6月，广西航校向日本订购一批飞机，并向日本派遣留学生。第一批留学生吕天龙、朱嘉勋、何信、温启钧4人，到日本明野驱逐飞行学校学习驱逐战术。4个小伙子学习努力，成绩优秀。在一次高空射击考试中，何信打破了日本国最高纪录，当时明野航校一主教官云："信者，乃我日后主要对手也。"此话后来言中。

经过几年的发展，到全面抗战爆发前，广西空军已拥有作战飞机20余架，飞行员70余人（包括飞行教官），机械人员60—70名，还有十几名轰炸员。他们平均年龄只有二十三四岁，正当风华正茂、血气方刚之时。

全面抗战开始后，广西人民顾全大局，将用血汗创建的空军，无条件交与南京国民政府统一指挥。其主力被编成中国空军第三大队，下辖第七、第八、第三十二和第三十四（轰炸机）中队。空军基地设在柳州。

这支从柳州出击的广西空军，经历了无数空战的枪林弹雨，为中国抗战立下了不朽功勋。这些广西籍的飞行员顽强善战，不怕牺牲，被军中称为"广西空蛮子"。

1938年3月25日，著名的归德（今河南商丘）空战爆发。

此日，正是台儿庄战役爆发的第三天，前线告急。中国空军三大队第七、第八中队执行完轰炸任务归航途中，突遇18架日机

柳州机场始建于1929年，曾经作为广西空军训练基地、广西航校校址，培养了众多优秀的飞行员。1937年全面抗战爆发后，柳州机场总共进行了三次扩建，先后有苏联援华志愿航空队、美国飞虎队进驻。摄影／陈碧信

营区内摆放了诸多空军武器装备。摄影／严跃新

在归德上空设伏，欲趁中国战机弹乏油尽之时，进行全歼。这支日本战队系日本空军王牌，由日本陆军飞行第二大队队长加藤建夫率领。

眼前这支中国空军，名不见经传，加藤建夫根本没放在眼里。前不久，他还狂妄地以空投传单的方式向中国空军发出挑战书。

但出乎加藤意料的是，此次遭遇战，这支中国战鹰全然不顾身家性命，每次冲锋都抱着与敌机同归于尽的决心，加大油门直冲过来。一阵电光火石的较量之后，结果出人意料——中方以 3 架战机的代价，击落日方 6 架战机。其中最为神勇的是黄莺，一人击落 2 架日机，韦鼎峙、黄名翔、曾达池、吴汝鎏各击落 1 架。此战，加藤队中的王牌——曾击落 6 架中国战机的川原中尉被击毙。

加藤建夫气急败坏，意图复仇。4 月 10 日，中日第二次归德空战爆发。当日，中国空军从归德出发，往前线执行轰炸任务后返航，加藤建夫再次精心设伏，以两倍于中方战机数量的优势进行合围，企图全歼中方 18 架战机。决战长空，生死就在刹那。广西空中健儿在被分割包围的情况下，再次沉着应战，再现神勇，曾达池（广西容县人）击落敌机 2 架，韦鼎峙、黄莺各击落敌机 1 架，梁志航与敌撞机同归于尽……最为讽刺的是，加藤建夫此战不仅未能如愿，其驾驶的指挥机还被中国王牌飞行员黄莺辨出，被死死咬住，最后被一阵机枪击落。加藤狼狈跳伞逃生，从此告别中国战场，最终命丧太平

洋。第二次归德空战，加藤大队再次惨败。

两次归德空战中，中国空军也损失了副中队长何信，分队长李膺勋、莫休、梁志航等优秀的飞行员和 6 架战机。

归德空战，是加藤大队少见的一次败绩。这些广西空军的飞行员，许多都是他当年在广西航校做教官时教的学生。在他们当中，祖籍广西陆川的印度尼西亚华侨吕天龙，曾击落日机 4 架，伤 3 架，荣获中国航空委员会授予的"抗日英雄勋章"；"太空健将"广西容县人曾达池曾击落敌机 6 架，重伤 2 架；桂林人何信是航校的高才生，有"机枪大王"之称，可惜在归德空战中，"出师未捷身先死"；广西宜山人黄莺，曾击落敌机 3 架，最后在武汉空战中，为营救苏联援华志愿航空队领队巴比洛夫上校壮烈牺牲……还有令柳州人自豪的韦鼎烈、韦鼎峙兄弟，两人为柳州融安人，分别是广西航校第一期、第二期学员，均因成绩优异而留校任教。韦鼎烈在 1938 年 1 月 8 日驾机迎战入侵南宁的日机，奋勇击落敌机 1 架。这是广西空军首次击落日机，鼓舞人心，轰动一时。

然而，连续的作战已拼尽广西空军的老本。1939 年 12 月，广西空军在昆仑关空战中全部打光，名将韦一青牺牲。至此，广西空军不再是一支独立的部队，但广西空军出身的飞行、机械人员等仍在各部队中继续抗战，直到胜利。

抗战中，广西空军共计有 25 名飞行员牺牲，其中 19 名在空战中阵亡。

1939年10月，在广西空军消耗殆尽之时，苏联志愿航空队进驻柳州机场。驻柳期间，为支持昆仑关战役，他们多次出动机群，对日军阵地进行轰炸。1939年12月至1940年1月间的两次柳州空战中，苏联志愿航空队与中国空军携手，以阵亡1人的代价，击落日机9架，极大地鼓舞了柳州军民的士气。

苏联人走了，美国人来了。1943年7月，美国第十四航空队第23战斗机大队（俗称"飞虎队"）所属的第76中队进驻柳州基地，与中国空军一道，从柳州出击，与日本空军争夺制空权，开始谱写自己的传奇。他们与中国军民携手，最终取得了抗战的胜利。

物换星移，沧海桑田。和平年代，曾经的中国空军柳州基地红砖礼堂和其他附属建筑仍存，茵茵芳草之上，陈设着各种战机，它们已不再起飞，成为这座柳州军事博物园的展品。仰望天空，广西空军、苏联空军、美国空军，他们来过，战斗过，他们的英魂仍在捍卫着这片碧水蓝天。

曾经作为营房的红砖建筑如今依旧站在青山之前，无声地诉说着岁月的流逝。摄影／严跃新

广西柳工集团有限公司的前身是创建于1958年的柳州建筑机械制造厂，先后荣获中国500强企业、世界工程机械50强企业等称号。柳工牌装载机是中国实力品牌，装载机产品销售收入多年持续保持国内前列。摄影／韦锦波

## 支撑柳州工业的那些『第一』

撰文 刘丽虹

身为广西第一大工业城市、中国五大汽车城之一，今天的柳州是全国唯一拥有一汽、东风、上汽和重汽四大汽车集团整车生产企业的城市，如此强大的工业产能当然不是凭空而来，而是深厚的历史渊源在推动。换句话说，今天的好成绩来自几十年的刻苦学习和点滴积累。

从1958年到今天，柳州工业创造了多个"第一"：第一台装载机、第一台拖拉机、第一辆汽车、第一辆电动汽车……

1958年，第一个五年计划胜利完成，时任广西壮族自治区政府主席的韦国清请求中央支持广西工

业发展，此后，一批包括钢铁、电力、化工、机械、有色金属、仪表、水泥、制糖、水利的工业项目相继落户广西。柳州钢铁厂、柳州动力机械厂、柳州建筑机械厂、柳州联合机械厂、柳州电厂、柳州化肥厂、柳州水泥厂等十大工业项目都在此时建成，共同打造了广西的"工业摇篮"。摇篮里诞生出许多闻名中外的工业产品，其中就有支撑柳州工业的许多个"第一"。

1959 年 12 月，柳州机械厂"红河"牌拖拉机试制成功。图为"红河"批量生产的场景。（选自《百年工业柳州》）

### 第一台拖拉机

大多数 60 岁以上的老人应记得，20 世纪 60 年代后的 30 年间，"红河"牌拖拉机曾在中华大地上纵横驰骋，柳州机械厂的这款拳头产品在全国数一数二。"红河"牌拖拉机的诞生，昭示了柳州工业的速度和质量。

1958 年 4 月至 8 月，柳州机械厂只用了短短五个月，就试制成功了 2 台"青年号"4 马力小型万能拖拉机和 2 台"金田牌"8 马力拖拉机，开启了广西生产拖拉机的先河。

第二年，国家安排全国 8 个厂家进行拖拉机试制，哪家性能优良就可能成为定点生产厂。这年 10 月，自治区党委指示由柳州机械厂试制"红河"牌拖拉机，而且必须 3 个月内成功。

按照计划，"红河"牌拖拉机是中型万能拖拉机，采用了当时世界上比较先进的技术，主要特点是轻巧灵活、马力大、用途广。

一无技术图纸，二缺加工设备，柳机当即成立试制车间，组织全部力量，拆散样机，开"零件展览会"，让各车间工段自动承包，将原零件分到班组，工人们的口号是"奋斗六十天，试制成功拖拉机，向 1960 年元旦献厚礼"。

485 型柴油机是"红河"牌 35 型拖拉机的"心脏",分配式油泵又是"心脏"中的关键部件。因制造精密、难度大,法国人曾花费十几年去研究它,英国人则用了整整 57 年。柳机人借鉴了前人的优秀技术和宝贵经验,仅用 57 天就试制出了分配式油泵,解决了这一难题。

1960 年 1 月 15 日,工厂举行隆重的庆祝会,欢庆"红河"牌 35 型拖拉机诞生,欢庆广西首次试制中型拖拉机成功。3 天后,"红河"牌拖拉机在北京完成了 500 小时耐久试验,荣获桂冠。

柳机人并未满足,迅速改进,将拖拉机功率由 35 马力提高到 37 马力。1960 年 8 月,"红河"牌 37 型拖拉机在北京通过了国家级鉴定,参加了上海全国工业展览会。

"红河"牌 37 型水田拖拉机的出现,填补了广西机械工业的一大空白,让柳机顺利成为国家拖拉机定点生产基地。

第一台推土机、装载机

2017 年柳工集团年会上,面对世界各国经销商和客户,柳工人的微笑是那么自然淡定,但没有多少人知道,这"世界微笑"的背后,有柳工 60 年的研发积累在支撑。

在资讯发达的今天,我们可以看到柳工工程机械在各行各业创造的辉煌,看到它们挑战极限的神奇……然而,无论你"百度"还是"搜狗",都不会找到柳工研发的蛛丝马迹,因为柳工的研发就像"两弹"研发一样,不会轻易被人提起,更没有人知道,柳工装载机许多个"第一"背后的艰辛。

1960 年柳工第一台 80 马力履带式推土机诞生。供图／广西柳工机械股份有限公司

1966年国内第一台 Z435 轮式装载机在柳工试制成功。
供图／广西柳工机械股份有限公司

1960 年 7 月，柳州工程机械厂的前身——柳州建筑机械制造厂试制成功第一台 80 马力的履带式推土机。1965 年，厂里从机械部争取到生产装载机产品，从此开始了柳工发展的新时代。

第一台 Z435 装载机样机于 1966 年 10 月 1 日试制成功，1968 年 12 月在天津完成了部级专家鉴定。中国第一台现代化轮式装载机就这样在柳工诞生，为中国装载机行业的发展拉开了序幕。

此后，柳工开始与天津工程机械研究所合作，组成三结合设计组联合设计装载机新产品。第一台 Z450 铰接式轮胎装载机于 1970 年 7 月 1 日试制成功，再次填补了我国工程机械的一项空白。行走试验选择于柳州至南宁的碎石公路上进行，当时柳工还没有服务卡车跟行，厂里把装载机铲斗焊成能乘坐 3 人的布棚车厢，4 个人的试车小组，2 人轮换开车，另外 3 人就坐在铲斗里。车到迁江，当时迁江还没有大桥，只有轮渡，11 吨重的装载机上下轮渡坡道，操纵灵活，爬坡与制动有力，连防止滑坡的挡块都没有用上。一路上烈日暴雨，各种路况下试验车均表现优异。

Z45 装载机（后改为 ZL50 型）于 1971 年 2 月通过国家鉴定，成为我国 Z 系列轮式装载机的基型。ZL50 装载机的成功，在 1972 年为柳工赢得了国家重大投资。

组建全球研发中心之后，柳工的研发逐渐走向世界先进行列。虽然数字很单调，但数字最能说明问题：中心先后开展国家、省市技术研究项目 372 项；开发全新产品 18 个，获省部级科技奖励 14 项；申请专利 473 件，其中发明专利 213 件；获计算机软件著作权 7 项；主持或参与制订国家及行业标准 20 项。

20世纪60年代后期，柳州生产的"柳江"牌载货汽车。（选自《百年工业柳州》）

1969年，柳江牌汽车参加国庆的场景。（选自《百年工业柳州》）

## 第一辆载货汽车

1969年初，一则来自自治区革命委员会的通知下达柳州农业机械厂，要求柳州农业机械厂和柳州机械厂联合生产汽车。

在那个街上没几辆汽车的年代，别说是柳州，就是整个广西，制造汽车都仿佛科学幻想。但新中国工人不惧一切困难，厂里第一时间组织技术小组到外地学习，得到了图纸。接下来，面对原材料和工具的匮乏，工人们用铁丝、木头、纸张糊成驾驶室模型，经过上百次修改，终于定型绘图。没有大型冲压设备，工人们照着纸糊模型，一下一下将钢板捶打成汽车驾驶舱。但核心零件当时还无法生产，只好从国外购进。

1969年4月，广西第一辆130型载货车终于试制成功，寄托着两个大厂全新期待的这辆货车，被命名为"飞跃"牌，使用茶油作为燃料。随后制造的130型载货车也实现了真正的"柳州制造"。

1969年国庆节，第一辆汽车受邀到首府南宁参加自治区庆祝新中国成立20周年献礼汇报。临行前，大家决定将这台汽车改名为"柳江"。因为"柳江"更顺口，容易让人记住。更重要的是，柳江是柳州著名的地标，"柳江"牌，一听就知道这车是哪儿造的。今年86岁的前东风柳州公司工程师梁祥耀，跟着车队参加了庆典，当年的激动和紧张至今仍记忆犹新。上场前，他们对10辆车反复检查，确保万无一失。10辆车成两路纵队并排通行，前后左右车距事先都演练过无数次。即便如此，仍然做好了应急预案。车厢上放着几根拉杆，"万一有车辆出故障，就装上拉杆，就是拖着也要走完全场"。结果，整个流程非常顺利，车辆没有出现任何故障。"我

们柳州车质量有保证，很争气。"梁祥耀至今仍感
到骄傲。

### 第一辆微型汽车

常年稳居国产汽车销量排行榜前列的五菱车，
是每个国人都熟知的品牌，可以毫不夸张地说，中
国任何一座城市和村庄，每一条大街小巷，都有"五
菱家族"的身影。五菱，直到今天仍是柳州最响亮
的名片。它的历史，仍然由许多个"第一"组成。

1979 年，柳州拖拉机厂偶然得知机械部农机局
与军工局在酝酿组织微型汽车生产。经过论证，厂
领导认为微型汽车的市场十分广阔，决定试制转产
微型汽车，作为今后的主导产品。

1982 年 1 月 20 日，柳州拖拉机厂率先制造出第一辆
LZ110 微型汽车。（选自《百年工业柳州》）

1981 年 8 月，柳州机械厂和柳州拖拉机厂着手
联合开发微型车。翌年，第一辆 LZ110 型微型货车
和第一辆 LZ110K 微型厢式车先后试制成功。在成
功制造木炭汽车 48 年后，柳州机械厂又一次成功
制造出了汽车。

当时中国微型汽车发动机开发还是一片空白，
柳州机械厂通过测试的 270Q 微型汽车发动机结束
了这种局面，最终促使国家在柳州定点生产微型汽
车。1982 年，第一台利用"低熔点合金"技术制造
的五菱汽车，通过了 200 小时强震试验等一系列严
苛的质量和技术检测。1985 年，柳州拖拉机厂更名
为柳州微型汽车厂。"五菱"这个牌子，于 1987 年
4 月 10 日正式成为 LZ110K 微型厢式车的商标，从
此响彻大江南北。

### 第一辆新能源车

"五菱车穿墙，墙倒车没事"，随便上网百度

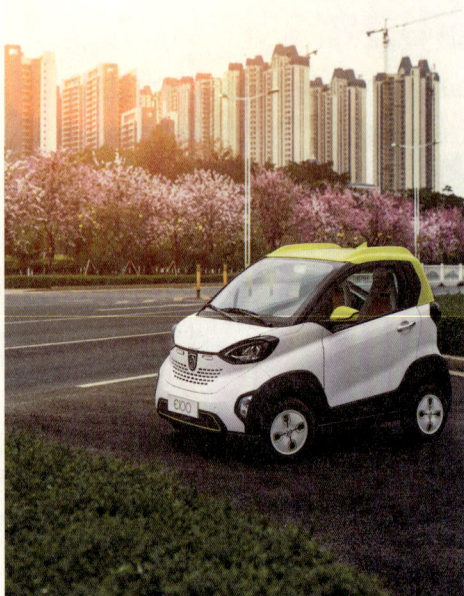
五菱新物种——"E100"。供图／柳州上汽通用五菱企业

一下，不难搜到类似的"五菱神话"。正当五菱车的网络八卦余温尚在时，"新物种"——"小 E"的事迹又在网上被热炒了。

"看着一溜长相不同的'小 E'在那里排排坐，突然间有点恍惚，难道是 E100 毁容变成了 E200？"柳州人的这个玩笑，道出了"小 E"外观设计的变化，更说明了"小 E"更新换代的速度。挂着绿车牌的"小 E"，是上汽通用五菱公司推出的出行"新物种"——宝骏 E100、E200。柳州城里到处是它们小巧灵动的身影。

因为身型袖珍，只有两座，还要充电续航，之前从无企业生产过，这个产品能否真正解决用户需要，让大家真心觉得它是"好看好用好玩"的"三好"电驴？一切都要市场和用户说了算。

2016 年 9 月起，宝骏 E100 仿佛一夜之间开遍柳州的大街小巷，不过它们并非上市出售的产品，而是用户体验车。通过体验活动，宝骏 E100 精准掌握了用户需求并快速改进，也充分挖掘出了每个家庭第二辆车的刚需。

里程焦虑是新能源汽车用户的使用痛点，如何方便快捷地完成充电，是诸多车企都要面临的挑战。上汽通用五菱另辟蹊径，绕开费用昂贵的充电桩建设，直接将宝骏"小 E"与家用 220V 接地电源匹配，只要有插座就可以充电，而且动力"杠杠"的。车主们渐渐发现，这个"小家伙"，是城市白领通勤最佳选择，短途、高频、没有里程焦虑。

截至 2018 年 8 月，柳州"小 E"用户已超过 2.5 万。2.5 万台"小 E"可节约油耗 440 万升，减少碳排放 8531 吨，相当于种植了 47 万棵树。这种绿色效应让"E粉"们牛气冲天，如此节能减排，可不是随便谁都能做到的呀！

"小 E"仍然在向前奔跑。2019 年 4 月 17 日，广西首个 5G 电话从南宁拨至柳州，体验了广西新能源车"当家花旦"宝骏 E200 的智能"黑科技"——宝骏新能源车的远程控制"无人驾驶"技术。在不远的将来，大家就可以坐着自己的"小 E"，看着书、打着盹去上班了！大家拭目以待，柳州工业的又一个"第一"即将出现。

"江流曲似九回肠"，柳州工业的发展历程就像柳江一样，迂回曲折而不断前进。在它滔滔东进的道路上，无数工人的汗水凝聚成了那些辉煌的"第一"，许多曾经辉煌的"第一"，铸就了柳州工业的脊梁。

柳州街头一景——"小 E"排排坐。供图／柳州上汽通用五菱企业

化成

光荣与梦想：
柳州工业博物馆

撰文 文华

柳州工业博物馆建于 2012 年，是一家集工业历史文化、工业遗产保护、工业文化旅游、爱国主义教育、生态文明展示于一体的特色博物馆。摄影／邹柳辉

　　站在柳州工业博物馆开阔的广场上，一排保持着原有红砖质地的高大厂房，令人眼前一亮。这里曾是柳州第三棉纺厂，那排厂房就是当年的纺织车间，今天的"工业历史馆"。利用旧厂房开辟工业博物馆，让历史本身的一部分来展示柳州工业史，如此创意已经让这座博物馆别具一格。

　　走进去，走进西南工业名城历史的入口，迎面傲然矗立的一尊蓝色钢铁巨无霸，令所有人屏息仰望。这个高 10 米、宽 5 米、厚 3 米的"大家伙"，是 20 世纪 80 年代柳州微型汽车厂从法国进口的双动压力机，自重 150 吨，冲压能力 650 吨，一直服役到 20 世纪末。它站在空旷的序厅中央，闪耀着一名后进生追赶工业前辈所迸发的"拿来主义"精神之光，更散发出迥异于其他任何文物的厚重与宏大之美。100多年来，柳州工业从无到有、从弱到强，可谓中国现代化进程的一个缩影。走过这道"蓝色大门"，我们将领略整个曲折而辉煌的历程。

1907年，洋务派知名人物杨道霖出任柳州知府。为振兴民族工业，这位新派知府席不暇暖，便利用丰富的森林资源推动建立了柳州历史上第一家实业公司——华兴木植公司。公司从香港购进锯木工具、起重机，加工木材销往全国各地甚至出口海外。华兴公司很快成为当时柳州数一数二的工商大户。展厅中再现了当年机器锯木的生产场景，一望可知中国近代工业起步的稚嫩。在制棺业、制革业、手工榨油榨糖为柳州工商主流的时代，这一步显得尤为宝贵。

传统工业展厅最醒目的地方，是百余年前赫赫有名的柳州电灯公司。1916年，在这栋两层小楼的大厅里，安装了一台木炭发电机，柳州城从此亮起了万家灯火。尽管远未实现"楼上楼下、电灯电话"的现代化目标，电的普及仍是柳州工业迈出的一大步。

接下来，是清一色的舶来品，突显出柳州乃至整个中国工业早期发展的"学徒"色彩。英国庚子赔款牛头刨床、20世纪40年代末进口的美国鳄鱼剪床、苏联机床，一尊尊钢铁巨兽静默无言，油光里泛出森严之气。看介绍，这些设备无一例外都被引进厂家使用到了21世纪。令人欣慰的是，这种局面很快改观。1933年，柳州人自行设计制造的第一辆木炭汽车，开创了广西生产汽车的历史，为抗战中克服对进口石油的依赖发挥了重要作用；1937年，柳州成功自制的第一架军用双翼战斗机"朱荣章号"，开创了广西飞机制造的新纪元，与美国"飞虎队"战机一起穿梭在抗战的腥风血雨中。

新的时代，柳州工人投入了更多艰苦奋斗和自主创新。1958年，国家在柳州布局了十大工业项目，柳州钢铁厂、柳州动力机械厂、柳州建筑机械厂、柳州联合机械厂、柳州电厂、柳州化肥厂、柳州水泥厂相继建成，为今天柳州工业"三五四格局"中汽车、冶金、机械三大支柱产业奠定了坚实的基础。展厅中所有展品记录着当年工人的干劲和热情，让人顿生自豪。其中包括：1953年，柳州机械厂试制成功1101型汽油机，是我国第一代汽油机。1968年通过国家鉴定的Z435型装载机，拉开了国产装载机的序幕；面前这件展品得来不易，2010年，筹建中的柳州工业博物馆想征集一台最早出产的Z435轮式装载机，四处寻找无果，最后终于在徐州的一座矿山找到了这台历经45年风雨，还在辛勤工作的第一代轮式装载机。接下来是1969年，由柳州农械厂、柳州机械厂联合生产的广西第一辆"柳江牌"载重汽车，载重2.5吨，因特别适合农村使用而广受欢迎……

进入楼上的80年代展厅，最强烈的感受是，做一个柳州人太幸福了，可以坐拥本地生产的全套家用电器和全部日常生活用

序厅中的法国进口双动压力机。摄影／严跃新

品。从六七十年代的"三转一响"——"都乐牌"自行车、"喜狮牌"缝纫机、"金声牌"时钟和"山花牌"收音机，到八九十年代的新婚必备——"都乐"冰箱，"双马"电扇；大到五菱汽车、空气压缩机，小到两面针牙膏、电热蚊香片；远到水上用的（操舟机），近到身上穿的，床上铺的，无一不是柳州制造。博物馆将80年代柳州轻工业产品集中起来，布置成当年最时尚的职工"新婚之家"，市民走进这间"柳州制造"婚房，恍如回到30年前。改革开放后的柳州，重工业与轻工业两翼齐飞，化工、制糖、造纸、建材、日化五大传统优势产业焕发新生，跻身全国经济效益最好的十强城市之列。

21世纪开始，"柳州制造"逐步向"柳州智造"从容转型。全市有59家企业被认定为国家级高新技术企业，柳工、欧维姆、两面针更是成为国家创新试点企业。与前几个展厅的沧桑凝重截然不同，这个展区以簇新的展品和浓烈的高科技色彩征服观众。"三五四格局"中的"四"——新材料、生物科技、机电仪与信息技术、新能源和环保节能四个新兴产业代表性成果悉数登场。也许我们对宇宙飞船上的加速仪唯有惊叹却并

左上：美国进口鳄鱼式剪床。摄影／严跃新

左下：80 年代新婚之家。摄影／严跃新

右上：柳州自制的第一架军用战斗机——朱荣章号。摄影／严跃新

右中：长长的走廊墙面上，柳州工业史在一幅幅图片中展开。摄影／严跃新

右下：Z435 轮式装载机，中国自主研发的第一代装载机，由柳州工程机械厂制造。
　　　摄影／严跃新

不了解，但停在那里的一代代五菱家族成员、第一代和第二代宝骏电动微型汽车，立刻让人有身处柳产汽车4S店的恍惚。甚至，差一点要拉开宝骏"小E"的车门，进去试驾一番。走过一百年的柳州工业，仍然是活力满满，未来充满希望。这种感觉，恐怕很难在其他博物馆里找到。

连接一二层的走廊墙面上，贴满近百年来为柳州工业奉献力量者的照片，特意仔细看了一遍，都是第一线的工人和设计师。不禁想起一层展厅里1958年的一份奖状："某某同志在钢铁生产运动中，工作一贯艰苦积极肯干，获得显著成绩，光荣评为丙等钢铁积极分子……"得奖的这位同志，和眼前这一张张普通的面孔，就是柳州工业史上近百万产业工人中的一分子，柳州制造的原创人。他们不是明星，笑容是那么朴实。在100年历史的深处，还有许多细节和故事，等待你亲临现场去寻找，去体味。

蓝天下的柳州工业博物馆，倒映在粼粼波光中，平添了几分灵动。"柳钢58号"蒸汽机车昂然据守在北广场上，远处是东风柳汽3000吨压力机，在阳光下闪耀着钢铁的光芒。室外展区展品不多，空间巨大。为什么要留出这些空白？工博人说，要给未来预留出空间。因为这座城市的工业，还在向前发展，这空白，留给未来的柳州人续写！

化家

进德镇九厅十八井：

活在故事里

撰文/草妮娜

隆盛庄由椭圆形的围屋和半月形的池塘构成，组合为完整的圆形，体现古人"天圆地方"的宇宙观和对天地的敬拜。摄影／严跃新

1813 年，隆盛庄内外喜气洋洋。庄前月池外，新竖起两块旗杆石，西面石上刻着时间："嘉庆癸酉年仲夏穀旦"，东面石上刻着事由："为恩例贡士曾鹏翔竖立"。米商之家的少爷曾鹏翔当上了贡士，这不是曾家由商转仕的大好开端吗？当然要隆重庆祝。这两块刻了事纪的旗杆石，是隆盛庄可见最早的、确切的纪年。

有资料说："龙胜（隆盛）九厅十八井建于嘉庆四年（1799），是清乾隆年间广东嘉应商贾曾勋、曾光麟迁入柳江定居所建的居所，由曾光麟于乾隆末年始建，后由其诸孙于嘉庆初期完成。"旗杆石在隆盛庄月池的外面，因此推测，隆盛庄的始建时间应该早于 1813 年竖旗杆石的时间。

柳州城外古有十都（地方建制），今天的进德镇居首为一都，是著名的米埠。定居后，他们以本地大米和广东市场的差价为利润，曾勋的儿子曾光麟收购大米，运往广州贩卖。传说他每次发货都有好几条船，七八十万斤米。米卖了，船队又顺便从广州带回新式的日用杂货到柳州销售，两头获利。

就这样，曾氏家族很快在一都的三千村积累了足够的财富。曾家人在当地陆续建起了隆盛庄、新盛庄、回隆庄、桥头庄、坝角庄 5 座围屋大宅，其中隆盛庄规模最大，被当地人称为"九厅十八井"。九厅十八井是客家人大屋的特别形式。桥头、坝角是后人按位置而叫，原来的名字已经被遗忘了。

曾氏家族昌盛的好日子并没有持续多久。几十年后，1855 年，由天地会发展起来的大成军在浔州（今桂平）建立了大成国。当年底，"匪首"李文茂率领的大成军经象州围攻柳州。隆盛等庄就在柳州城外的必经之路上。按照庄园的防范标准，关起门来应能躲过一劫。

无奈柳州也不是那么好打的。数万人的大成军在城外驻留数月，无功而返。有人说大成国的官员里，有两个一都人，一个是三千村的天地会首领谢亚八，另一个是叫曾三美的粮台台长。

不难理解，曾氏贩粮为业，往返广州，靠的是西江的水运交通。大成军从广东沿西江西进，设有水军，自有千艘战船，已经控制了贵港到平南一带的水陆交通。曾家运粮的船只在江上往来，自然躲不过大成水军的盘查。

同样来自广东，也许是旧相识，也许是新朋友，自愿也好，被迫也好，大成国这条船，曾家肯定是上了。不然曾氏宗祠堂上"武城世德，沂水家声"的对联，和大成国攻占平南县城后改称平南"武城"，就纯粹成巧合了！

从 1856 年到 1858 年，大成国的军队在柳州几进几出，盘桓日久。清廷数次派兵围剿失败，直到李文茂出兵围攻桂林，在苏桥受伤，撤退回柳州之后辗转到融安病逝，大成国对柳州的控制才算放下。和尚跑了，庙跑不了，一都的米商曾家没有被清廷放过。

史书《清实录·文宗实录》有这样一段

院内中厅是"宗圣堂"，依稀可见香火的痕迹。摄影／李玉祥

庭院一角，仍能想象出雨水从天井落下的惬意与美好。摄影／李玉祥

记载：咸丰八年……劳崇光（广西巡抚）奏马平县通贼村庄分别剿抚竣事一折。"广西马平县一都地方，莠民接济贼粮，随同滋扰。本年六月，纠约浔洲艇匪上窜……先后毙贼二千余名，从贼之老围陇各村庄，全行平毁……"

老围陇就是隆盛庄。当清廷夺回了柳州的控制权后，"从贼"曾氏家族的数座庄园就在"平毁"之列。难怪我们今天看到隆盛庄的废墟。经此一劫，曾家的辉煌不再，曾氏后人也逐渐散出庄园，在周边定居。隆盛庄的故事活在了曾家后代的传说中。

尽管疏于维护，从公路上经过隆盛庄时，那面高逾七八米的弧形老墙依旧十分醒目，只需一眼就能看出它不凡的气质。200 多年的时间让白色的墙面变得灰黑。隔着高墙，只见树冠苍郁。顺墙找到大门进去，是一个杂草丛生的宽阔坪场，一边是和外墙等宽的月池，一边是围屋内部建筑的大门。

隆盛庄是客家围屋。作为客民，在异乡谋生，自保是第一要素。于是就有了围屋这种高墙大院，聚族而居的建筑。围屋的主体是堂屋，它从最小的二堂二横开始，随人口的增加变成三堂二横，再加层层围拢的扩展。隆盛庄曾经也入住 200 余人。

隆盛庄前面的月池是半圆形，后面的围屋也是半圆形，加上中间的坪场，整体造型像一颗胶囊。现存最完整、美观的是月池边

的两面山墙，钱眼、枪眼、猫狗洞，都很完整，全部是白石加工镶嵌，工整如新，2000年 7 月被列为自治区级文物保护单位。

院内中堂是曾氏"宗圣堂"的牌匾，祖龛并不在位上。祠堂中央，挂着一个扎纸花灯。听说每年正月十三上灯的时候，全村的男女老少会聚拢来。墙上贴着一个集资的名单，每人 50—100 元，大概只够一年一次的聚餐吧！堂后的门被砖砌了起来，无法进入后院。厅堂左侧院的房间门前苔痕略浅，据说曾家还有两户后人住在院内。其他的房屋基本朽毁，只剩基脚。

两侧的院门无存，露出残墙断壁。园内野草由浅渐深，荒屋里藤树相连。但四周的 4 座碉楼依然挺立，似乎 160 多年前那场浩劫硝烟未尽。高墙大院的确坚固，但留得住院子，留不住人。

从空中俯瞰这座庄园，一片绿色中凌乱的黑瓦，完全看不出围屋曾经的规制，只有半圆形的月池最显眼。相邻隆盛庄约 200 米的地方，有着相同的弧形高墙，应该是当年五庄中的一座，但是月池已经淤塞成一片相连的小池塘。

再远一点，柳州白莲机场跑道的尽头，公路两边各有一个比隆盛庄规模略小的月池，后面也有两座半圆形的庄园，形制还很完整，应该也是当年五庄之中的两个。最后一个已无迹可寻。

院内的残垣断壁诉说着过往的辉煌　摄影／李玉祥

曙光西路，
佳人相见一千年

撰文 罗安鹄

曙光西路和青云路、西柴街一带，是柳州目前较大的菜市场之一，也是老柳州人最爱的一个去处。每天早上的曙光西路口，人流涌动，活色生香。
摄影／严跃新

明崇祯十年（1637）夏天，一位叫徐霞客的游者来到柳州，开始长达14天的游历。在柳州城外，他留下这样的描述："其城颇峻，而东郭之聚庐，反密于城中。"意为这个区域的建筑比城内更密集，足见繁荣景象。

《徐霞客游记》中提到的这个"东郭"，就是今天的曙光路一带。这条邻近柳江的街道，在以河运为主的古代，一直是官商要道。位于曙光西路历史文化街区的小南路旧称"苏杭街"，来自苏杭的绫罗绸缎、布匹金银聚集在这里。一到晚上，处处可见"江里画舫烟中浅，岸上花市灯如昼"的景象。

佳人相见一千年。但昔日的曙光西路，却因很多东西遗散在时光里，"风物难再放眼量"，不免遗憾。好在徐霞客先生那寥寥数语的描绘，已经成为许多柳州人无限遐思的源泉，很多人开始踏足西路老街，认真寻觅、重拾那时的痕迹。

吃货们首先从这里嗅到了经年的味道。曙光西路主要为马路市场，早、中午以卖菜为主，晚上为夜市，以餐饮、服饰为主。什么烧肉、烧鸭、露水汤圆、艾糍粑、螺蛳摊、水果摊、菜摊以及发廊、麻将馆、茶馆等各种营生应有尽有。在曙光西路口，有一座已经传承三代的青云林和记烧肉摊，据摊主林文贤介绍，柳州有不少人尤其是老年人比较爱吃烧肉，每天慕名而来找他买肉的人络绎不绝。在西路211号门前，一个提供露水汤圆、艾糍粑的摊位，从来不摆招牌，但从不缺回头客，每到清明时节，更是有许多从港澳和

123

广东回柳州祭祖的人喜欢到这里品尝正宗的柳州味道。由于生意太火爆，摊主林姐经常会满是歉意地对着晚来的顾客摊摊手："你们来晚了，今天的小吃已经卖完了。"

食色，性也。属于曙光西路的"王谢堂前燕"，在漫长的时光中，"飞入寻常百姓家"，藏在一个城市的吃穿住行中。譬如那一座座粤式骑楼里，就一样流淌着岁月变迁。这种骑楼是柳州人仿照沿海城镇的模式发明的，楼为二至三层，下承双柱，下层即铺面。居住在曙光西路231号的梁姐，以前曾在家门口铺面卖过小菜，后来很多地方盖起新楼，这边的集市渐渐冷清，她的日子常常在麻将中打发。去年，她家的房子被划到曙光西路历史文化街区中，政府免费出钱给他们改造维修，前来旅游的客人逐渐多起来，儿子儿媳又准备把铺面用起来做些营生。看着老屋边上那些道路、街巷、院墙、小桥、溪流、驳岸乃至古树等，一一焕发出新的曙光，从80年代就搬来这里居住的她，每天都洋溢着由衷的笑容。

其实，曙光西路的"曙光"，不只是一个街名那么简单。1926年至1949年，中共柳州地下党组织，在这里和国民党反动派周旋斗争，如今，中共桂柳区工委驻地旧址（陈枫旧居）依然在这条街上静静地伫立，无声地向无数归人和过客，讲述着那段可歌可泣的历史。位于曙光西路209号的合住户里的几个老人，隔一段时间就会来到这里，他们出身于华南垦殖局，新中国成立前就在这一带工作过，如今，他们除了抚摸旧迹外，最喜欢干的事就是坐在老宅门前的独凳上，看着街上人流熙熙攘攘，听着摊位叫卖声此起彼伏，追忆那热血沸腾又激情四射的旧时光。

历经沧桑的东西，往往是人文之精髓。保留完整的街道，印刻着城市的记忆。柳州市在改造西路中，把在这里生活的居民视为活态的文化遗产，把特有的社区文化视为非物质形态的保护对象。从2018年正式启动西路文化街区改造到现在，一段段西路的旧时光，正在被重拾。如今的曙光西路，林文贤摊位的肉香更浓，林姐的小摊火爆更甚，而翻修后的老屋里，梁姐一家的小生意红红火火，老宅门前独凳上老人们的笑容更灿烂了……

再游曙光西路，你会发现，徐霞客笔下老柳州西街"聚庐""反密于城中"的盛况，正穿越历史，与现实相遇。

摄影／严跃新

摄影／严跃新

摄影／严跃新

摄影／严跃新

摄影／李圭祥

摄影／邹柳辉

## 穿越六寮屯

撰文 覃妮娜

2016 年 7 月 23 日，"法国 PBP 不间断骑行中国 1200km 挑战赛"——柳州—三江 200km/400km 选拔赛的选手们从融安县浮石镇六寮屯古老的青石城门穿过的画面，像是一次真实的穿越，从现代直达古代。这场穿越，也把这个深藏在大山之中的小村展现给了世界。

六寮屯，距离融安县城 30 公里。进入六寮屯的路旁，青峰夹道，稻花飘香。远远看见，一座座始建于明代的老宅，依山排列。进得屯来，家家门户一新，房前屋后的朱槿花、三角梅等开得正艳，黄皮果已成熟，青柚子坠在枝头，潺潺溪水绕房而过，村妇浣衣，黄狗或立或卧于村道门前，一脸呆萌地望着你，一切充满了鲜活的生活情趣。

若不是时刻映入眼帘的石板路和老石墙提醒我建村的历史，真是感觉不到一点老旧颓废的气息，一改我对六寮屯的设想。"美丽柳州·宜居乡村"的修缮改造，果然给六寮屯注入了新的生命力。

现在有 146 户 552 人的六寮屯，传说清代乱世时，为了自保，环村修建了城墙。当

古老的六寮屯，真实版的世外桃源。摄影／黄光亮

初耗费巨大人力物力修建的城墙，在和平年代无所事事，只能阻碍人们的出行交通，于是在几十年前又被拆掉了。剩下的两道城门及后山的一段城墙，作为纪念被保留了下来。

穿屯而过，就看见一面老墙挡住山谷。令人诧异的是城门对着村屯方向，山谷那边才有可以登城的台阶。是村舍失守后退守山谷的准备吗？这座城门，让我发现六寮的故事并不简单。

穿过城门进山。从山谷步行上山，两三里之外的山崖下有一个山洞。洞口齐崖壁被一道石墙封着，中间是工整的方形石料砌出拱顶的城门，门只约1米宽，厚也约1米。往里看，几米外，还有一道同样的城门，明显是瓮城的格局。

以洞口城墙的工艺来看，并非匆匆一时的建造，设计之严谨，建城之人是有军事素养和目的的。山洞里山风贯穿，深不可见。向当地人打听，据说洞深约200米，另有穿山而过的出口。

洞里有块石碑，是一份捐赠洞门墙的名

单。碑上没有时间，上面记载的金额是"银×两"，显然是民国之前的货币单位。捐赠的金额1—5两，捐款人中有几位是外村的，一位是附近的西村坡，另两位是距离百公里外都柳江上游的仁里村人，外来的人都按最高标准5两交了避难钱。

有人说洞墙是土匪建的。我觉得土匪不会为抢来的钱刻碑，何况这不就是通匪的铁证吗？老百姓自然也不会留它。一定是某个变更的朝代，一个失去地方保护的组织，通过民间集资兴建的防护工程。看完几个古代防护工程，感觉六寨屯的名字明显有自己的意义。

屯的设立源自秦朝军、民的屯垦，军屯是以半守半耕而自足为目的，民屯的作用是充实边区人口，提供粮食赋税。在汉代垦军编制中，每屯100人，长官为屯长。六寨屯现在是民村，分别有上六寨、中六寨和（下）六寨。按照伍兵制，如果每寨住5人（家属随军即5户），六寨30人。上六寨、中六寨和（下）六寨，就共有90人，每十兵设一什长共9人，加上屯长，六寨上中下三屯100人的编制非常完整！

但六寨屯人和地方上都说六寨没有驻军的记载。明代的融州地图上，离这里最近的永清堡，驻军不过31人。六寨屯也许原本就是民屯。自称建于明代的六寨在时间里还

丢失了什么？只有深入融安，才能探寻更多的故事。

从山上下来，向导告诉我们屯后山脚有一眼清泉，是村民的饮用水源。泉水有一个古意盎然的名字——下岩汶。"下岩"很好理解，就是倒置的岩下。汶不念"wèn"，它还有一个古老的别音"mén"，与门同音。柳州周边地区有称泉为"汶"的习惯。汶之水，给它起名字的人掌握着古老的文法和遥远的口音。

在屯里各处走走，不时能看见老房子上雕工精美的木饰件。同时，屯里也出现了新的事物，比如把六寨人日常生活生产用品陈设起来的桑蚕博物馆，还有结合老建筑遗址的时尚民宿。六寨人更好地利用了先祖们留下的遗产。

村外的湿地中，还有一片半藏于水中的喀斯特石芽，当地人叫它矮石林。清澈山泉浸泡的怪石，或低调潜伏，或嶙峋突兀，方圆近300亩。这也是一笔未知的财富。

来的时候一心想着六寨屯里的样子，没有仔细看沿路的风景。离开六寨屯的时候，才发现六寨屯最美的风景就在村口。只见远处青山联袂，近处芦苇叶如短剑，荡漾的水波后面连着一大片金黄的稻田，稀树立于田埂。

虽不是陶渊明，也想隐于野，隐于斯。

未经修缮的老房子。摄影／黄光亮

穿屯而过，会看到一段古老的城墙，将村子与后面的山谷隔开。摄影／黄光亮

化成

培秀：
仔细的生活

撰文 覃妮娜

融水培秀的"新禾节"上，村民和游客跳进培秀河"闹鱼"，大家在河里嬉戏，用水做"武器"，河中绽开朵朵白色浪花。
摄影／唐维

清澈无波的培秀河从寨前流过，让这片原生态的土地更具灵性。摄影／陈奕

培秀，是一个苗寨。以前人们来这里，都是冲着元宝山来的。因为攀登元宝山海拔2081米的蓝坪顶，从海拔近600米培秀寨后的小路上山，只需要步行登上1500米的高度。当然路途一定是多倍于此数字的了。来的人多了，培秀村的外在美和内在美就慢慢地被发现，宣扬出来了。

古老的苗寨，一定会有同样古老的松树。那些树长在村口、村中或是村后，像守护神一样，陪护着寨子里的人们一代一代繁衍生息。它们在苗族人心里是神圣不可侵犯的。

培秀的两棵古松长在寨前，培秀河中间的河滩上，算是罕见！河水清澈见底，河岸的鹅卵石和水里的鹅卵石，像五彩的装饰品，一样清晰可见。据说每年春季河滩上杜鹃花开得很多，像个花坛一般，让人很期待。

初到培秀，你就能立刻发现这个村子的特别之处。培秀有100多户，算是个大寨子。100多栋木楼在培秀河两岸依山而建，高低错落，彼此的视线穿透都非常好。与汉族聚居的古镇巷道受局限的视角不同，走在路上，我能看到寨子里离路最远的人家，他们同样

依山而建的吊脚木楼，自由地散落在山坡上，是寨子里苗家人的谷仓。摄影／严跃新

也可以看见我。

石板路像树干一样通往各家各户，随意走上一条，接受与沿路家族的偶遇。年轻人都出去干活了，爷爷们聚在一起聊天，守家的老婆婆坐在门前，陪着他们的，通常是安静的孙子、乖巧的狗和慵懒的猫。

村里有个地方，所有人都爱去，比小卖部还热闹。泉水，从山崖下一块刻工精美的石板后面流出，水量很大。石板上刻着大大的钱纹，还有挑水的人，牵马来饮水的人。虽然有那么精致的石板当门面，但它一点也

没有犹豫，直接流进沟渠就走了。喝过泉水的人都说"带甜味"，"比瓶装水好喝！"

与周边地区各民族的木楼不同，培秀村老的木建筑屋顶以歇山式为主，伴有悬山式。但新建木楼的屋顶都是歇山式的，和云南傣族的木楼竹楼款式相似。屋顶以前用黑瓦，现在基本改用了红瓦，在青山的映衬下，色彩更明显。

每年9月底10月初是培秀最美的季节。培秀周边的山坡上，层层的金色稻浪压着绿波。但这个时间不会太久，接下来就是培秀

人收稻子的时候。

　　元宝山水多，地里四季都有水，很适合种植水稻。但山区温度低，水稻5月才插秧，8月初才抽穗，9月底才陆续成熟。一年只种一季。这一季稻米要管得全家全年的口粮。为了让有限的粮食能给予更多饱足感，他们有的会选择种植耐饥的糯米。

　　山路迢迢，上下曲折难行，田地窄小，机器无法进入，全靠人肩挑手提，因此山里收稻子也很有讲究。苗族人基本不会将稻秆带回寨子，他们只收取稻穗。他们用一种叫"禾剪"的小工具，虽然叫剪，但与剪刀一点也不一样，是一个可以整个握在手心、薄薄的像月牙一样的刀具。

　　收割的时候，拉住禾秆，将禾剪的刀口朝外推，割断禾秆，再将上面附带的禾叶撸下来，不断重复，一把干干净净的稻穗就剪好了。5斤、10斤一把，捆好放在田埂上，扫一眼就知道当天的成果如何了。

　　房子建在山坡上的人家，没有地方建晒谷坪，就搭个木架，把稻穗挂上去晾晒。日后走亲戚，来不及备礼，抓两把稻穗也是可以出门的。独特的劳作方式，源自对环境的适应。

　　这样收稻和开镰相比，好处是一点也不会浪费。不会因为禾秆的摩擦掉稗子，也不必纠结打不干净。如果采收过程中发现有不够成熟饱满的稻穗，还可以留着过两天再来采收。这种点滴的仔细和不紧不慢的习惯，恐怕也只有山寨的节奏才能养成。

　　为了下一季种植，剩下的禾秆还是要割断的。一部分在田里烧掉做肥，一部分放到牛圈做饲料和堆肥，还有一部分会在田里或水塘里搭成架子，成为鱼儿过冬的"鱼窝"。生活在大山里，苗家人无论做什么都考量回馈和平衡。

　　还有一个好消息！距离融水县城65公里的培秀，以往单程需要2—4小时车程。如今这段县道，即将被一段新公路取代。培秀离我们更近了。

焦山寨有 100 多户人家，均系苗族。具有苗族传统特色的吊脚楼建在一块块巨石之上，当地人因此被称为"石上人家"。如此高超的技艺，让人不得不惊叹他们强大的生存能力。摄影／陈碧信

# 石上艺术：青山寨

撰文 覃妮娜

融水县元宝山 1000 多米的山腰上，有一个小小的苗寨，因为家家户户都把木楼建在不规则的大石头上，被世人称为"石上人家"。

青山寨的木楼，一座座以立锥之势，矗立在如同巨型橄榄球一般的岩石上。我最初在照片上看到，是非常震惊的。那种震惊不是来源于房屋的建造技艺，而是奇怪"是什么让他们甘愿生活在那样的地方？"

只有亲自到了青山寨，你才会懂。建于清末民初的青山寨，距离融水县城 70 公里，位于元宝山脉腹地，人迹罕至。寨子建在一个峡谷里，并非依山而建，而是建在河道里面。

房屋楼板下 10 余根基础木柱，不使用任何固定措施，就那样随意地跨在带有坡度的数块巨石上，连个柱洞也没有，石下四面还空悬着。看见那样的房子，很多人一定不敢迈进去，更不要说在里面住一晚上。可青山寨的人已经在那样的房子里，住了 100 多年了！

那些巨大的石块，就是被流水冲蚀千万年后滚落堆积的产物。只不过，100 多年来，这条山涧的水少了，人们才能把房子建在石头上，而不用担心流水冲击的问题。不过流水依然在，跨过涧中大石的时候，它经常会出现在脚下。

把寨子建在这里，当然不是为了看风景。

丰收了，村民们挑着沉甸甸的稻谷去晒谷场。摄影／郁良权

把房子建在石头上，也并不是因为怕虫蛇，而是怕肚子饿！青山寨周边，可能是元宝山最"瘦"的地方。因为接近这一带的山顶，缺乏植被覆盖，水土流失严重，土壤是贫瘠的棕黄土，遍地裸露着石块。

青山寨人想把每一寸有土的地方都用来种稻子，哪怕只能收一穗，也是一口饭。石头既不长树，也不产粮。于是青山寨人选择在河道里的石头上建房子。

我相信，青山寨的建筑师全部都是艺高人胆大的艺术家！走在寨子里，从下往上看：高低不平、带着斜坡的岩石上，立着长短不一、粗细不匀的柱脚，几乎没有一家的房基是平的。料不够长，接一截，坡度太大，垫一块。

从上往下看：纵横交错的檐角线，青瓦层层，由高到低，横平竖直，如同有节律的音符。如果下雨，每一条脊瓦留下的水滴，都会被下一层的瓦槽收集到，继续往下送。那种转折，即便是画家到场临摹，也无法复制出其线条之美。拥有这样的原创力，难道还不是艺术家吗？

这座有些破旧的歇山式建筑高高耸立在巨石之上，傲视着周围的一切。摄影／严跃新

青山寨的建筑者，把因地制宜玩成了魔术。他们根据石块的坡度，做出有数层檐角的阶梯形亭子，他们在石块与石块间搭栈道连接木楼，用木梯解决回家的问题。这种桥梁式的住宅，摆脱了地形和面积的控制，大胆的创意，在空中肆无忌惮地发展。离地越远，扩张越大，成为头重脚轻的样子，很像魔幻小说里的房子。

他们在石头上晾晒稻谷，在石头下存储物品。他们把大自然的障碍变成了生活的一部分，安之若素。城里人聊到房子时会问：你家有多少平方米？青山寨的人会说：我家有五块石头！另一个青山寨人会说：哦！我家只有一块！当然，这是一个笑话，也是真话。

每一个来到青山寨的人，看见这里梯田环绕，木楼错落，大山巍峨，白云出岫，云海漫漫，每每感叹青山寨的美与神奇。青山寨人世代生活在这里，看游人如白云来去，更多体验着这里的艰辛。他们将青山寨和自己活成了传奇。

# 香粉雨卜

撰文 覃妮娜

苗族姑娘们盛装演出。摄影／陈碧信

规模宏大的风雨桥，跨立在幽静碧绿的河水之上。苗家人本不修风雨桥，但借用了这一侗族的传统，为雨卜苗寨增添了一道风景。摄影／常湖川

雨卜这个苗寨，最美的是它的名字！去了那么多寨子，看了那么多的风景之后，我早已混淆了雨卜的样子。苗寨的水都很清，树都很高，楼都很美，人都很亲！但我仍记得那个叫雨卜的地方，水静得像蓝色的玻璃。

元宝山南麓的雨卜苗寨，位于柳州融水县的香粉乡，距离县城38公里。雨卜苗寨其实是一个苗、侗聚居的村落，是贝江流域最大的一个寨子，苗族人口占95%。雨卜村下辖7个自然村，其中有5个位于海拔650米以上的山坡上。

贝江的支流六甲河，从雨卜苗寨穿流而过。雨卜寨就在河边，木楼前有宽阔平静的水面。从岸边向上眺望，临水而建的风雨桥上，重檐的桥楼和依山错落的木楼相互呼应。高耸的鼓楼，纤细而尖锐的檐角，映衬着远处柔和的山脊线，如同一幅层次丰富的图画。

远远的，客还未到寨门前，芦笙已齐奏。轰然而起的笙声中，笑面如花的苗妹已经盛好迎客酒。进寨前，要喝这杯酒，不然主人会不高兴。这不是酒席上劝酒的酒话，而是有含义的。

自古以来，苗人作为少数民族，久居山间野外，和城市里的人们之间，相互都有着

天南地北的游客，在美丽的苗家女带领下，也放飞了自我，尽情享受着歌与舞的律动。摄影／陈碧信

"坐妹"是苗族男女青年传统的自由社交活动形式，以择偶为主要目的。每到适婚年龄，姑娘小伙子们或三五成群，或单独，或公开，或悄悄地进行对歌交谈，选择最适合自己的伴侣。摄影／陈碧信

敌视和防范。这杯酒，是问来访者：你相信我不会下毒吗？来访者喝不喝这酒，就相当于给主人家的一个回答。来访者为了表示坦荡和友好，会举杯一饮而尽。只有内心忐忑、犹豫不决的人才不敢喝酒，主家接到这样的客人，能高兴吗？所以，勇敢地接过酒杯，多少也要仰一下头吧。

雨卜苗寨的梯田，在寨子后面，向山上蔓延，层层叠叠。春天，秧苗刚刚种下，细弱娇嫩，稻田中还露着大片的水面，映着天光，粼粼泛起的波光像山上的波涛；夏天，禾苗茁壮，葱绿一片，大山成了一座绿色的宝塔；秋天，金灿灿的稻浪，摇动出丰收的饱满；冬日，陇上积雪，寨子里暖暖的炊烟，穿过积雪的黑瓦，静静地升腾。

平缓的地形，平静的河水，雨卜很适合喜欢舒缓心情的年轻人。没有遥远路途和上山下坡，雨卜也很适合闲逛的老年人。浅浅的河湾，热闹的演出，雨卜还适合需要体验感的小孩子。

远山间纱一样的薄雾，是清晨雨卜窗外最常见的画面。《融水历史大事件》里记载：民国七年（1918）香粉雨卜村人梁品三生产的"白玉纸"荣获巴拿马国际博览会银质奖。这白玉纸的灵感是不是从这清晨的薄雾里来的呢？

白玉纸，一个很陌生又很美的名字。比起现代常见的铜版纸、皱纹纸、硫酸纸等一个比一个普通的名字，白玉纸这个名字一看就高雅了不知多少倍！可能大家还是不知道它具体的模样和作用，说起白玉纸的另一个名字，大家就会恍然大悟。白玉纸也叫糯米纸，就是我们小时候吃的糖块外面那层薄薄的可以吃的纸。

这种用糯米浆做成的纸，既美观又实用。它洞穿了西方人的想象力，当然也折服了博览会的评审官们。只是这种在中国广泛使用的东西，竟是由一个100年后都还很偏远的雨卜村村民梁品三造的，又是为什么呢？换句话说，梁品三怎么会知道，世界上还有个国际博览会呢？

原因在香粉。雨卜村隶属于香粉乡，香粉有河叫香粉河。民国以前香粉乡出香料，是做香粉的原料。酒香不怕巷子深，就有广东商人专程到香粉乡采购。虽然没有历史记录证明，是采购香粉的商人，将梁品三做的白玉纸送到了巴拿马国际博览会，但我想，这是一个合理的渠道。

香粉、雨卜，早就名扬世界，只是我们还不知道。

旧时田园今尚在：侗族村寨

化成

撰文 杨尚棐

在广西三江县境内，有八个连成一片的侗族山寨，完好地保存着侗族的木楼建筑、服装饰品、歌舞文化、生活习俗等古老传统，这就是三江侗族自治县程阳八寨。摄影／贺肖华

到柳州旅游一定要去三江侗乡，到侗乡一定要进侗寨。对于学者，侗寨是活着的博物馆；对于游客，侗寨是新奇的嘉年华；对于文青，侗寨则是木心先生诗里的"从前慢"。

侗族村寨有三种类型：一种是溪河平坝型，寨前有溪水流淌而过的平坝，寨后靠山；一种是山坡高地型，寨子扎在山间凹处或者山脊之上；一种是临江滨河型，寨址选在百舸争流的江河边。在外部空间上，侗寨基本都是"同心圆式"，即以村寨居民活动区为中心，向外扩展的第一层为农田区，第二层为林地区。位于江边河畔的侗寨则会依山形水势生出更多变化。在内部格局上，侗寨呈现出"团聚式"的突出特点，即以鼓楼为核心向四周辐射。单一中心式村寨以一个鼓楼为中心，表示只有一个家族；多个中心式村落则用多个鼓楼表示有血缘的多个家族或者不同房族的存在。除鼓楼外，侗寨中还建有萨坛、祠庙、戏楼、风雨桥、水井等公共建筑或设施，是最为重要的公共活动聚集地。

侗族村寨是民俗的富矿、歌谣的海洋。从道德法规到宗教信仰，从春夏秋冬到生老病死，从衣食住到歌乐舞，都有着一套独特而完整的生命习得过程，被视为取予生灭、和谐有度的聚落文明与生命哲学的代表。

柳州三江县有特色的侗寨很多，只能择其一二以管窥豹。

高定寨（村）始建于 1573 年，即明万历元年。据传，其先祖由江西、贵州等地迁徙至柳州一带，因见有一窝大鹅在此处下蛋，认为是福兆，于是在此安营扎寨。所以，高定又叫"仙鹅落寨的地方"。

高定寨坐落在三省坡南坡脚。全寨 560 多户 2500 多人，居住在 600 多座木楼中，有"一庙、一林、双寨、三径、七楼、七井"，共同支撑起高定人的田园生活。

"一庙"是指位于村寨东南端的飞山庙，供奉侗寨保护神飞山公杨再思。"一林"是指山谷北坡环绕的樟树林，树龄多在百年以上，是村寨的风水林。"双寨"是指阴阳两寨，"阳寨"就是活人住所，是侗寨主体；"阴寨"为集体墓地，位于樟树林外的小山坡上，与阳寨以溪水相隔。"三径"是指寨内三条历史悠久的石板路小径，全部由青石板铺就，其中名叫"大寨"的石径长达 253 阶，两侧栽满梨树，沿径边可见石砌寨墙遗址。

"七楼"是指寨内的七座鼓楼，每个姓氏一座。最著名的是五通族的独柱鼓楼，全楼只有一根主柱，直径足有 80 厘米，主柱上八根呈放射状的横梁与鼓楼四周的八根边柱相连，既美观又结实。"七井"则是鼓楼附近的七口水井，两者总是相伴而存。

由于深居山林，侗寨的读书人原本不多。相传民国初年，有人到高定村走寨，将一块写着"小孩夜哭娘"的木牌捆上两颗红辣椒送进五通族的鼓楼，假称是乡公所的令牌，要求送往邻村。因五通族无人识汉字，信以为真，连夜派人送去，结果遭人讥笑。事后，高定村开了一次筹款会，决定全村捐钱送吴庭德等 4 人到县城读书。吴庭德学成回乡后，

高友村的早晨，炊烟袅袅，鸡犬之声相闻。摄影／李家树

马鞍寨是程阳八寨之一，图为马鞍寨夜景。摄影／金祥

女人们在平寨鼓楼下休息闲聊。摄影／严跃新

于1925年在寨里办起了第一所私塾。从此，高定村的读书人越来越多。目前，全村留学海外的有2人，大学毕业生已近200人。知识不仅改变了个人的命运，也改变着侗寨的面貌和未来。

高友之"友"，在侗语里是"把东西聚合、归拢在一起"之意。以高友命名，寄托着村民聚拢幸福、团结友爱的美好愿望。

高友寨（村）坐落在群山环绕的山谷中，分中寨、崖上、寨脚三个自然寨，沿溪水由西北向东南延伸。西北部为中寨，是村民最早的聚居区域，全寨五座鼓楼中有四座建造于此，房屋最为密集。以中寨为核心，村寨逐步向坡上和左右两边延伸，四周布满水田和鱼塘。寨中水井众多，有将青石凿成瓢状插入岩层蓄水的"岩瓢井"，也有用青石四面镶砌为框的"方池形井"，水质都清冽。

优越的水源条件使得高友寨种植的糯谷远近闻名。除了以糯饭为主食，高友村民还擅长用糯饭来烧酒，几乎家家会制酒、人人能喝酒。凡有客来，从进寨时的拦路酒、对歌酒、牛角酒，到酒桌上各种名堂的"转转

鼓楼大厅四边有长凳，中间有火塘，是侗族人议事和休闲的公共场所。摄影／杨秉政

酒""交杯酒"，心意与热情无一不是用酒来表达。据说寨中曾有一家四兄弟，个个都是酒道高手，一餐就把父亲烧的十几斤米酒喝了个坛底朝天。村人询问："你家来客人了呀，那么热闹？"父亲回答："是啊，来了四个养了儿十年的客人！"一时传为笑谈。

好水出好酒，更出美人。高友寨历来就是远近闻名的"美人窝"。过去，高友寨所在的林溪乡每七天赶一个圩场。每逢赶场，十里八寨的小伙子都有一个共同的目标——去看美女。所以，高友姑娘摆卖的摊位前，总是挤得水泄不通……本寨的后生们则有福气得多：每当夜幕降临，他们可以邀上同伴，手拿琵琶或侗笛，来到姑娘家"行歌坐夜"，谈谈情、说说爱，幸运的，会找到自己的终身伴侣。

与高定、高友不同，高秀寨建在山上。由于地处长江流域和珠江流域的分水岭——南岭山脉，所以有人戏称：站在寨子里吼一嗓子，长江人听见一半，珠江人听见一半。取名"高秀"，按侗语解释，是"就在高处这里"的意思，颇有种"山高我为峰"的豪气。

高秀人的时空概念是简朴的。太阳照到田段了，是吃早饭时候了；太阳到头顶了，是该歇晌午了；太阳偏西山了，可以结束一天劳作回家煮夜饭了。高秀人的生活方式也是简朴的。木楼是他们起居的地方，楼上围着火塘住人，只要火塘的火不熄，家族血脉就延续着；楼下豢养牲畜，只要人勤，总是猪牛满栏、六畜兴旺。

在高秀人的意识里，生命灵魂轮回不止。天上住仙，阳间住人，阴间住着祖先和鬼神；阴间阳间，花桥中间连，这头桥行人，那头桥走鬼。在人和鬼之间，还有着一种"脚跟朝前，脚掌朝后"的矮小的山兄弟，这山兄弟经常恶作剧，喜好作弄人类……如果死后不舍离去，灵魂就会重新投胎回村寨转生。在高秀村，总能听到这样的传说：一个刚会说话的孩童，会突然与你说起他的前世，然后拉着你的手，蹒跚地去找他前世的家人。有好事者问：你是怎么来投胎的？回说：是他前世肉身死后，灵魂蹲在路旁，看到现世父母收工路过，就跳进他们挑着的竹箕跟着回家……

高秀人因此敬畏生命，崇敬自然。在他们的生命哲学里，"合式"是一种美好的生存境界，即对人和自然都要和谐，相互不要过界。村人照面，要按长幼男女依序称呼，以示"做人要熟礼，有别畜生"；外出劳作要"上山别玩石，下河别玩水"；与人与事要学会退让，"让伴三分不会瘦了人"。村寨里，建有祭祀侗族始祖女神的"萨坛"、纪念民族英雄杨再思的"飞山宫"，还有雷子庙、南岳庙、土地公神位等，以消解凶与恶；身体若有不适，便要拜祭石头、树木等为干亲，或者"架桥添粮"以增命气。在与自然共处中，高秀人讲究各种循环往复共生，比如，养林以生水，引水而耕种，耕种以养人，养人来护林；又比如，人吃五谷而生肥，肥力而生土，土生万物，万物而生人……

因为气候特别，高秀村种植的红薯以清甜、香脆、醇厚的口感而闻名四方。因此近年来举办的红薯节，吸引了大量游人。

2012 年，三江的六个侗寨都进入了中国世界文化遗产预备名单。无论"申遗"进程如何，侗寨的生活还是一如往常，静水流深。

布央：
云里仙山出好茶

撰文 覃妮娜

布央茶园山峦起伏，温润多雾；绿林苍翠，溪涧纵横。摄影／李玉祥

三江县仙人山景区布央茶园，这里的茶叶集雾水之精华，聚大地之灵气，有着"高山出好茶"的自然生态环境。
摄影／严跃新

三江县西北部的八江镇布央村，是一个海拔600—900米，依山而建，因茶而盛的村寨。"布"在侗泰语言中是"族人"的意思。布央人在清代分布在贵州南部、广西西部、云南东南部。布央人，这个有着自身文化特征的族群，在周边地区，被划入各种不同的民族。在三江，布央人被归入侗族，他们的衣食住行也逐渐地向侗族同化。

侗家人说：山与树相生，地与天相齐。杉树、茶树，自古就是侗家人生活中离不开的两种树。杉树盖房，茶树吃用。侗家人以前种的茶树，是自由生长在山林间，开花结果结茶籽的油茶树。因为只供自家饮用，那种茶树的叶芽被少量地采摘，不会影响枝条开花结果。而果实，才是侗家人最看重的收获。用它榨出的山茶油是侗家一宝，自用或者出售都是一等一的好。

仙人山上来自震旦系的沉积土深厚温暖，云遮雾绕的山间林木苍郁，土壤湿润，一代代人开垦的经验，让布央人发现，仙人山的茶树生长得特别好。

布央人只是凭自己的经验发现仙人山的特点。实际上在中国海拔500米至1000米的低山名茶园中，与海拔600米的布央仙人山茶园处于同一个高度的，还有福建"大红袍"母株、安徽祁门红茶这样名满天下的顶级品种。

年均 18.3 摄氏度的中低温，加上早晚温差大，风少，土厚，土壤中多钾少钙，再加上地广人稀，这些优质茶叶需要的条件都齐了。仙人山的茶园具备最佳的生态环境，自然能长出最好的茶芽。

40 多年前，改革开放，经济发展，物流沟通，布央人知道了自己的仙人山可以产出更高价值的茶叶。于是，家家户户陆续地都砍掉漫山遍野的油茶树，开始种植专门采叶的茶树品种。

2019 年布央村种植茶树面积已有 3700 多亩，户均茶树面积 6.2 亩，人均茶树面积 1.3 亩。经过多年的打造，布央村先后获得"广西侗茶村""柳州市十大美丽乡村""全国一村一品示范村"等称号。2018 年，仙人山茶园成为 AAAA 级旅游景区。山高水远布央村！布央人成功将自己的劣势转变为优势，接轨时代发展的快车道。

走进茶园，扑面而来的是一股植物的芳香。不是普通植物生长茂密环境的味道，而是茶芽采摘后断口发出的茶香。由于茶园经常都在分片区采摘，所以东边不香西边香，总能闻到那种醒神的香气。

还是漫山遍野的茶树，替代了古老油茶树的新茶树，一垄一垄地在山坡上绵延，一坡连着一坡，看不到尽头。绿意盎然的山坡，被薄纱般的云雾笼罩。透过那薄纱的空隙，看见茶垄里星星点点地散布着采茶人。仙人山的名字就是这样得来的吧！

进了茶园，体验采茶是必须的。规范动作：采茶时茶芽不能用指甲掐，只能用两个手指把叶芽拉断。短了，产量减少；长了，品质降低。看着采茶女们指尖翻飞，就像银行柜台点钞员一般，那技术一时半会可学不会。

采茶的婶婶们，穿着蓝色或黑色的侗家常服，背着竹篓，默默地采着茶。倒是周边一群穿得五颜六色的外地游客，一边学着采茶，一边兴高采烈地唱起歌来！女人唱完，同行的男人，又开口接了过去。咿咿呀呀的，外人一句也没听懂。虽不知道是哪里的民歌，但看见这样美丽的茶山，有感而发的心情彼此是一样的。因为他们的现场演唱，采茶也变得有趣起来。

想来，侗家人也爱唱歌。日复一日在山间采茶的劳作，只是盯着指尖的茶芽，单调枯燥，若不是这么多来来往往的游客穿梭，他们也一定早就唱起来了吧！

早喝茶，晚喝茶，侗人的日常生活离不开茶，家家户户都需要。因此，走亲访友时提一包茶叶总是对的。能有一个布央亲戚或朋友是幸运的，没有也没关系，来的时候，把仙人山茶带来就是了。

茶园周边的侗族村寨，群山雾绕，绿树成荫。摄影／赖守强

化成

丹洲，就在水中央

撰文 夏安

丹洲位于融江中央，被誉为中国唯一的水上古镇，没有公路、没有大桥，进镇需摆渡，在悠悠江水的隔绝下，犹如世外仙境。她曾经因水而有一世繁华，如今又因水而遗世独立。摄影／黄光亮

到丹洲需摆渡，从此岸渡到丹洲东门上下游的林家、姜家渡口有撑竿的渡船，上渡船歇脚的片刻，船已过岸边的岬角，远山含影，江面云开，瞻望之间东门码头即在眼中。

丹洲原称大溶江岛，俗称"丹凤朝阳洲"，因此简称丹洲。丹洲在三江县最南端，再南就是融安。从三江驱车到丹洲，一路浓荫夹道，路线轻巧而徐缓，惬意之至。

丹洲古城在丹洲上。400年前因为在此建怀远县城而兴起许多故事，一夜间她成为柳北门户，一夜间南来北往的船停泊在此，通关、卸货，繁华因水而来。今天古城又因水而与世相隔，成为我们寻觅的水中伊人。

从东门码头拾级而上，穿过沿途民居便是东门。东门，也叫欢雷门，当年东门建成时天响滚雷，知县苏朝阳称天公打雷庆贺，从而有欢雷门名。欢雷门存有明代怀远县古城图。

古城西门、南门均毁于战火，只有北门及北帝楼保存完好。楼前的青云梯寓意"青云直上"，梯下有一青云碑，镌刻着青云图。
摄影／陈碧信

丹洲古城不大，城墙四围加起来不过1000米，东西中线只有250米。城虽小，但像苏知县严守方正格局，并不因洲岛形似鼋而有一丝含糊。古城西门（西良门）、南门（丹阳门）因战火已难觅踪迹，而建于明万历十九年（1591）的北门（治定门）及其北帝楼却完好地保留了下来。丹洲北帝楼上的梁木比清光绪元年（1875）重修的柳州东门门楼的更为古老。城墙并不高耸，5.3米的高度在岁月的磨蚀下已成矮墙；当年的砖石是在融安烧造的，现在苍黑斑驳，仅存的120米墙垣在民居边，如同邻家院墙，静静

地为历史背书。

北门门洞里齐胸高的1921年的洪水水位线令人触目惊心。历史上丹洲城多次遭融江洪水袭城，而丹洲人却不计损失，守城不退。直到1932年，三江县（1914年怀远县改名三江县）迁往古宜，也就是今天的三江县址。300年来，坚守丹洲岛的怀远城，有多少人知道其中的艰难？

路边一处经营奇石的庭院院门紧锁，看起来主人不在许久，但门内的石苔映绿，葳蕤仍在；有一处院落满园盆景，主人显然已经疏于打理，但院子并不关闭，任生人悄悄

老街上树影婆娑，静谧安详。摄影／吴冠炜

进出探望；有的院落已改为民宿，而院中旧有的池水修竹不是普通民宿能有的，只是来住宿的游客稀少。想来这些院子的主人原本是为小城里的官家或富庶人家经营石料和绿植盆景的。院子渐显颓败，但总会有墙头伸出的紫薇告知来人，当年在此经营的那段喧闹的光景。当繁华远去，生命逐渐归于泥墙灰瓦、瓜田草甸，人心如何能在时光中安顿？

小小丹洲历史上曾有35间各类寺庙。北门福建街以北的粤闽会馆，供奉着福建人的妈祖娘娘。桂北有妈祖庙，颇让人惊诧。丹洲曾是桂北门户，水路可上溯湖南、贵州，下经梧州可达广东。当年苏朝阳在此建城即为保护柳江航路。因为有此城，300年间，江上商贾、官员、文人、军旅、僧人往来不绝。苏知县是明万历年间福建省的状元，是福建南安人。一不小心，这位书生被神宗皇帝安排到"屡叛不常"、主簿被杀、太祖皇帝时就曾废置的广西怀远当知县。他暂居融州，单骑走怀远，与各峒首面晤，化解前仇，言"开江之利"。事情谈妥，连朝廷都不敢相信，200年"官无宁处"的三江之地，能被这位读书人三言两语谈得头领们"愿输赋如旧"。苏知县筹钱、勘地、打报告，"坐卧小舟，戴星出入"丹洲。兵部侍郎、"柳州八贤"之一的畬立帮助了他。白银到位，一年之后丹洲城告成。苏朝阳后来像他景仰的柳刺史一样升任柳州知府，进入柳州名人堂。不知是因为这样一位能治世的老乡，还是因为看到了这条航路上的生机，福建人远离故土，由粤地溯西江而上，在丹洲落脚，立祠修庙，在此生息，当年怀远城还真不负桂北名城的声誉。

丹洲原有江西、湖南、福建、广东4个会馆，如今就剩下福建闽粤会馆有迹可寻。在城北一片橘园中，我们看到一片宏伟的翘角墙头，墙垣尚在，屋顶挑角雕花未改，门上书写着"闽粤一家"几个字！粤闽会馆主殿今已崩塌，石柱和铺地大青石不知所踪。2008年，古城居民集资维修粤闽会馆，但历史上的闽人已离去，谁能主持修复这样的豪华建筑？人们只维修了两侧厢房，将一座妈祖神像置于门侧。

重归乡野的丹洲人重新开始侍弄土地。除了柳榕合抱的百年老树还在，岛上枫香树已不见，取而代之的是成片的柚子林和葫芦架，时间总能带来生机。硕大的沙田柚子挂在一棵直径达十几厘米的树的枝头，让人不由得驻足。每年卖出的沙田柚清香多汁，闻名遐迩。看到人们挑水挥锄，细微的幸福感油然而生。生命初时的张力，常在时间中归于淡然。然而，必须低头劳作，才有不期而来的绽放。

现在，岛上修得最富丽的地方是丹洲书院。丹洲书院有地2亩，教室6间，存书堂、礼堂、办公室、宿舍、体育场、花园齐备。杉木廊柱镂花红漆，前有桂花，后有紫薇盈门。现在的孩子如果还能在这样一座古色古香的大园子中读书，真是一件美事。丹洲建城时，城中就有社学，清光绪后这里成了怀远最好的学堂。抗战期间，费孝通等名流曾在此寓居；熊希龄捐建的北平慈幼院曾在此坚持了三年时间。日军进袭丹洲，将学堂的建筑烧毁大部。1949年后，丹洲人自己捐资重修书院，有一段时间它被更名为三江第一小学。

每到一处，我们都能感到丹洲人对这片江洲的深情。丹洲的许多古迹是丹洲人自己集体捐资维修的，包括2009年东门的重修和北门的维护。丹洲2005年后始有机动船，长久以来丹洲一直靠人力摆渡，或许也是出于保护丹洲旧貌的一种情怀。出于旅游便利，有人曾提出从融江西岸的三柳高速开出口，造桥将高速接到丹洲，遭到了岛上人的极力反对："如果造桥，便无丹洲！"丹洲就这样，与这个世界保留了五分钟的摆渡距离。

走到城北，江边的大片沙滩与浴场上，人们释放着夏日的欢欣。尽管历史长河中的许多过往，宛如在水中央的伊人，不可触摸，但融江依旧，滋养着未来将要生长的一切。

丹洲原有江西、湖南、福建、广东 4 个会馆，如今仅剩福建闽粤会馆有迹可寻，主殿已坍塌。摄影／黄光亮

丹洲书院的讲堂还保留有部分历史遗迹，在日军袭击丹洲后，学堂大部分建筑被烧毁。1949 年后，丹洲人捐资重修了书院。摄影／黄光亮

曾有人提议在丹洲造桥，却遭到了岛上人的极力反对，出于一份古镇情怀，丹洲人与外界保留了五分钟的摆渡距离。摄影／吴冠炜

撰文 覃妮娜

# 一石一世界

中国自古有赏石的传统。古人曾热衷"瘦、透、漏、皱"的石种，并将其设置于园林之中，造山造景。也有人将有纹路的石材开片，镶嵌在桌面、靠背和屏风之中，观赏其留白的意境山水。柳州的奇石，既继承了传统，也扩展了石的审美情趣。

柳州人玩石、赏石起于何时，并没有记载。但唐代时，柳宗元的游记中说，他游览"柳州八景"之一的"龙壁回澜"时，发现壁下有许多美石，可以为砚。大概是他以此给好友刘禹锡寄过一方砚，于是刘作了一首《谢柳子厚寄叠石砚》以答。这段千古佳话，造就了"龙壁柳砚"，也是柳州最早的赏石

证据。柳宗元也就成了史书中记载的柳州第一个捡石人！

柳州人"大规模集体玩石"，出现于1984年。那时在驾鹤路柳江大码头，每逢周日，柳州的"石友"们便聚集在此，将各自从河滩里淘来的奇石交换出售。到90年代的时候，柳州已有四大奇石市场，共有石店1000余家，摊位200余个，盛况空前。到2018年为止，柳州已举办了十届柳州国际奇石节，吸引了国内外众多的赏石界客商来到柳州。奇石，已成为柳州一个重要的文化符号！

柳江流域遍布喀斯特地貌。怕水的石灰

柳州奇石馆坐落在柳州市河东新区马鹿山公园东南角，依山临水，呈流线形状，为仿奇石造型建筑，2011年正式对外开放，是目前全国最大的奇石专类馆，被誉为"奇石梦之馆"。展厅分三层，馆内藏品丰富，奇石多为珍品。摄影／张柳军

随着奇石价格的一路狂飙，捡石的难度越来越大。从河滩到河底，从把玩件到巨型园林石，背篓已不足以应付，需要运用潜水和起重机等设备，于是奇石从个人兴趣进入到一个专业领域，出现了以此为业的职业人群。在对采石进行管制以前，每年都会因水下采石发生伤亡事故，动辄百千万元的石头让人们陷入了疯狂。

如今柳州人的家里，或大或小都会有几块石头。周末逛奇石市场是很多柳州人的生活习惯。但也不太可能把太多的石头搬回家，于是"只想看看"——过眼瘾的人越来越多。另一方面，由于奇石价格的刺激和采集范围的扩大，赏石眼光的提高，越来越多的精品出现在市场。

这些精品中很多被柳州奇石界的"老大"——柳州奇石馆纳入囊中。随着藏品的不断丰富，原来的老馆场地显得不够用了。同时，为了让市民有更好的休闲赏石环境，马鹿山奇石博览园应运而生。

位于柳州市河东新区东环大道272号，新落成的马鹿山奇石博览园，以山水为骨架，以奇石文化为内涵，占地面积91.51公顷，是目前全国最大的奇石主题公园。步入园区，随处可见色彩、形态各异的奇石散布在林间草地上，任孩童攀爬和游人亲近，完全没有

岩，千万年来被水溶蚀出千姿百态，漫山遍野，遍地都是，特别符合前面说的中国传统赏石的四个标准。但柳州的奇石市场开始时并不光卖石灰岩，还卖钟乳石。喀斯特的山是无山不洞的呀！有洞就有钟乳石，所以很多山洞的钟乳石被破坏了。这样的行为自然是不能长久的，在政府的干预和管制下，钟乳石作为保护资源，从市场上消失了。

还好，柳州的奇石市场很快出现了新的奇石品种——合山石。合山市位于红水河下游，合山石质地细腻，色彩艳丽，表皮光洁似彩色陶瓷釉面，一上市便大放异彩，引起市场的高度追捧。

摩尔石是近年来广西红水河水冲石中崛起的新秀，以其独特的外形深受人们喜爱。它有着西方美学特征，抽象，线条多变，充满张力。摄影／李玉祥

奇石博物馆的迎宾石，温润如玉，用来迎宾再恰当不过了。摄影／严跃新

观看展品的拘束感。

园内核心区的柳州奇石馆，流线状的建筑大气简约，高22.13米，面积1.2万平方米。馆藏以原箭盘山奇石园内"八桂奇石馆"的收藏为基础，增加了品种更多、更大型的奇石，现有馆藏精品数千件，均为稀世奇珍，因此拥有"天下第一奇石馆""奇石梦之馆"的美誉。

馆内3层，分为10余个展区。一层以柳州奇石为主，以红水河为主脉络，展现本地各类异彩纷呈的精品奇石；二层以展现全国各地以及中日韩、欧美等国家和地区具有代表性的精品奇石；三层以小品石和矿物晶体、化石为主体。三层展厅兼容并蓄，将观赏性、文化性融为一体。

柳州人赏石，有赏形、赏色、赏纹、赏质地、赏意境，等等。如赏纹中还有文字石，天然的石面上竟然会有清晰的文字，大自然的鬼斧神工，如果不是亲眼所见，真是很难想象。在玩石的过程中人们又发挥创造力，将一些原本平淡无奇的石头，组合成趣味盎然的小品，令人赞不绝口。

奇石馆一楼大厅的左边，有几块洁白的奇石，让我想起韩愈在《柳州罗池庙碑》中写的"桂树团团兮白石齿齿"。莫非韩愈也知道这里的河边白石排列吗？那白色的是都安胎瓷石，因质地纯净，被形容成瓷胎。

在柳州城南边进德镇的曾家大院，有

这块奇怪的石头叫台湾生发石，顾名思义，就是长"头发"的石头。其实那些"头发"是生长在深海净水区的珍贵海洋动物头盘虫。摄影／杨秉政

很多白石残件，在高高的院墙之上，还完整地镶嵌着用白石雕刻的"钱"。这个做生意的人用"白钱"是啥意思，现在还不好推断，但想来当初曾家的主人一定也是白石爱好者！

与戈壁奇石由风沙打磨形成不一样，水，是柳州奇石的主要加工者。而红水河，是柳州奇石产业的源泉。红水河大化段的河道，切过 2 亿多年前形成的硅质层岩石。这种富硅的岩层，色彩丰富，质地细腻，有近似玉质的效果，加上其石线条柔和，深受赏石收藏家的喜爱。

通过合山彩陶石和大化彩玉石的启发，柳州奇石市场又陆续推出了赏形的摩尔石、

赏纹的都安石和来宾石等。这些奇石类型与传统园林石相比，质地都更光滑，色彩更丰富，更适于把玩和放于室内观赏。各种处于山野河滨的石头，经由收藏家的眼光，登上了高雅的殿堂。

石头平行的纹路，大多来自地质沉积的分层。那些皱褶，则来源于沉积后受到的挤压。色彩，取决于成分，含铁呈红色，含铜则显紫色。孔洞，源自水携带小石块或沙砾的反复打磨。看懂纹理，就看见了石头的经历。

石头并不会说话，但它的表现，让人们跨越数亿年的时间和数万里的空间，欣赏到地球的杰作！

# 百朋下伦的荷

撰文 覃妮娜

一进百朋镇的地界，就像走进了荷的世界！

百朋镇，清朝称四都，现辖 15 个行政村，村民以壮族为主。百朋镇种荷的时间不过几十年。由于相对劳动强度低，经济效益好，全镇 3.8 万亩水田，陆续已有 3.2 万亩改成了荷田。其中名声最大的是怀洪村下伦屯，这里有 700 亩采藕荷田，200 亩观花荷田，是全国农业旅游示范点。

下伦的荷田和荷花，从 2 月看到 10 月，有着长长的观赏期。同时，短短种荷的时间，这里的藕已享有"玉藕"之美誉，通过绿色食品认证，远销东南亚。是品种好，还是机遇好？走进下伦的荷田，寻找一个正确答案。

荷，是莲科的一种。莲科里主要分类有两种：一种是花和叶高挺出水面的荷，一种是花和叶都浮在水面的睡莲。百朋镇主要种植的是荷。下伦屯种植的有三种：收获莲藕的青荷，看莲花和收莲蓬的子莲，还有少量采花做茶的香睡莲。

从北到南，纵观中国大部分莲藕产区，基本上都是种植一季。根据各地的温差，东北地区夏季短，日照集中，种植时间 90—100 天。湖北地区的莲藕以淀粉含量高著称，因此耗时较长，需要 120—190 天。

下伦屯的莲藕一年种两季，分别在 2—6

百朋镇下伦的荷花，从2月到10月有很长的观赏期，这要归功于下伦的地下水。水常年恒温，2月暖水浸田，8月凉水降温，使下伦的莲可以一年种两季。摄影／严跃新

月和6—10月，120天即可采收。采藕时节，每天清晨，合作社的车就会沿着田间的小路来收购，五六元一斤的价格，藕农们从来不用担心销路的问题。

下伦屯的莲藕种植时间短，莲藕淀粉含量少，是脆嫩的原因。同时，下伦藕嫩还有另一个很重要的条件，那就是水。

下伦屯口有一条名字很大气的小河叫三千河，从几里外山上的水库流过来，是下伦屯地表水的来源。另外，下伦屯外的荷田里，分布着五眼泉水。这些源源不断的地下水，才是滋养荷田的主要水源。地下水的恒温，让下伦2月就有暖水浸田，8月夏暑时有凉水降温。因此下伦的荷田有了别处荷田没有的冬不冷，夏不热，保持生长温度，生长期更长的优势。地下水是下伦玉藕的成功秘诀！

地下水位高，也是百朋镇的特点。百朋镇是喀斯特地貌，峰林、孤峰遍布。这原本是最容易漏水的地形，地表水却一年四季不会干涸，一年三季都"荷叶田田青照水"，地利之福，百朋镇的模式并非能随意复制！

当喀斯特地貌发育到晚期，会出现孤峰。当然要发育成像酒壶山那样的孤峰也是超高难度的。老人说以前酒壶山还有壶嘴，后来塌掉了。按照喀斯特发育进程，接下去壶柄

"出淤泥而不染，濯清涟而不妖"，万亩荷塘叶绿花红。摄影／严跃新

必然也会崩塌。

当出现孤峰平原时，河流平缓，河谷周围淤积会越来越多，岩石的缝隙会慢慢堵塞，水无法快速渗透，于是淤积在平原里，形成涌泉或湿地。下伦屯就是一个标准的范本。

下伦屯的泥是黑泥，与其他喀斯特地区的红土和灰色土不同。这里的土壤腐质比例重，微量元素多，养分较高。下伦的土壤含沙量也低。没有沙，莲藕生长的时候表皮就不会被刺伤，不会留下麻点和花皮。这也是玉藕品质的一个保证。

赏荷除了看形状、看花色，还有一些小套路。比如荷叶从小到大，有不同的称呼。头几片小芽，只有钱币大小就叫钱叶，在水面长开了叫浮叶，茎秆出水后叫立叶。立叶打开之前，像卷轴一样卷起来，卷轴中线的

朝向，就是地下茎的生长方向，如果需要采摘嫩芽白一定要学会这一招。

当荷长出一片背面带红色的叶子，那就表示这棵藕用来进行光合作用的叶子已经长够了，接下去要进入地下茎——就是莲藕的发育阶段了。基本上再过 20 天，就可以采收了。看懂了藕的生长标志，是不是立马觉得自己拥有了透视眼！

采藕品种的荷是很少开花的，因为它把力量都蓄积到根茎上了，没有力气长花。而采莲蓬的子莲就不一样了，那个花疯长，一片叶子带一朵花。花苞、花朵、莲蓬，站在下伦的田埂上一望，一边是接山荷叶无穷碧，一边是盖地荷花别样红！

荷叶在中国人的食谱和药典里都有不凡的表现。岭南有无数与莲和藕相关的菜肴，

下伦的藕每年可种两季，采藕季节，荷田里一派忙碌景象。摄影／严跃新

其中一道最能体现玉藕特色的名菜要数"南乳藕片"了！南乳是豆腐乳的简称，是岭南特产。做南乳藕片一定要选料脆甜的嫩藕，方能大成。

在药典里，荷叶、荷花、藕节，全身都是宝，减肥、排水、降压，通通可以实现。玄奘在《大唐西域记》写道："掬除洒扫，涂香散花，更采青莲，重布其地，恶疾除愈。"意思是搞好卫生，把青莲放在各处，可以祛病消疾。

根据现代医学分析，荷叶有抑制惊厥的作用，可以安神。难怪我们一闻到荷田那股香气，就觉得心旷神怡，烦闷全消，原来那不是心理作用，是香氛疗效真的起到了作用，是有科学依据的。

驱车走在百朋镇的公路上，一路荷香。路边常常有人停下车来拍照，也有乡民偶遇话家常，大家的脸上都带着愉快的笑容。荷田中间建设了游览步道，让人们可以走入荷田深处，观叶、赏花。最令人感动的是，这片由人力建设起来的美丽景观是全年开放的，没有任何一种形式的门票。

百朋镇下伦屯，不但努力改变了自己的生活，还把生活的美好分享给了所有人！

# 春天，赴一场紫荆花盛宴

撰文 绿了红了

这几年，每到阳春三月前后，数以万计的各地游客都会陆续云集柳州，赴一场惊艳世人的"紫荆花盛宴"。

这个季节的江面，每每惊现平流雾奇观，两岸笼罩在倾城的仙霞流云中，浓雾如纱，云海漫城，城市若隐若现，宛若海市蜃楼，又仿佛人间换仙境，秒变"仙台之城"，景观之奇美，令人叹为观止。

然而，待平流雾散去，满城紫荆花怒放，才是柳州美到极致的时候。

一场春雨过后。整个城市屏息等待的紫荆花终于开了。

起初，只是一朵两朵三朵。

眨眼间，就变成一枝两枝三枝。

继而，一丛两丛三丛花开满簇，接着一树两树三树繁花缀满，终尔一街两街三街花

龙光·玖珑府
ACESITE MANSION

中巴士 跟着紫荆一起飞

每年三四月间，柳州摇身一变，成了花的海洋，紫荆花遍布各个角落，成就了一城花，一花城。摄影／徐红日

潮涌动。

待一夜暖风吹过，仿佛有谁在喊一个口号，全城 26 万株紫荆花便约好了似的，百朵千朵万朵、百枝千枝万枝、百树千树万树，"哗"地一下，一同热烈绽放了。

一城花，一花城。

此刻的紫荆，近看花瓣新鲜，色彩饱满，枝条柔软，淡香隐约，有的粉红，有的粉紫，有的紫红，花朵层层叠叠、密密麻麻、挤挤挨挨，似乎就要把枝头压弯了，朵朵都绽放得灿烂尽致。

此刻的城市，大街小巷、学校社区、工厂公园、城区郊外，处处开满了紫荆花，一株连着一株，一排接着一排，一条条粉色花带和一片片紫荆花街将整座城市连通起来，连成一道道走不尽、赏不完的紫荆花径。

城里城外，汇成一个巨大的城市花海。

不到紫荆花丛中，怎知花色美如许？

每年花期，出门赏紫荆，渐渐成了全体柳州人心照不宣的新节俗。

一推开窗，一打开门，走在路上，坐在车里，一抬眼就会与满目花色打一个照面，一转身会与满城花海撞一个满怀，那娇媚的粉色总会自动跳入人们的眼帘，那摇曳的花枝总会荡漾在人们的肩头和心头。

此刻，倘若漫步在柳州城中，便可见：

摄影爱好者们你争我抢，你上我下，谁也不肯错过这美好的瞬间。摄影／杨雨璋

一株株紫荆树下，游人如织，人头攒动，人们脸上带着惬意的微笑，徜徉出没于紫荆花海，或举着手机，或扛着相机，或捎着摄影机，或遥控着无人机，或扛梯观花，或顾盼流连，或花卜驻足，或拈枝微笑，或在花下舞，或在花下歌。看的看，拍的拍，画的画，人们纷纷拿出各自的创意招数，或立于花丛中，或上车顶摆造型……短短十来天的盛花期，足以让世人尽享这漫天紫荆花海带来的愉悦之情。

全城赏花喜欲狂。

"美，是看不见的竞争力。"紫荆花便是因其美不可挡的巨大冲击力，一跃成为"网红"，吸引了大批外地游客赶赴花的盛宴，热度一时甚至超过了柳州另外一个"超级网红"——以鲜爽酸辣香闻名于世的柳州螺蛳粉。

美是一种无目的的快乐，全城 26 万株烂漫的紫荆花集体成就了这种纯粹的喜悦感。处处有花，处处花开，成为柳州人喜悦无比的谈资，成为柳州人柔软治愈的缘由，更成为一座城市傲娇自豪的所在。

一城花开，一城狂喜。

紫荆花与柳州城有不解之缘。现代柳州城市建设可以追溯到 20 世纪 20 年代伍廷飏执政广西时期。1928 年，柳州城遭遇大火，伍廷飏重建柳州，在柳州沙塘开办了广西农村建设试办区，这里后来成为中国"战时农都"。

1937 年 9 月，全面抗战开始后不久，广

从 1964 年第一批紫荆花入驻柳侯公园开始，经过几十年，柳州城内的紫荆花已随处可见，重重花树让这座古城焕发出勃勃生机。摄影／王吉华

西大学农学院由广西梧州迁到柳州沙塘。科研人员带来了一批紫荆花种苗。就是这批栽培在柳州土地上的紫荆花树苗，开出了柳州有资料可考的最早的紫荆花。桂林市中国科学院广西植物研究所里，仍珍藏着沙塘 1939 年的紫荆花枝条标本。

柳州是抗战大后方，直到 1944 年柳州沦陷，柳州一直是抗战期间重要的军事工业中心和最大的空军基地。柳州紫荆花的培育伴随着中国抗战的烽火，记录着那个时代的民族精神。

1958 年后，柳州开启重化工业的建设进程，也曾饱受污染之苦，"荣膺""酸雨之都"。不轻易服输的柳州人，很快展开了一场旷日持久的"环境保卫战"。2000 年开始实施"城市美化魔法"，2010 年被评为"国家园林城市"，短短 20 来年，这座昔日的"酸雨之都"实现了逆天巨变，成为一座名副其实的花园城市。

在"当家花旦"主力树种的选择上，经过多重筛选和对比，柳州把目光投向了经过引种、驯化和多年观测，非常适应柳州气候条件的洋紫荆。事实证明，对比柳州隔壁的两座城市——来宾、桂林，以及在最早栽种

烟雨中，岸边佳人翘首以待，紫荆花树温柔相伴，如诗如画。摄影／覃守超

洋紫荆的广西城市梧州，紫荆花显然在柳州的开花效果更好，说明柳州的气候土壤环境非常适合其生长。

柳州选择了洋紫荆，其实，也可以说是洋紫荆选择了柳州。

一花与一城，紧紧相随，不离不弃。

2012年，柳州市政府提出"要把柳州打造成花园城市"，洋紫荆开始真正被大规模种植。"既然洋紫荆这么合适，那就扩大种植规模，使之达到震撼效果。"即使是美，也要大手笔！上规模大批量地制造美，美到极致震撼，美到处处可见。如此气魄，再次彰显了柳州城市性格中的豪爽大气。

"一江抱城，山水美卷，紫荆花园，人间天堂"，近几年来，这样一个"花园城市2.0版"，正出现在世人面前。

一城紫荆花，愈开愈盛美。

如今，怀着喜悦之情等待一年一度的紫荆花期到来，已经远远不只是柳州人的春天故事。柳州俨然成了一个巨大的城市花都，以粉色紫荆为请柬，诚邀全世界游客赶赴这场气势恢宏的紫荆花盛宴。

与香港的红花羊蹄甲不同，柳州紫荆花学名宫粉羊蹄甲，又名洋紫荆。2018 年，柳州市 65% 的网民投票支持将洋紫荆评为柳州市市花。摄影／黄秋艳

## Chapter 3

技艺

# 第三篇

# 众创的神话：柳州螺蛳粉

撰文 陈俊 黄晓平

曾有记者问体操王子李宁："您回到柳州做的第一件事是什么？"他笑答："吃一碗螺蛳粉。"是的，要问出门在外的柳州人回家后最想做的事情是什么，很多人的回答会是——"嗍"（吃）碗螺蛳粉。

走在街道上，就能闻到前面粉店飘来的那股微酸的味道。那是螺蛳粉里的标配——酸笋，以毛竹的嫩笋切丝腌制后，撒在盖着数条小绿菜心的粉上，被一大勺热辣螺蛳汤淋上去，那香辣中带着一丝酸的蒸汽便腾了

起来，满溢在店内等候的人们的鼻腔里。那一碗乡愁已到站。

柳州人在收银台买单后，不愿意在桌边坐着等，都喜欢站在出粉的窗口前排队，看着师傅烫粉、抓菜、加配料、舀汤，也许那也是一个享受的过程。一时半刻的等待中，口水已经在嘴边汹涌。

当那碗属于自己的粉，终于摆在面前时，碗中浓厚的红油铺面，香脆的油炸腐竹和黑色的木耳丝堆得高高的，缝隙中露出几缕从

螺蛳粉所用米粉很讲究,必须采用本地出产的陈年香米,经浸泡、磨浆、调浆、熟化成型、老化、干燥等一系列工序,才能保证米粉晶莹剔透,瓷实润滑。摄影/李家树

红油中拱起、带着"红线"的乳白色细滑粉条,还有半片绿菜从碗边探出头来。

那一刻,食客都迫不及待,一筷子下去,搅动几下,夹粉嗦入口中,柔韧爽滑的米粉将汤汁带入口腔,酸的开胃,辣的散寒,热汤发表,配菜鲜香,米粉爽口。那种满足与惬意,没有任何东西可以代替。

从20世纪80年代在柳州流行开后,螺蛳粉就成为全体柳州人心中的牵挂,成为柳州游子乡愁的味道。

柳州人消夜时爱点一盘炒螺,或来一碗煮粉。嗦螺,是每个柳州人的拿手好戏。牙签?一边去!筷子!一根就可以。嗦螺高手甚至什么都不用,拿螺来就可以了。需用三根手指(毕竟煮得油光水滑的,脱手了岂不是心疼),捏住螺蛳往嘴边一送,嗦——呸!先吐螺盖子,嗦——舌尖一顶,只要一半,嘴唇上下一合,螺肉结实的前半身入口,后半身落地,等着入土为安吧!

不会嗦螺,或是举着两根筷子,都是可耻的!同辈人之间几乎可以这样开玩笑。吃完螺,那碗底的汤才是"唐僧肉",人人都想要。你来!你来!最怕不客气的,他真端起来了,你又心疼了。广西人都知道:三颗螺蛳一锅汤!一盘螺蛳那口汤该有多浓?交你个损友真想弄"死"你!

先不说螺蛳的鲜味和十几种香料,单单一片紫苏叶,也是要划拉出来吃干净的。岭南湿热,紫苏能祛湿。所以再喝上一口紫苏螺蛳汤,不但嘴和心舒服了,连身体都会爽透透的。

也许是一份螺、一份粉的分量,超过了大多数人肠胃的承受能力,于是螺蛳、米粉两大传统美食就"结婚"了。传说版本很多,综合起来的相通之处有:时间在20世纪70年代末;地点在柳州市区兼营煮螺蛳的路边粉摊;食客想吃汤粉但筒骨高汤已经用完;老板以螺蛳汤代替筒骨高汤制出的"汤粉",其独特风味令食客赞不绝口;从此这样的做法开始在柳州流行,并不断发展变化至今天

作为新晋"网红"，螺蛳粉已经家喻户晓，名扬天下。柳州人嗜螺喜粉由来已久，二者于不经意间的偶遇，成就了"酸、辣、鲜、爽、汤"，同时也将柳州人的精、气、神巧妙地融入其中。摄影／李玉祥

华灯初上，街头巷尾，或呼朋引伴，或独自前往，嗍一口螺蛳粉，方才心满意足。摄影／严跃新

的形态。随意搭配，竟得美味，螺蛳粉的诞生正说明了柳州美食兼收并蓄、自我演进的特点。

螺蛳粉所用的干榨米粉，在清水中浸泡软化后，在热水中焯煮片刻，粉的口感就会变得细腻且富有弹性。它的选料需用老米，经浸泡、磨浆、调浆、挤压、熟化、成型、老化、干燥等工序处理，每道环节都有讲究。据老柳州人回忆，螺蛳粉刚开始正式面向食客时，主料并不统一，有的用细粉丝，有的用湿米粉，有的用干切粉，干榨米粉也有。到 20 世纪 80 年代，沿五角星人民电影院、解放北路柳州剧场一带，有了成行的夜市摊点，螺蛳粉才大多以口感更佳的干榨米粉作

为主料，实现了形的一统。

汤，是螺蛳粉的魂。以前常有外地的客人问："你们的螺蛳粉里为什么没有螺蛳？"这些朋友真是问到了关键，螺蛳粉的味美，正是因为它独特的汤料，汤里最重要的食材就是螺蛳，但螺蛳不在小碗的粉里，而在大桶的汤底。

整个广西，沿河台地分布着众多的贝丘遗址，生活在这片土地上的原始先民，很早就已经以螺为食。在位于柳州市郊东南 12 公里处的白莲洞古人类遗址中，也发现有大量被人为敲去尾部的螺壳化石。由此，柳州人吃螺的历史至少可追溯到距今约 3 万年前的旧石器时代晚期。

柳州螺蛳汤所用的螺，是附着水中石头上生长的石螺。用前要去尾、焙干、除腥，另加十几种香料炒制增香。八角温中散寒，肉桂补火助阳，恰好中和了螺蛳的寒凉特性。将炒制好的螺蛳放入由猪筒骨和鸡骨架熬制的高汤中，慢火再熬四五个小时，才得到味道纯正的螺蛳汤。这时铺上炸腐竹、酸笋、炸花生、黄花菜、酸豆角、木耳等，再加进熬好的汤底，一碗地道的柳州螺蛳粉就做好了。

好的汤底，体现的是对品质的追求，汤味的稳定，体现店家对顾客的真诚，凡拥有众多"粉迷"的老字号，无不在汤底熬制方面煞费苦心。

跟广西其他地方的粉不同，柳州螺蛳粉很年轻，和中国改革开放的历史几乎同步，仿佛一开始就具有不断创新的特质。

最初是米粉加螺蛳汤，后来不断地丰富配菜，光吃粉有点单调，加些青菜好不好？于是螺蛳粉里有了蔬菜。喝酒剩下些炸花生米，别浪费了，加进去，好像不错哦！老板，我想加点酸豆角，再加点炸腐竹好像好看点，加鹌鹑蛋进去也不错……这种类似定制式的加菜，慢慢地呈现着地方人的口味。

螺蛳粉的配料现在有 10 余种之多，而且没有休止符，还在不断变化中。不是有食客问为什么螺蛳粉里没有螺蛳吗？那螺蛳粉里也可以加进螺蛳肉啊。某家店的螺蛳粉摊老板吃了海鲜粉觉得挺好，那么回来把虾蟹往粉里一加，还取上个响亮的名字——霸王螺蛳粉，多好！螺蛳粉夏天吃太热了，没问题，我们改成凉拌的，再配碗冰豆浆，爽不爽？老板我喜欢吃炒粉，螺蛳粉能不能像炒粉那样？于是炒螺蛳粉诞生了。不放弃自身传统，但又不拒绝外来文化，这也像足了柳州这座城市的性格。

2012 年，《舌尖上的中国》介绍了柳州螺蛳粉，螺蛳粉开始为全国人民熟知。以前只要出了广西，跟人介绍自己家乡，很多人都会一脸茫然，非得搬出五菱车、"两面针"、"金嗓子"这些"柳州制造"，才能化解这尴尬场面。现在只要说出"柳州"两个字，大多数外地朋友就会自己接话了，"螺蛳粉，我很喜欢""螺蛳粉，我家媳妇和孩子很喜欢""螺蛳粉，我的同事很喜欢"。总之，身边就不缺喜欢它的人。一道美食，已然成为这座城市的标签。为让更多人能够享受到这一众创美食，柳州人把方便包装的螺蛳粉做成了产业，方便装螺蛳粉不止畅销国内，且行销海外。2019 年，柳州袋装螺蛳粉年销售额达到 60 亿元，再不是"小吃"！

当初只能在夜市路边摊吃到的螺蛳粉，今天竟发展成为柳州新兴的产业神话，这真是当初坐在粉摊前嗍粉的柳州人，做梦也未曾想到过的。

螺蛳粉之螺蛳，是造就这道名吃特有香味的源泉。用螺蛳熬成的汤，或清香，或麻辣，怎一个"鲜"字了得？！
摄影／黎寒池

一碗地道的螺蛳粉，是米粉、汤料、配菜的巧妙搭配，三者缺一不可。摄影／严跃新

苗与芦笙，
笙笙不息

撰文　上官棣

赛芦笙是苗年坡会的常规活动之一。大家以村寨为单位组织芦笙队，相约一个村寨进行比赛，小伙子奏起动人的笙歌，边奏边舞，姑娘们穿着靓丽的衣裳，随着伴奏翩翩起舞，活动现场人山人海，气氛热闹欢快。摄影／周明礼

摄影／严跃新

摄影／严跃新

芦笙，是苗族最具代表性的民族乐器，分为特大号、大号、中号、小号，主要用于坡会、节庆、宗教祭祀与婚丧嫁娶等场合。苗族芦笙由笙斗、笙管、簧片和共鸣管构成，制作技艺和工序繁杂，一般使用刮、削、通、打、锤、夹、钻等相关工具，经过选料、烤料、打制簧片、制作竹木部件、装簧片和定音等几十道工序才能制成。

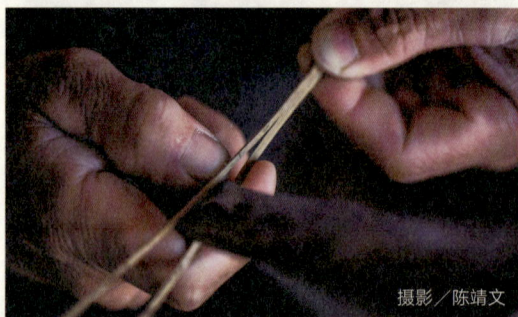

摄影／陈靖文

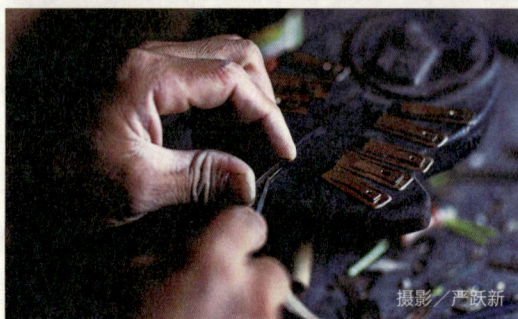

摄影／严跃新

摄影／严跃新

人们常把芦笙与苗族等同，芦笙文化就是苗族文化的代名。这或许是一个太过笼统而无法精确求证的谜题，但苗族传统芦笙作为一种乐器，有着自己独特的生存韧性和音乐、舞蹈形式。

苗族芦笙这种古老的乐器，同时也是一种特殊的说唱乐器——它简朴的音调与苗语的声调相对应，能够以音代"言"；芦笙词同时也是芦笙曲。今天传下来的固定的苗族芦笙词不下百首，包括吹踩堂调、借路调、迎送亲调等，这些曲也是习吹芦笙的"口谱"，曲本身就有确切的语义。

在苗人的信念中，久远的祖先听不懂人的语言，却能听懂芦笙的声音，正如不同苗族方言区之间不能互通，却能用芦笙曲相互沟通。这种词曲同体、声意相参的古朴形式，或许是古老音乐才会有的。

传说中，芦笙是"母亲的声音"。苗族世代传说天帝女儿勾索到人间造万物，为做笙而砍下六根手指和一只手臂，血尽而死。另一则苗族传说，说伏羲和女娲在一场滔天大水中为葫芦所救，女娲取葫芦而制葫芦笙。葫芦上生出的六根笙管，代表着六支族裔的联盟。这其中的寓意似乎是在表明，女娲希望后世子孙、六族同胞，同心相结于那只在再创人世的大洪水中曾承载着大绝望与大希望的漂流的葫芦。这是数千年来苗人不论颠沛流离，还是身处兵燹，都要在迁徙中伴随芦笙、吹笙、踩堂联络的原因。而能吹奏《迁徙歌》的芦笙头，则承担着"开教化，育子孙"

的文化传承者的角色，是族内备受尊敬的人。

音乐在这里真正代表着"和"的古老含义。数把乃至数十把芦笙的合奏，传达的是同舟共济、攻克难关的信念，也是种族传承、生生不息的祝祷。

如果要回答今天苗族芦笙从哪里来，须知道苗人从哪里来。今天的苗族大致分布在贵州、湖南、云南、广西、四川、湖北几省区，并集中在湘西、黔东南、川黔滇桂三大方言区。这几个方言区的苗民之间语言却并不相通，他们是不同历史时期从不同地区迁徙来到这里的。不过，这几个南方省区在历史上并没有超出楚国的影响范围。

实际上，楚人来自北方，他们是外来者。在上古时代，九黎—三苗部族广布于燕山之南、邹鲁之地、江淮、江汉、潇湘地区。黄帝自塞外而来，自黄帝至尧舜，多次征苗，最后形成了楚人的活动疆域。所幸的是，此后很长的历史中，"左彭蠡，右洞庭"的江汉地区一直远离战火，该地的三苗文化，包括芦笙文化因此较好地保存了下来，也正是由于这一层关系，才造就了后来楚文化所特有的南方文化特质。

今天的古代芦笙发掘地似乎就能够说明这一点。迄今所发掘出的芦笙都处于古代楚国境内，只是这些芦笙尚是以葫芦为笙斗的古代芦笙——葫芦笙。发掘出的芦笙大部分是战国时期的葫芦笙，包括湖北当阳曹家岗5号墓出土的葫芦斗笙、湖北随县曾侯乙墓出土的葫芦斗笙、湖北江陵天星观1号墓的木质笙、湖南长沙马王堆的竽、云南江川李家山 M24 号墓的青铜葫芦笙，以及云南昆明晋宁石寨山西汉早期滇墓的青铜葫芦笙。

云南何以出土青铜葫芦笙？实际它们也源自苗族。战国末期，楚顷襄王的大将庄蹻带领楚军夺取今川东的巴郡和黔中郡以西的地区，占领了滇池周围三百里地。当时，秦军南下四川，攻打楚国，庄蹻被阻隔在西，无法返楚，便在滇地称王，建立滇国，其都城就在昆明晋宁区晋城镇。苗人参与了楚国向南向西的拓疆运动，后来又因秦灭楚国而留在楚国的南境和西境，最后迁入湘西、桂北、黔东、滇地，并把芦笙带到这些地方。

今天，在苗族聚居区的文化活动，最惹人注目的节庆是苗族芦笙踩堂。踩堂，是苗族以芦笙为伴奏乐器，祭祀先祖、追怀故土、庆祝丰收、凝聚苗人人心的群聚形式。踩堂最初应是对蚩尤黄帝之战一个场景的模拟。蚩尤率领九黎抵抗黄帝东进，失败之后，被打散，退入深山。为召集苗人会聚，蚩尤在山上竖起高杆，吹响芦笙，召集苗人重整旗鼓。此俗后来成为定期的芦笙赛响、芦笙踩堂舞流传下来，成为苗族的传统。

苗族各地的坡会多与军事召集有关，也反映了这一传统的实质意义。广西融水最早的坡会——红水乡良双"整依直"坡会，起源于清康熙年间一位族长杨勇招集附近各寨"立岩"盟誓的武装动员。香粉乡古龙坡会则起源于咸丰年间，苗族联合瑶、壮反抗清廷征地的一场军事行动。

坡会举办地芦笙坪中的芦笙柱代表着苗家招集部族的旗帜。通常坡会须先在芦笙坪进行芦笙赛，芦笙赛的比赛内容仅仅是各村芦笙队齐奏芦笙的音量、音准和齐奏水平而已，与芦笙吹奏的美感无关。这正是芦笙赛军事动员性质的体现。

而今天的芦笙踩堂成为苗族的年俗。在广西融水地区，自正月初三到十七的十五场大型坡会成为人们年节文娱的盛会，芦笙比赛、芦笙踩堂舞、赛马、斗马、斗鸡、斗鸟、对苗歌、扮演山神芒蒿等节目昼夜不息。踩堂舞舞者可能达到数百人。头戴苗银、身穿百鸟衣的苗族姑娘、小伙围绕芦笙队而旋转起舞。芦笙词道："一帮阿爸阿妈，带一群姑娘后生，进芦笙坪入芦笙堂，踩堂给众人看，走圈给先祖见。"

真可谓：苗与芦笙，笙笙不息。

几乎每个苗族男子都会吹芦笙，用芦笙为舞蹈伴奏和自吹自舞而得名的芦笙舞，也在苗寨广为流传。摄影／郁良权

百鸟衣是苗族记录本族历史、表达图腾崇拜的重要方式，苗族女孩从小就要学习制作百鸟衣的技艺。每年正月十二杆洞乡的百鸟衣节，苗族姑娘们都会身着盛装，争奇斗艳，展示自家的高超手艺。摄影／陈靖文

# 边城山寨寻百鸟衣

撰文 罗安鹄

曾听朋友说，在广西北部的融水苗寨旅行，最让人难忘的是那些身着民族盛装的姑娘。当她们缓缓从你身边走过，头顶的银饰叮当作响，似石上清泉流淌。当她们围成半圆载歌载舞，绚丽的衣裳连成一片，如天上飞虹坠落。

"是苗族哪个支系的服装，如何能够这样美？"怀着这样的好奇，我来到了同事口中的这片边城山寨。比苗女更吸引我踏足这里的是那套盛装。这里的女子不算十分惊艳，但一穿上这件衣服，立刻就被衬托得清水芙蓉一般。

向美丽的姑娘打听她们美丽的衣裳的来历，真是一件愉快的事。在她们热情的介绍中，我知道了，原来身着这样的衣服的苗族，都来自一个叫"嘎闹"的支系，她们把这套女性盛装称为"欧花闹"，男装则叫"欧花勇"。一位阿姐听完我读出这两个拗口的名字后，捂嘴笑着说："其实在汉语中，嘎闹就是指'鸟的部落'，这套衣服不分男装女装，都可以称为百鸟衣。"

"鸟的部落"？"百鸟衣"？这背后藏着怎样玄奇的历史？又有着多少不为人知的故事？怀着满心的向往，我在这位阿姐的指点下，又辗转乘车来到了融水苗山深处的杆洞乡，这里每年都会举办百鸟衣节，那是桂黔交界处最热闹的节日，周围十几个村寨的苗族同胞，身着百鸟衣，在令人心醉的芦笙中翩翩起舞，宛如天上的云彩般美丽。

在杆洞乡，女孩10岁起就跟母亲学习百鸟衣的制作，以便出嫁时能穿上亲手缝制的百鸟衣。遇上喜庆节日，妇女要身着百鸟衣跳起舞蹈，互相展示自己的手艺，谁的绣工最精美，就会获得大家尊敬。杆洞苗寨的

苗族姑娘身着艳丽的百鸟衣，伴随着奏鸣的芦笙翩翩起舞，成为百鸟衣节最壮观最震撼的景象。摄影／郁良权

苗家女杨洪英，正是在母亲影响下从12岁起就学习制作百鸟衣，后又在丈夫帮助下利用互联网拓展刺绣技艺，使百鸟衣制作在传承中不断创新，被评为柳州市"十佳民间艺人"。

走过七拐八折的小路，我在一个木楼门口见到了这位身着苗家便装，梳着高高发髻的苗家女。得知来意，杨洪英抻开一件她绣好的百鸟衣放在桌上。衣服用苗族土布和红、黄、绿、蓝等锦缎丝绸进行合拼，其胸兜、围腰等部件绣各种花、鸟、虫、鱼、蝴蝶等生命图腾，裙摆由若干块鸟形图案的刺绣品组成，前后的几幅条带也绣着鸟龙，最下面一圈则是一排美丽的百鸟羽毛。

百鸟衣有多长的历史？据苗文化相关研究，百鸟衣第一次"一鸣惊人"是在唐朝。唐贞观三年，黔东南苗族首领谢元琛身着"百鸟衣"入朝参见唐太宗，所带的使团就因满身"卉服鸟章"而惊动长安，唐太宗命画师阎立德等临摹，名为"王会图"，这也是目前百鸟衣较早见于文献的记载。

杨洪英介绍百鸟衣的制作过程，光是百鸟衣底版"茧片"的制作，就不像汉人做丝绸那样，让蚕先结成蚕茧，再缫丝、织丝绸，而是直接让吐丝的蚕在一张画有经纬线的木板上边爬行边吐丝。每一拨春蚕吐丝过后，一个春天就过去了，要集齐能制作一件百鸟衣的蚕丝板，至少也要等上三四年。仅此一道工序，就足见百鸟衣中所蕴含的匠心。

在霓裳羽衣盛行的年代，百鸟衣所以博

摄影／李玉祥

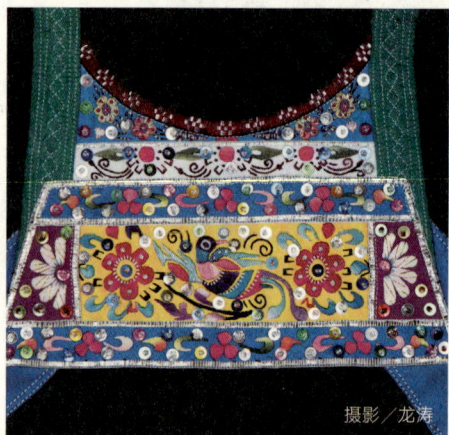

摄影／龙涛

摄影／严欣新

左上：传统百鸟衣的主要材料有土黑亮布、土珍珠、五色绣花帕和白色鸟羽绒。图为珠子末端垂吊的白色鸟羽绒。

左中：因上衣开胸无扣，故女性百鸟衣常在胸部另配一块胸兜绣品，百鸟衣胸兜上常绣有各种花鸟虫鱼，异常艳丽。

左下：刺绣是苗族服饰的主要装饰手段，题材一般包括龙、鸟、鱼、花卉、蝴蝶等，多装饰在女性服饰的胸襟、衣领、袖口、裙缀以及小孩的背带等。

花带是苗族女装重要的饰物，也是青年男女的爱情信物，一般系在腰间，或吊在百褶裙上。摄影／龙涛

得生前身后名，除这种浓郁的匠心外，也与鸟图腾代表的文化内涵分不开。

苗族对鸟图腾的崇拜由来已久，最早可以追溯到苗族古史神话"十二个蛋"。枫树生蝴蝶妈妈，蝴蝶妈妈生十二个蛋，十二个蛋由脊宇鸟孵化成自然万物和人类。因此，在苗人的心目中，鸟就是他们的始祖，百鸟衣也因此成为苗族祭祀活动"鼓藏节"的主祭服，就连祭祀活动中使用旗幡也满布鸟纹，甚至于祭祀树上，也粘满了白色的鸟羽毛。

这种根深蒂固的鸟图腾崇拜，让没有衍化文字的苗族，将各式样的鸟图腾作为文明的重要载体，百鸟衣因此成为他们记录和传承本族历史的重要方式，被誉为"穿在身上的苗族史诗"。这也是为什么在杆洞乡所有的妇女都要从小学习绣制百鸟衣的真正原因，她们在学习中了解苗家历史，让历史在传承中越发艳丽多彩。

说话间，我和杨洪英转到了一栋新盖的木楼下。抬头，一位老人和儿媳正指导着孙女绣制百鸟衣。受主人邀请上了楼后，我问小女孩，知不知道绣的图案代表什么含义，小女孩认真思索了一会儿，有些羞赧地走到她妈妈身边请教。杨洪英和那位老人微笑着看着这一幕，眼里满是温柔的光芒。坐在一边的爷爷，咂了一嘴旱烟，用含混的苗语说："不急不急，故事多着哩，等你绣好了自己的欧花闹，就会知道的。"

苗族人对银饰的喜爱由来已久，苗乡俗语说："锦鸡美在羽毛，苗女美在银饰，无银无花不成姑娘，有衣无银不成盛装。"苗家的银饰通常只传给女儿，代代承继。摄影／刘展雄

# 在尘土中开出花来

撰文 覃妮娜

苗族的银饰，在中国各民族服饰中以夸张繁复著称。苗族人喜爱用银饰装饰女子，特别是未婚女子身上展现的，也是家庭财富的力量。

苗族人为什么那么钟爱银饰？这和苗族迁徙的历史是分不开的。不断被迫迁徙的历史，使定居之人所重视的房屋土地之类的恒产，在苗族人心中都成了镜花水月不能恒久。不停的主动与被动的战争，让苗族男子的命运成为未知的变数，只有女人的生命是相对持久的。

于是，女人继承了苗族家庭的财富，银饰成为女人身上的装饰。苗族家庭在有新的财富积累后，也会不断给下一代的女人增添新的银饰。项圈一个个地增多，手镯一对对

地重叠，造就了苗族女人闪耀华丽的银装。

融水苗族的各种银饰：银冠、银角、银花、四棱项圈、扁圈、空心镯、实心镯、韭菜镯、银梳、银烟盒、针线盒、流苏、戒指、耳环、男女老幼的帽饰、衣饰，全身上下有26个品种之多。一套传统的未婚女孩的银饰盛装达到3—5公斤，光是银的材料价格已近2万元，更不要说难以计算的历史、文化价值和工费了。

母亲的银饰在女儿出嫁的时候传给女儿，如果有两个女儿，则各分一半。如果没有女儿，也要传给媳妇。这样的分配原则，也显示了女人在族群中的地位和财富传承的传统。

结婚后的女人，参加节日的聚会时并不

会佩戴太隆重的银饰。那些美丽的银饰品，有时候会借给家族中未婚的女孩，去装扮她们的芳华。

苗族人在迁徙的过程中分化出了不同的支系，每个支系或村寨，在继续迁徙分化的过程中，以相同的图案、款式来记忆族群的源脉。银饰，也是她们记忆的手段。因此，常见同一个或周边几个血缘亲近的村寨的女子，都佩戴相同款式和图案的银饰，以此显示族群的团结和凝聚力。

同时，在苗族的各种大型坡会和村寨间互访的踩堂活动中，佩戴不同的银饰，也可以作为不同村寨族群的标识，在年轻人择偶和开婚中，起着辨别血缘远近的辅助作用。

苗族银饰中有两个标志性的符号，一个是刺绣中也有的女神——姜央妈妈。她最常出现在挂锁上，是一个双面的大蝴蝶的形象，下部垂挂着长长的坠子。这些坠子，有时候是铃铛，有时候打制成刀剑模样。

另一个就是花枝招展的银花冠。银花冠几乎是苗族各个支系都使用的银饰，花冠上的花朵是桐花。每年春季坡会，正是漫山遍野桐花开放的季节，浅粉浅紫，满树招摇的桐花，大概是在银饰使用以前，苗族人最心爱的头饰吧！

油桐树是苗族主要的经济作物，油桐果有毒，但油桐籽榨油既可以做成桐油，搽在木楼外面保护房屋，也可以出售补贴家用。桐花是油桐树的花，早春开花时满树花团锦簇，只见花不见叶。桐花还是治疗多种小儿疾病的药物。这或许是苗族选择在未婚女子银冠上插上银桐花的理由，寓意女孩们已经掌握了生活的知识！

融水县的苗族自称"木"，由两个亚系构成。这两个亚系的银饰上，头饰有很大差别，融水县西北部的亚系戴银桐花冠和项圈；东北部的亚系戴方形银头箍和粗大的O形银链。

使用银方头箍这种头饰支系较少。以香粉乡的头饰为例：四方形的头箍由银丝编成，每条边宽约一寸，方箍中空，在一侧相扣。方箍内侧的耳后，还要插上两根银质的翎羽，每根长约40厘米。看起来很有几分英姿飒爽的男子气。

而大年乡的苗族姑娘，也插银翎，但她们不戴银冠和银头箍，直接在发髻里插三根银翎。还有在发髻前方插一个直径约10厘米的圆形银饰片，周围点缀着细碎的银流苏和银鱼片，看起来像一轮带着彗星尾巴飞来的明月！光彩夺目！

苦难的历史，没有磨灭苗族乐观的精神。苗族传统的集体舞中，有一部《银落舞》，名字听起来就很美，看起来更让人目眩神迷！一身银装的姑娘，轻轻摆动身体，数百只细小的银铃发出细碎又清脆的响声，像风吹过树梢，又像百鸟飞过窗前！也许每一场跳过后，真的会有银饰落到地上呢！

无论是刚穿过硝烟弥漫的路上，或是在满地泥泞的田野中，苗族女人们都努力地绽放，让生命之花盛开。

摄影／廖维

摄影／姚瑞云

摄影／廖维

摄影／蓝士柱

苗族银饰种类繁多，主要有头饰、胸饰及戒指、手镯等。其中头饰造型独特，包括银角、头围、钗、簪等，异常精美。不同支系的人们所佩戴的头饰也有很大不同。

盛装、头戴银饰，参加坡会的苗族姑娘们。 摄影/童定超

# 色艺无双：苗族蜡染

撰文 罗安鹊

人是视觉动物，爱美，更"好色"。

此色非彼"色"。天色、景色、美色、成色、脸色……汉语中类似的词语不胜枚举，似乎只要目之所及，总要落到色上。所以老子告诫"五色令人目盲"，足见色之魅力、色之诱惑。

天性总要释放，付诸笔端，即为绘画。但仍觉不够，于是涂在身上。等到文明终于穿上衣裳，人的好色之心得以充分释放，也催生出织染的独特技艺。

蜡染就是这样一门古老的民族民间传统纺织印染手工艺，与绞缬（扎染）、夹缬（镂空印花）并称为我国古代三大印花技艺。

所谓蜡染并不是用蜡染色，准确地说是

"蜡防染色"，即用蜡将不需要染色的地方保护起来。染色时，用蜡把花纹点绘在麻、丝、绵、毛等天然纤维织物上，然后放入靛蓝染料缸中浸染，经过冲洗后，再用沸水煮去蜡质，最后漂洗完工。由于有蜡的地方染不上颜色，除去蜡后即出现蓝底白花、白底蓝花的美丽纹饰。对此，《贵州通志》中描述得十分形象："用蜡绘花于布而染之，既去蜡，则花纹如绘。"

蜡染过程中所使用的可不是制作蜡烛的石蜡，而是天然萃取的蜂蜡，因此，染色过程必须在相对较低的温度下进行。染料靛蓝则是由蓼蓝叶泡水调和石灰沉淀而成。由于蜡块在染色过程中会产生自然龟裂，染料沿

蜡染是我国古老的民间传统纺织印染技术之一，有 2000 多年的历史，历经多道工序，工艺讲究。图为广西自治区非物质文化遗产项目苗族蜡染代表性传承人梁桂秋和她的作品。摄影／冉玉杰

裂缝浸入，使得布面呈现出特殊的不规则图案，类似于陶瓷中的"冰裂纹"，被称为"冰纹"，成为蜡染最鲜明的特色和审美表现。

除了"冰纹"，蜡染最富艺术性的工艺技巧，莫过于"蜡画"。蜡画以写实为基础，艺术语言质朴、天真、粗犷而有力，特别造型不受自然形象细节的约束，进行了大胆的变化和夸张。蜡画的图案纹样十分丰富，主要有几何纹样与自然纹样两种，一般都取材自苗家的生产生活或者传说故事，既有对自然的形象模拟，也有对民族历史、文化的忠实记录。

蜡染的历史悠久，但出现的准确年代很难考证。古歌相传，一位美丽的苗族姑娘不愿终日服色单一，总想在裙子上添些花卉图案，但始终不得其法。一日睡卧花丛，梦见被仙子带到百花园，鸟语花香，衣衫上缀满蜜蜂。醒来后，恰有几只蜜蜂从她身上飞走，还在衣裙上留下斑驳的蜜汁蜂蜡。姑娘把衣裙拿去重新染色，却意外发现被蜂蜡沾过的地方出现了美丽的白花。由此，蜡染产生并传播开去。

传说总是充满了想象和对神奇事物的敬畏，虽不可尽信，却能够反映出先民对事物特性的认识和利用过程，说明蜡染的产生既可能是偶然的创造，也是人类"好色"天性的必然产物。从考古发现看，长沙的战国楚墓就曾出土过一幅蜡染模样的被面。从文字记载看，秦汉时期，西南地区的苗、瑶、布依等少数民族的先民就掌握了蜡染技术，称为"阑干斑布"。唐代以后，蜡染技艺日趋成熟，并保存延续至今。

在柳北地区，蜡染被苗族称为"务图"，是世代传承的传统技艺。按苗族习俗，所有的女性都有义务传承蜡染技艺，每位母亲都必须教会自己的女儿制作蜡染。所以，她们自幼便学习蜡染技艺，自己栽靛植棉、纺纱织布、画蜡挑绣、浸染剪裁，制作成服装、床单、被面、包袱布、背包等日常用品，形成了以蜡染为主导的衣饰装束、婚俗节礼、丧葬风习等民俗文化。

相比现代社会的工业制造，蜡染纯手工、纯天然的制作方式，犹如"冻龄"的素颜女神，令现代人领略到匠人精神的风貌，感受到人与自然的和谐与温馨。现在，苗族蜡染已由民族民俗走向时尚潮流，影响力远播世界，不仅供艺术家欣赏借鉴，也越来越多地走进普通人的日常生活。

蜡染制作时，先将白布平铺于案上，置蜡于小锅中，加温熔化为汁，用蜡刀蘸蜡汁绘于布上。绘图前一般不打样，只凭构思绘画，也不用直尺和圆规，所绘花鸟虫鱼，惟妙惟肖，栩栩如生。
摄影／陈靖文

苗族年长女性自幼学习蜡染技艺，煮靛染布、晾晒、织布、画蜡、挑绣，无一不学，无一不会。摄影／严跃新

苗族妇女展示她们不同风格的蜡染作品。摄影／严跃新

技艺

凝固的音乐，恒久的记忆：

侗族木构建筑营造技艺

撰文·杨尚荣

侗泰高定村位于群山环绕的山谷，四周竹树苍郁，袅袅白烟升起，如梦似幻。它的传统木构建筑保存极为完整，7座大小鼓楼各具特色，交相辉映，一排排吊脚楼分布均匀、层次分明，令人赞叹。摄影／贺肖华

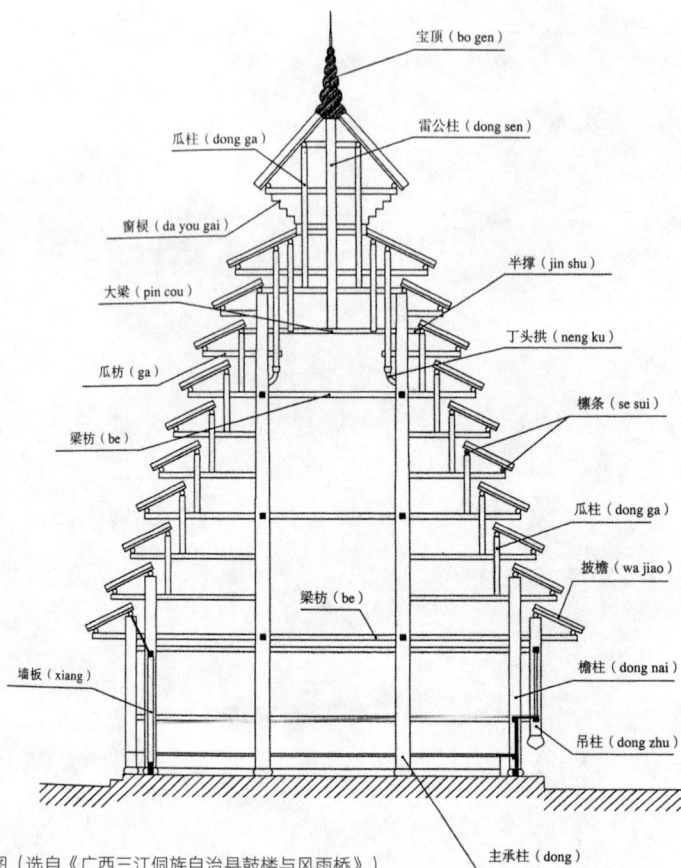

宝顶（bo gen）

瓜柱（dong ga）

雷公柱（dong sen）

窗楣（da you gai）

大梁（pin cou）

半撑（jin shu）

丁头拱（neng ku）

瓜枋（ga）

檩条（se sui）

梁枋（be）

瓜柱（dong ga）

披檐（wa jiao）

梁枋（be）

墙板（xiang）

檐柱（dong nai）

吊柱（dong zhu）

主承柱（dong）

平铺下寨鼓楼构架图〔选自《广西三江侗族自治县鼓楼与风雨桥》〕

在人类建筑史上，西方人善于用石头来建筑，希腊的帕台农神庙、意大利的罗马斗兽场、梵蒂冈的圣彼得大教堂、法国的凡尔赛宫……都是杰出代表。中国人则以木构建筑享誉世界，现今世界上保存最完好的木构建筑——日本东大寺，就出自宋代宁波著名工匠陈和卿之手。既然在世界上难有对手，中国人自己就要比个高下，那么侗族可能要拔下头筹，因为他们被公认为是世界上"最会玩木头"的民族。

至今保留在侗寨木匠手艺传承中的大木手艺，堪称一个完整的木构体系，其工艺精湛而质朴，不但让今天的我们叹服，更散发着远古的文化气息。总体来讲，侗寨的木构体系几乎囊括了木构建筑的全部手法和经验，主要体现在"担、挑、抬、拉、叠、撑、悬"七个方面。侗族建筑的所有构件几乎都是木材，而木材的承载力有限，易弯易折。为保证建筑的稳固性，侗族工匠十分注意力学原理的巧妙运用，以使承重力的分布恰到

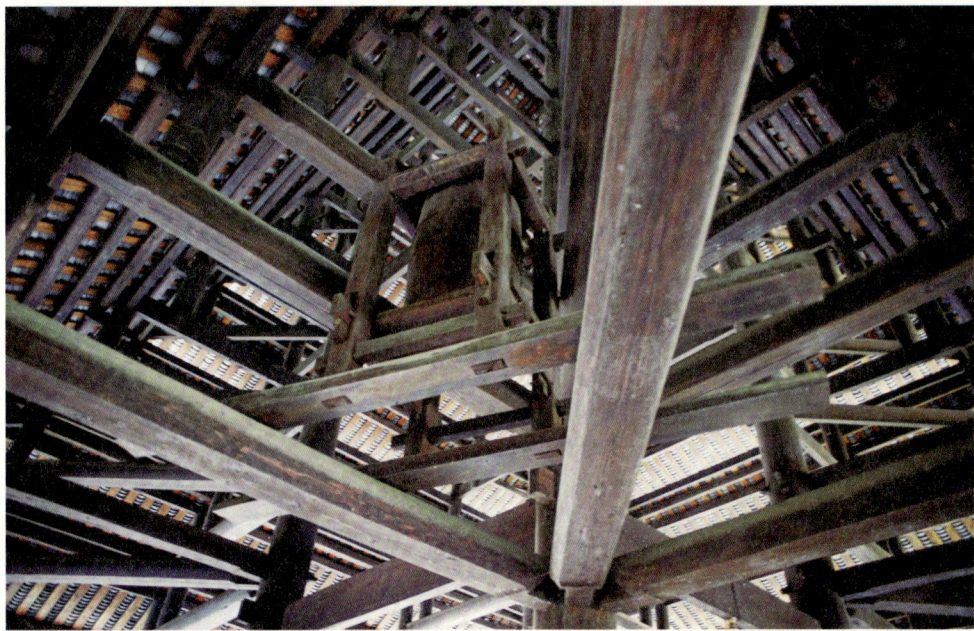

旧时鼓楼高层都有鼓，鼓以桦树作身，名为"桦鼓"或"花鼓"，凡遇大事，必登楼击鼓，以召集全寨人。现在很多鼓楼已没有鼓。图为内置了鼓的鼓楼。摄影／李玉祥

好处。主承柱的大小，短柱、瓜柱的设置，穿枋的厚薄、宽窄、长短，榫眼的开挖，等等，都必须考虑到其承载的重量及力度的准确。而这一切，又是在木材与传统工具相互适应、相互激发的基础之上逐步形成的。

从木构历史来看，自原始社会的巢居，到魏唐时期的干栏式建筑，再到如今三十多层高的鼓楼、横跨江河的百米桥楼，侗族木构建筑历经数千年的发展，已经演进成令人叹为观止的奇观，其建造工艺——凿榫打眼、穿梁接拱、立柱连枋，不用一颗铁钉，全以榫卯连接，充分展现了侗族工匠高超的建筑技艺。

从木构建筑的类型来看，鼓楼、歌坪、萨堂（始祖母祠堂）、戏台、民居、禾晾、禾仓、寨门、凉亭、风雨桥，这十大主要类型构成了一个侗寨完整的木构建筑群。其中，又以鼓楼、风雨桥最有看点。

鼓楼又称"罗汉楼"，传说是仿照"杉树王"的样子建造，总体轮廓极像杉树，也有汉族密檐多层佛塔的影子。从外部看，楼顶是连串葫芦形的顶尖，直刺苍穹。中部是高密度重檐叠加的楼体塔身，从上而下，一层比一层大；楼檐一般为六角（也有八角、四角），俗称"六面倒水"，每一分水的突出部分都有翘角。由于侗族把奇数视为吉祥

独峒乡的坐龙小鼓楼，三层八角重檐，已显斑驳，二楼屋檐罕见地塑有两只麒麟状祥兽，为镇邪之物。摄影／李贵云

之数，因此重檐都是单数，最少一层，最多21层。鼓楼底部多是正方形，四周有宽大结实的长凳，供人歇坐；中间是一个或方或圆的大火塘。从内部看，全楼以杉木凿榫衔接，四根顶梁大柱拔地凌空，象征四方、四季；十二根衬柱环楼而立，象征十二个月份；排枋纵横交错，采用杠杆原理层层支撑而上。虽然通体全是木质结构，不用一钉一铆，但由于结构严密坚固，可达数百年不朽不斜；其木构特征集中体现在担、挑、抬、拉四种方式之中，这四种手法的运用在鼓楼建筑中互相交融，共同谱就了侗寨中风情各异却识别性极强的鼓楼交响乐：

担。指穿枋上担起的一组组瓜柱和横梁上担起的短柱。瓜柱和短柱均承载有檩条及瓦檐的重量，因此，瓜柱和短柱在梁枋上的位置必须精准，使两头受力均匀。担的手法，要特别考虑穿枋和梁枋的承重能力，用材必须够宽够厚，否则就会被压弯而产生断裂。通常，以主承柱上的榫眼为支点，根据两头的重量，确定瓜柱、短柱（或悬柱）与主承柱的间距。

挑。指在主承柱或檐柱上伸出的穿枋或设置的翘手挑起悬空的吊柱。挑的手法运用

马胖鼓楼位于八江乡马胖村，始建于清朝末年，1943年重修。侗族极具代表性的鼓楼之一，坐东朝西，平面为正方形，9层飞檐，檐下绘有民族图案，顶部为传统歇山屋顶样式。整体造型美观，雄浑厚重。摄影／李贵云

在侗族木构建筑上，不仅增加了楼架的稳定性、承重分布的均衡性，而且构成了侗族建筑的主要特色：吊脚楼。悬空的吊柱占天不占地，既扩大了房屋的空间，又增添了建筑物的秀气，美观大方。在鼓楼建造中，鼓楼四根主承柱顶端伸出的穿枋和设置的翘手，各挑住一根悬空的吊柱，并利用四根吊柱承托顶层的重量。

抬。抬运用于两种情形：一是整座建筑的重量靠主承柱和檐柱、短柱来抬着，一是连接主承柱和檐柱的穿枋之上抬着的瓜柱或短柱。横穿直套的枋和梁，犹如一根根抬杠，支撑在主承柱和檐柱、短柱的肩上和腰上。在备料和对木材进行裁割时，必须根据重量，首先确定木料的胸围、厚度、宽度、长度。

拉。指梁、枋互相穿插，互相勾连，互相牵引，从而使整个建筑前后拉紧拉稳，构成统一的整体。侗族工匠开始建造前，首先要丈量好地形，根据不同的地形来确定建筑的主体构架，在考虑柱子布局的时候，同时考虑梁、枋的承重和拉力。运用拉的手法，最关键的是榫眼的设置和穿枋的摆布。如果一根枋条拉不紧，就要增加另一根来共同拉动；从一个方向拉不稳，就要考虑从不同方

向开挖榫眼、设置方条来辅助拉动。

以上种种手法，并非一朝一夕即可成就，也不是某个杰出工匠的构思，而是与侗族人与自然共栖的建筑观、材料观互为表里，它不单是技艺，更是侗家人投射在一座座建筑桥梁上的木构记忆，时光痕迹。当我们贴近观察其营造过程，会发现这样的时光痕迹清晰在目：侗族人立寨必先立鼓楼，如果是一时财力物力人力做不到，也须先立一根杉木柱子以作鼓楼之替身。之所以选择杉木，是源于侗族人大柱崇拜和以杉木为图腾的古老传统。特别是杉树的生命力旺盛，老树倒后，根部又会源源不断发出新苗以至成片成林，自然成为宗族兴旺、子嗣繁盛的最好象征。鼓楼还体现了古侗族以龙蛇为图腾的文化记忆，有"鼓楼建在龙窝上"的说法。从高空俯视，一座鼓楼就是一条盘缠坐卧的巨龙，复杂多变的塔顶是龙头，青鳞鳞的层檐瓦片是龙鳞，下大上小的楼体就是龙身，十分逼真。

鼓楼平时空闲，可供族人自由进出，只有遇到重大事情需要商议，比如起款定约、抵御外敌时，才击鼓召集民众。楼前广场更是全民娱乐场地——夏日消暑纳凉、冬月围火唱歌、节日聚集欢乐。

神圣而不神秘，超然却拒绝冰冷。从鼓楼的身上，可以看出一个民族的性格——去矫饰而存真实。

如果说鼓楼是每座侗寨的标志，那么风雨桥则不但是侗寨另一道绝美的风景，更是深入侗家精神世界的灵魂之桥。

风雨桥又称廊桥、亭桥，就是在木悬臂梁式平桥上建造长廊。侗区多河溪，风雨桥几乎每寨都有，有的并不只一座，是入寨必

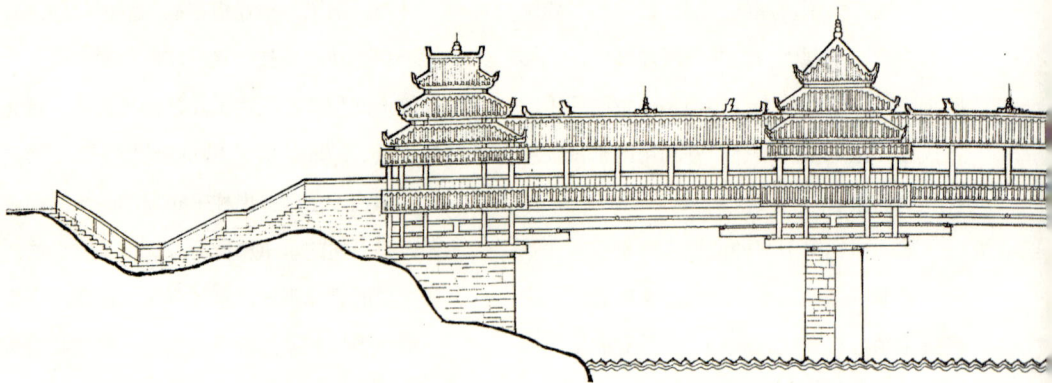

经之路，既可遮风避雨，又可兼作寨门，更是游息聚谈之所。每逢盛节，外寨亲友来会，全寨人齐集桥头，盛装出迎，唱拦路歌、奉敬客酒、赛芦笙舞，显示了浓郁的民族风情。风雨桥的选址十分讲究，桥外看桥、桥内看景，与环境和自然完美地融为一体。侗寨木构体系七大工艺特点的前述四种体现在鼓楼上，叠、撑、悬这三种则在风雨桥上体现得淋漓尽致：

叠。通常与挑的手法结合使用。在横梁或枋条的承重能力不够的情况下，为了缩短在柱子间的跨距，就在两边柱子各增设一节挑手，使其与横梁、枋条彼此相叠；或将两边同一楼层的枋条、横梁伸长，使中间的梁枋左右两头与之相叠，从而提高梁枋的承载能力。还有一种相叠的手法，是直接在原有的梁枋之上又叠加一根梁柱，使相叠的两根梁共同承担重力。

撑。指主承柱、檐柱、短柱、瓜柱、雷公柱对各层楼檐及其上面的装饰物的支撑作用。主承柱分布是否合理，承托短柱和瓜柱的梁枋的厚宽度，都会影响整个台架的支撑能力。像鼓楼和风雨桥亭塔，主承柱要求又粗又大，短柱和瓜柱按层数的增多而需要成倍增加。楼台层的檐角数目不同，或四角或六角或八角，其檐柱、短柱、瓜柱的布局及数量也不一样。地形不同的建筑，其重力的分布有着很大的差异，对各种柱子的长短、大小以及布局也有不同的要求。特别是鼓楼底层或二层的会厅，既要考虑支撑力的合理布局，又要考虑空间的实用功能，尽量减少柱子的数量，以留出更大的活动空间。

悬。即悬臂托架简支梁手法，主要运用在风雨桥底梁的架设上。以数根巨大的圆木

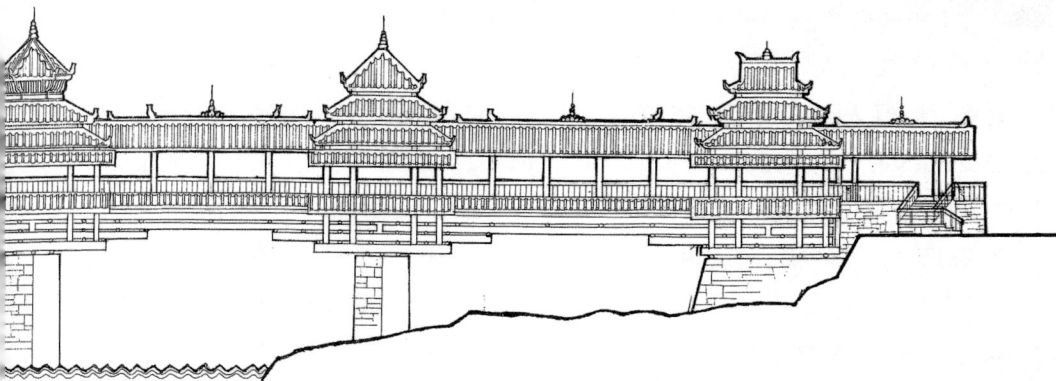

永济桥立面图（选自《广西三江侗族自治县鼓楼与风雨桥》）

岜团桥是风格极为独特的风雨桥，分两层，人畜分道，畜行于桥侧，互不干扰，周边有木板壁隔开，堪称木建筑立交桥。
摄影／陈碧信

编排成排（圆木端部挖槽，用横木嵌进槽内连成排），数排垒叠在桥墩台上（中间以横木按一定的距离隔开），层层向外伸出为托架梁（通常为两至三层），然后在上层托架梁的端部，架设悬臂简支梁（主梁）。托架梁的设置，减少了大梁（悬臂简支梁）的跨度。上层托架梁的长度，通常要比下层托架梁长三分之一左右，逐层增加。这种悬臂托架简支梁的手法，对力学原理的运用达到了相当高的水平。

纵观整个柳州地区的风雨桥，最具代表性的要数三江县马安寨程阳桥，这座桥跨在林溪河上，全长78米，有二台三墩四孔五楼和十九间桥廊。走近三江风雨桥，你必被它桥头塔亭的繁复壮丽所震撼。檐角飞翘，层层叠叠的塔檐逐渐向上收缩，透出与天相接的犀利。同时，六角歇山顶又如屋顶给人庇护般的温暖。当你越过那一根根整齐壮实的廊柱，望向桥廊尽头，重重廊，似重重门深邃悠长。沿着风雨桥两侧的长廊走一走，既可细细欣赏，亦可极目眺望，还可坐下小憩。此刻，你无惧风雨无惧烈阳，可尽情享受脚下河面带给你的滋润清凉，远处的青山，近处的田野，头上如巨型乐高积木拼插出的

风雨桥两侧柱间设有通长坐凳，供路人休息、乘凉、谈心。图为侗族老人在风雨桥上乘凉和做手工艺。摄影／李玉祥

深邃塔顶，美不胜收。只有旁边嗖嗖开过的车辆提示你，这座桥可不只是用来游览的，它还像传统的石拱桥一样结实耐用。

如果爬上附近的制高点，俯瞰整座风雨桥，会看到它横卧江面，与山河相接，吞吐不息。檐顶站立着双龙抢宝、鳌鱼、宝葫芦、飞鸟等侗族人心中的图腾，它们灵动可爱，生机勃勃地列成一队，守护着这里的山水生灵。

除了生活实用，风雨桥在侗族观念中还是沟通阴阳两界的"生命之桥"和护寨纳财的"福桥"。因此，侗族在造桥时总是不吝雕琢修饰之能事。哪怕是很短的小桥，也要弄个重檐桥廊，甚至在廊顶上修出数个多层檐的亭阁宝顶，使其集亭、塔、廊、桥为一体，就像是带了鼓楼的长廊。这种超越实用之上的对美的执着，只能用奢侈来形容了。

在鼓楼与风雨桥的身上见识了侗族精湛的木构技艺，我们禁不住对那些运斧斤、掌算筹的传统侗族木构匠人生出强烈的好奇，是怎样一个群体，才能成就如此精美的建筑艺术？侗族的木构手艺并无成文书籍，所有的技艺都由匠人心口相传；更为可贵的是，在传统手艺愈行愈远的今天，他们至今依然活跃在侗乡的村村寨寨。毫不夸张地说，他们才是侗族木构技艺的心灵载体与活化石。

侗族人把自己寨子中的木构匠人称为"梓匠"，从这个称谓我们就可以嗅到其流传久远的历史气息。"梓人"是古语，今天已经很少出现在我们的日常词汇之中了。而这些"梓匠"是天生的建筑大师。他们在整体构思之后，会就地取材，把一条楠竹破开制成"匠杆"，用独特的"墨师文"，就能完成所有部件的全部度量和标注。一根"匠杆"画宏图，墨线毫厘也不偏。再高大的鼓楼，再长的风雨桥，也只靠这半边竹杆来下墨，数千件构件，数千个榫眼，下墨均准确无误，分毫不差。如果直播施工现场，想必这些工匠人人都有成为"网红""爆款"的实力。

与许多传统技艺一样，如今的侗族木构建筑也面临着延续的危机。现代生活、都市生活，对年轻人显然更有吸引力。虽然他们也以自己的民族建筑、传统工艺自豪，但愿意以"玩木头"为生的越来越少。当本为生存而发展出的技艺，越来越解决不了生存问题，或者与生活日常的关联越来越小的时候，无论它们是否独特、是否精湛，都会慢慢由被使用变成被观赏、被保护，成为博物馆的组成部分。而作为景观的传统，是否还能保存民族文化的灵魂，这是人类要共同面对的课题。

八协桥横跨孟江河，与岜团桥仅相隔 3 公里，伫立在青山间，成为美丽寨落景观不可缺少的部分。摄影／李玉祥

指尖上的
浪漫日常

撰文／梁旋云

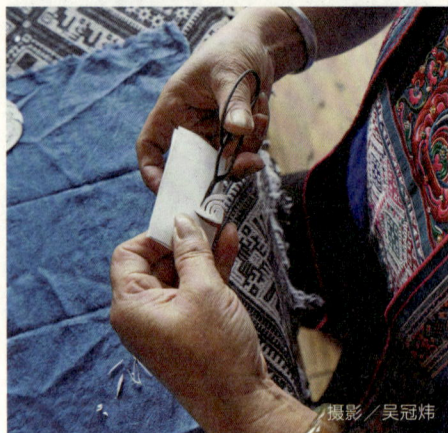

摄影／吴冠炜

摄影／杨秉政

用纸剪出图案是侗绣刺绣的第一步，然后将剪好的图案贴在绣布上，再用各种彩线绣出图案。

初入侗乡，吸睛的除了造型独特的侗寨，就要数迥异于汉族的侗族服饰了。乍一看，总是先被闪闪的银饰抓住心神，细一打量会发现，虽然其服色几乎都以黑、蓝为主，却一点不显得刻板单调。其中奥妙就隐藏在那些衣襟、袖口、裙褶处绣着的图案纹饰中。

侗绣，代表了侗族传统的刺绣和织锦工艺，集纺织、印染、剪纸、刺绣于一体，风格自然、朴素、大方。因为"长在深山人不识"，侗绣远不及"四大名绣"知名，但它独树一帜的制作工艺、独特的民族审美情趣，在传统民间工艺精品中皆属不可多得。

在我们印象中，绣品是服装的点缀或者工艺摆件，然而侗绣却早已融入侗族的生活日常，不分男女老幼，几乎无衣不绣。与其他民族相同的是，它最"泛滥"的地方在女性的衣着。

侗族女性日常穿搭一般着黑色或者蓝色的对襟衣，襟边绣花，袖口镶有宽幅花边，衣脚衣衩都配有花边。前襟面积最大，也是视线焦点，自然成为最佳"T台"，故常在胸部另配一块胸兜绣品，双龙抢宝、金钱葫芦、牡丹富贵、孔雀开屏……花样最为繁多，极具审美价值。此外，女子围腰、头巾、童帽、婴儿背带、布花鞋、鞋垫、烟袋、挎包等，也都是侗绣的舞台。

侗绣的美丽，要归功于题材的多样。

侗绣图案多取材于自然界中的花、鸟、虫、鱼，也有神话传说、人物故事、风土民情，反映了侗族人民的原始崇拜和情感祈望。

比如，由于长期逐水而居，侗族人喜欢清澈的水，也喜欢活泼的鱼，认为鱼是最洁净的动物，所以绣在衣物上，意指"人丁兴旺"；饱满的石榴和葫芦，是取自中原文化中"多子多福"的寓意。侗族人认为万物有灵，无论花鸟走兽，还是山川河流，穿上绣着这些图案的衣服，就能得到神灵庇护。因此，在侗绣中可以看到代表图腾崇拜的龙蛇纹、雷纹、水纹、蜘蛛图案……还有一些既写实又抽象的图案：花形的鸟、鸟形的花，蝴蝶翅膀长在鸟身上，老虎身上有鱼鳞……充满现代感，可谓脑洞大开。

侗绣的构图十分严整细密。大部分都围绕一个主体图形，分别以对称或不对称的方式附加图形，构成一个完整协调的整体。以背带上常见的"风水树"为例，画面主体呈现太阳或突出的几何纹样，周围饰以花鸟、星辰、云霞等吉祥物像，如同太阳普照万物，具有极强的原始趣味和故事情节。

在我们的思维定式中，"红配绿"早就被打上"丑到哭"的标签。殊不知，这只能说明使用者驾驭高反差色彩的能力不足。这方面，侗族女性是天生的大师。侗族女性大都喜欢喜庆、温暖、跳跃的色调，常常大面积使用大红、桃红、橘黄等鲜亮的色彩，并与绿色、紫色、蓝色等搭配形成强烈的对比，在黑色的底布上显得格外鲜艳华丽，既突显了靓丽的装饰效果，又给人温暖、欢愉、热烈的视觉感觉，活泼艳丽而不平庸落俗，充满了大自然一般无限的生机与活力。

广西壮族自治区非物质文化遗产项目侗绣代表性传承人韦清花在创作侗绣。韦清花一家三代女性都是刺绣能手。
摄影／陈碧信

侗家姑娘学刺绣没有专门的老师，靠的是手手相传，靠的是勤勉和悟性。过去，侗族姑娘的嫁妆都是自己准备，从童年开始，她们就在妈妈手把手的教导下，努力学习刺绣了。不会绣花的"lagx miegs"（音：腊勉，指侗族姑娘）很难找到称心如意的婆家，而绣功好的会名扬四乡八寨，引得"lagx hanv"（音：腊汉，指侗族小伙子）纷至沓来行歌坐夜，从而寻得如意郎君。

茂密的山林、封闭的环境阻挡不住心灵的放飞和情感的荡漾。通过一件件绣品，侗族女性把自己对生活的感恩、对美丽的向往、对幸福的渴望，采用或写实、或会意、或变形、或夸张的技法，于指尖之上生动呈现。

纯手工制作的侗绣，要历经剪纸、作模、打面浆、粘布、拟模、贴面、镶边和绣花等数十道工序，制作一件传统侗衣往往花费数月，嫁衣则至少一年，让现在许多年轻人望而却步，有的干脆花钱找人代劳。此外，机绣的出现，也让传统侗绣手艺人越来越少，侗绣的传承面临危机。

现代化大生产取代手工似乎是每一种传

侗族刺绣在刺绣之前都要用剪纸图案做底样，以黑色土布为底版，手工施针，绣面细致入微，富有质感。图案以花鸟、动物及几何图案为主。摄影／杨秉政

统技艺的宿命，今天的侗族姑娘不必再靠刺绣手艺博得小伙儿的青睐，侗绣从生活日常走向艺术殿堂也就成为必然。总有一些心灵手巧的侗族女子，仍然在用一针一线连缀着侗绣的美丽，让手艺成为艺术。

三江侗族自治县同乐乡覃家，三代人11名女子，个个是刺绣能手。90岁的婆婆奶时清擅长剪纸，50多岁的大儿媳杨甜、二儿媳韦清花则是刺绣高手，女人们的绣品获奖数不胜数，覃家新生代缝制的侗族嫁衣，更是登上了上海世博会中国"非遗"展示台。这个侗绣世家的存在，让人看到了技艺长存的希望。更何况，如此美丽的图案，借助现代生产流通模式，仍然可以成为所有爱美女子的生活日常。

漂亮的绣服自不必说，还有那些绣着山水树、禾花鱼、蜘蛛纹的手提包、手机袋、小背包、抱枕，那些饱含侗绣元素小物件的魅力，也很少有人能够抵挡。

所以，古老的侗绣，其实可以很年轻，其实仍然是我们的浪漫日常。

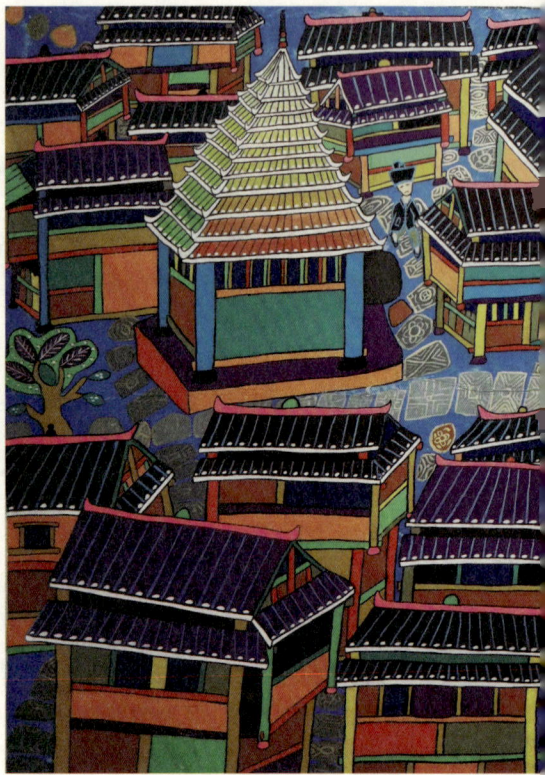

乡土、原色与绝景：
三江侗族农民画

撰文 杨尚荣

农民画《村寨》。摄影／李玉祥

在世界民间艺术绘画中，中国农民画所独有的浓厚乡情、质朴的人物与景观、儿童画般的天真稚拙、大俗成雅的铺色，打动着每一位读画人。中国农民画以上海金山、陕西户县、广西三江等为代表，它们自有其格：青绿为底色的金山农民画，再现了中国江南的小桥与人家；红绿铺就、对比强烈的户县农民画描绘的是陕南景物；而广西三江农民画，仿佛现代画布上的古老的侗族刺绣与剪纸艺术。当紫蓝、青绿、玫红的民族原色与绝美的侗族鼓楼、风雨桥形式相遇，人们会被来自三江那片水土的侗画深深打动。

广西柳州三江侗族自治县，位于桂北湘、黔、桂三省区交界处，因境内流经的溶江、浔江和融江而得名。清秀旖旎的山川与优美的传统孕育了侗族对美的敏感，留下了侗族无词大歌，纯木构鼓楼和风雨桥，以及侗族农民绘画等众多非物质文化遗产。

清代中叶，三江有"侗布画"，侗人用锅墨、蓝靛等做颜料，折枝做笔，描绘侗家

的民风民俗。而现代三江侗族农民画脱胎于"文化大革命"时期的宣传画。1973 年，三江县开展农村美术运动，三江文化馆美术专干刘克青来到林溪乡冠洞村，白天与社员"同吃同住同劳动"，晚上辅导农民画画。冠洞村成立了毛泽东思想宣传队业余美术组，组员们白天集体劳动，劳作间歇学画画，收工回来交上一幅作品，晚上由刘克青老师做点评指导。每天晚上，美术组都在冠洞大队唯一的汽灯下画画。

"天气热时，我们就在大队的乒乓球台那里画。天气凉了，我们就集中到宽敞一点的人家屋里。大家拿板凳、谷桶、饭桌、楼梯做垫板，用烂碗底做调色盘，什么都拿来用。当然也不全是画画嘞，刘老师喜欢搞点酒，有时候大家就到河里抓鱼，打点油茶呀。有几个女的唱歌很厉害，我们就一起吹侗笛唱侗歌！看到自己的画贴在大队那里展览，感觉很光荣。"当时的冠洞大队长石万景说。

对乡间的热爱和自由地绘画，孕育了第

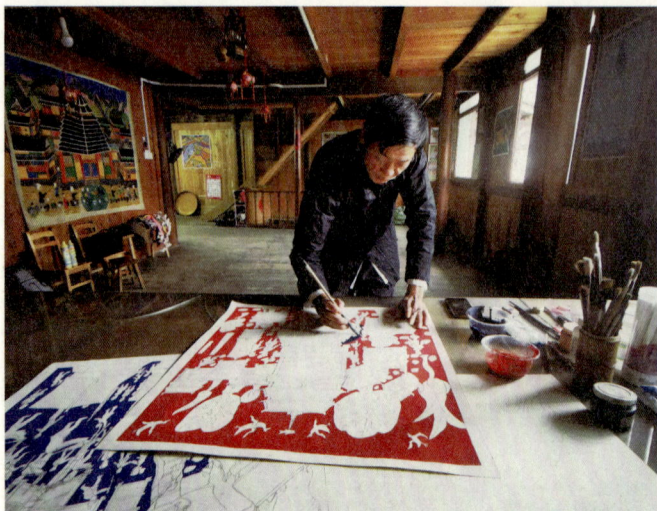

侗乡的民风民俗是三江农民画取之不尽用之不竭的创作源泉，它用色大胆，想象丰富，自成一格。图为三江县独峒乡农民画家杨共国在为作品填色。摄影／李玉祥

一代农民画家。杨培述原本像其他姐妹一样，热爱织布唱歌跳舞。在刘克青的美术组，她表现出对绘画超乎寻常的热爱。1978年，她的作品《夸队长》被《人民画报》作为封底刊登出版，侗族农民画由此为美术界所知。

农民画家杨共国说，农民在忙完农活之后，顺手捡起小树枝当画笔，在田地间、山林里作画，或夜间伏在昏暗的煤油灯下，在简陋的木箱上作画，这是当时农民画家的真实写照。人们对绘画的热情连村带户，许多夫妻、父子甚至祖孙三代成为绘画班的同期学员。

侗乡是农民画取之不尽的创作源泉。亲眼见证一代农民画家成长的刘克青说："农民画的作者长期生活在山明水秀的侗乡山寨，熏沐于丰富的民俗风情中，自幼就参加劳作，乡土生活成了他们绘画题材的源泉。"自1983年始，三江农民画中的政治性隐去，侗族的地域风情凸显。

对农民画家杨共国来说，母亲制作的百鸟衣、花布鞋、花背袋，都是他耳濡目染的"美术教材"，侗寨、鼓楼、风雨桥、芦笙歌、多耶舞，是他入画的主要题材。他的代表作《侗乡百家宴》中央是正在进行的百家宴饮，四周的鼓楼和干栏吊脚楼将百家宴席围成一圈，餐桌上摆满各色餐具和美味佳肴，人们穿着盛装互相敬酒祝福。现实中的侗族传统建筑本为木楼瓦面，颜色灰暗较为单调，但在这幅画中，所有建筑都色彩斑斓。红色为主的暖色调将整幅画面向前推，把焦点集中于百家宴上，周围鼓楼和吊脚楼配以蓝、翠绿、紫色为主的冷色，拉伸了画面空间；橙黄、草绿色的房柱和紫罗兰的厢房，加强了这种色彩的空间感，整幅画面呈现出明快鲜艳的装饰美和节日氛围。

农民画《百家宴》。摄影／严跃新

农民画《茶山欢乐妹》。摄影／李玉祥

40多年来，广西三江出现了几代侗族农民画家群体。其中，杨共国的《讲款》《唱侗戏》《欢庆岜团桥》、吴述更的《多耶》《红军进侗乡》、杨日芬的《斗牛》《腌酸菜》、杨清利的《侗族大歌》《程阳八寨》、杨丹的《抢亲之夜》《对山歌》、陈玉秋的《赶集》《侗妹》、罗耘的《救太阳》《芦笙宴》《出寨门》、梁治荣的《侗乡夜话》《赛芦笙》《侗家斗牛》、杨贤考的《喝喜酒》《稻丰鱼香》、杨基艳的《新娘挑水》《晒谷子》、杨功存的《阿哥想妹今夜来》《斗鸟图》等成为三江侗族农民画的经典代表。

传统的锅墨、蓝靛、水彩等颜料已经改为桐油、漆、碳粉、银粉、铜丝和蛋壳，农民作画也不再在田间地头，然而，今天分布在独峒乡、林溪乡、良口乡的三江侗族400多位农民画家仍遵循着侗族传统的审美要求。在他们心中，一幅画是否画得好，要看是不是"显眼"。所谓"显眼"，就是色彩的明快鲜艳。三江侗族农民画大都没有色彩的过渡，靠的是不同色块间剧烈变化形成的强烈对比，这与侗族服饰和刺绣的配色原则，有异曲同工之妙。

三江侗族农民画家创作出的1万余件（幅）作品，有4000多幅远渡重洋，被世界各国收藏；有200余件（幅）入选联合国、国家、各省（区）举办的各种艺术展出、展览、比赛活动，拿到金、银、铜奖和入围、入展奖不计其数。而更多的作品，已经走进千家万户，成为百姓家居优美的装饰画。

壮人心中不灭的土俗神——莫一大王

撰文 陈俊

莫一大王是壮族百姓供奉的神祇，关于莫一大王的艺术形式有史诗、戏剧、歌舞等。图为《莫一大王》师公戏代表性传承人覃彩班。
摄影／邹柳辉

两位师公一唱一和。摄影／陈俊

常言道：举头三尺有神明。老百姓为了禳灾避祸，祈福还愿，总是希望有全知全能的超力量可以保佑他们一世平安，风调雨顺，康健富足……当然，保佑得越全面越周到越好，只要神祇们照顾得过来就行。所以老百姓往往并不痴心于崇拜某一个神。壮族的老百姓也不例外，他们信仰体系里也是多神的。但"莫一大王"只有壮族百姓才供奉，他是壮族人的专有神祇，到现在还被顶礼膜拜。

柳州市柳江区是以壮族为主的多民族聚居地区，壮族占总人口的 70% 以上。如果你步入乡间村屯，到壮族人家做客，你会发现大多数人家的神龛上，中间是"天地君亲师位"，左边是"某某氏堂上历代高曾祖考妣宗亲位"，右侧则供奉着莫一大王。字体是庄重的大楷，上写"祀奉通天大圣莫一（或"莫乙""莫抑"）大王神位"。神龛两侧是一副红纸对联，一般会写上"神恩深似海，祖德重如山"，或是"祖功广大如山重，宗德源远似海深"。"通天大圣莫一大王"何许人也？竟能在神龛上占有一席之地，并担得起"神恩"和"祖德"的名头！

关于莫一大王的传说丰富多彩，艺术形式有史诗、戏剧和舞蹈。莫一大王的故事有多种版本，细节上也有些出入，但它们的共同点是：莫一生前吞食过神丸，力大无穷，会法术，有魔力，智慧胆量超群，所以他是"通天"的；他敢于反抗强权，保护百姓，是一名盖世英雄，故而被尊为"通天大圣"；他又被认为是南丹莫氏土官的祖先，死后便被当地壮族作为祖先神和地方守护神立庙供奉。每年的农历六月初二便是"莫一大王节"，同时也被称为五谷庙节，这一天已经成为壮族的传统节日，会举行重大的祭祀活动。除了六月初二，在春节、清明节等重要节日也都会举行祭祀莫一大王的活动。莫一大王已经成为壮族黎民百姓心中神圣的先祖神，信仰莫一大王的地域以红水河流域、柳江流域的壮族聚居区为中心，并且传遍桂中、桂北、桂西及桂南等地。

怀着对莫一大王的无限神往，我们造访了《莫一大王》师公戏的代表性传承人——当地赫赫有名的师公覃彩班。覃彩班讲：柳江的"莫一大王"技艺，是从河池传过来的；师公戏是讲究师徒传承的，师父带徒弟，徒弟传徒孙，祖辈的技艺就这么代代相传。覃彩班的师父就是自己的父亲。覃彩班已经62岁，现在带有5位徒弟，其中一位已经出师，自立门户收了徒弟，而其他几位都是兼职，还做着塔吊司机、手工艺人、园艺工人、企业老板的营生。其中年纪最小的弟子韦立晓，生于1995年，已学艺五年。门庭寥落，后继无人，在非遗保护方面是比较突出的问题。在师公戏被列为"封建迷信"行列时，师公这行当常常会面临诸多的质疑，家人的反对，给这门技艺的传承带来很大阻碍。但是英雄从来都自带正能量，他们当然不缺乏崇拜者，正如西方有超人，壮族当然可以有莫一大王，他们用神力保佑着壮族子民，生生不息。小徒弟韦立晓被莫一大王的英雄行为深深折服，他敬仰他，传颂他，希望能够与他通灵，扮演好师公，让这尊神灵永远保佑大家。

师公如何扮呢？覃彩班向我们详细地讲述了这门技艺。师公唱本当中，分为"文篇"和"武篇"。"文篇"如《扫棺》等篇目，主要用于白事的场合，内容多为儿孙念父母恩情，劝善劝孝，以安亡灵。演绎"文篇"，要在"莫一大王"的见证下，一般在供奉"莫一大王"神位的厅堂举行。《莫一大王》则属于"武篇"，如果说"文篇"多用于"辞旧"，那么"武篇"则多见于"迎新"，如净庙（新庙落成开光）、净房（新屋落成搬进去前的仪式）、净花园（柳江壮族婚礼新人进新房前的仪式）等。届时，师公穿行头，手持铜铃，或一人独自吟唱，或两人一问一答，重温着壮族先祖的英雄故事，念着先辈创业的艰辛，再请来诸神共舞。既吟诗唱诵，又载歌载舞，形式丰富多样，颇有戏剧效果。

莫一大王保佑，幸福与壮族人民同在！

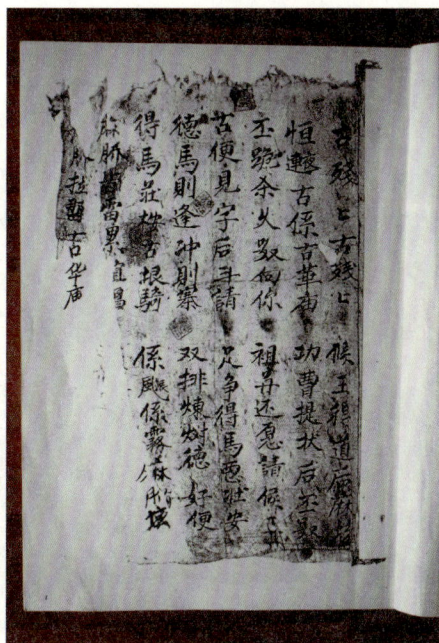

《莫一大王》师公戏唱词。摄影／陈俊

师公们在表演《莫一大王》。摄影／邹柳辉

彩调是广西地方传统戏剧，起源于农村，内容贴近百姓生活。摄影／黎寒池

技艺

让『哪嗬咿嗬嗨』继续唱下去

撰文 赖泓岑 陈俊

柳州彩调剧团退休演员在后台指导年轻演员排练。摄影／刘丽虹

　　柳州人寻夏日的清凉，多到江滨公园，这里绿荫如盖，百里柳江送来徐徐江风。摆一副棋局，喝一壶老茶，和老友聊聊天，恬淡安然。热闹是在下午时分，锣鼓声、小钹大镲声，伴着"哪嗬咿嗬嗨"来了。这是彩调剧团在排演，台上演员一唱，台下观众三和，歌声带来欢笑声一片。

　　彩调是广西的地方传统戏剧，与花鼓、花灯、采茶并称中国戏曲界的"二花二彩"，据传皆源于明代四大声腔——东柳、西梆、南昆、北弋之柳子腔路子。其起源可追溯到清康熙元年（1662）。彩调成长经历了"对调子"（一丑一旦）时期；"三小戏"（小

生、小丑、小旦）时期；"江湖调"时期（多角色的市井生活小戏）三个阶段。2006年，彩调被列入第一批国家级"非遗"名录。蜚声海内外的电影《刘三姐》，最早就成型于彩调剧。

　　与今天广为人知的东北二人转一样，彩调根植于农村，来自百姓生活，唱白与当地民间俚语紧密结合，自由奔放，充满生活智慧。因为在基层，就不受朝廷待见，被视为难登大雅之堂的村俗小调，最初连名字都没有，由于唱腔中常用"哪嗬咿嗬嗨"为衬词，民间就叫它"哪嗬嗨"或"咿嗬嗨"，艺人们则称它为"调子"。这"哪嗬嗨"，正如

彩调戏、折子戏演出场景。摄影／刘丽虹

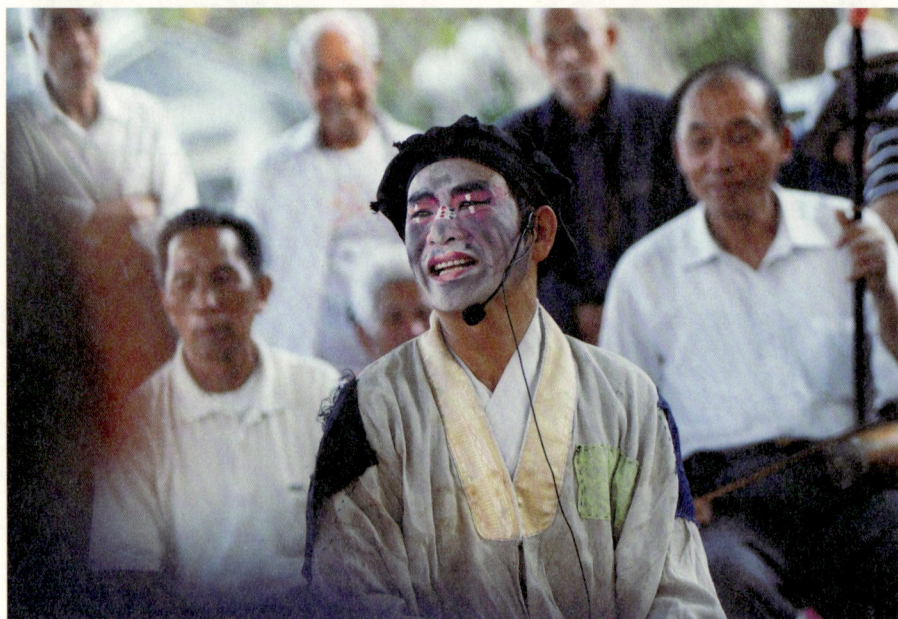
广西柳州市滨江公园，民间艺人在表演彩调戏。摄影／黎寒池

彩调戏班供奉的"九天玄女花姑娘娘"那样，能解急难，充满智慧。也正是由于官家的否定，少了清规戒律的约束，它才得以在广西民间丰厚的土地上疯长。直到1955年，"调子"参加全国业余音乐舞蹈观摩演出，经北京专家建议，这种戏剧形式才最终确定了名字，统一称为"彩调剧"。宣扬爱情自由的《王三打鸟》，传统剧目《十五贯》，以及被拍成电影的《刘三姐》，都是彩调剧迷们心中的经典。

今天的城市里已很难见到彩调剧的演出，有也多是一些公益性质的文化活动，如"三月三"、柳江水上大舞台、柳州文庙春节传统文化展演等。在这些场合当中，活跃着一个名为"松鹤"的彩调演出团体。听名字就不难想见，成员都是资深级别的。的确，团员平均年龄60有余，团长王忠殿已年逾七旬。有时演员不够，他就一人扮演多个角色，花旦、老旦、贪官、媒婆轮着上，换妆换衣，哪怕大冬天也能忙出一身汗。老王50岁时提前退休，白天做珠宝生意，晚上就和20多个彩调票友一起练基本功，切磋演技，创编剧本。为了心爱的彩调剧，20年来他自费投入10多万元购买演出服装、乐器音响。这几年，城里喜欢彩调的人似乎越来越少，松鹤团常常应邀送戏下乡。老乡们家有喜事，如盖房添丁、老人寿辰、学生上榜等，都请他们去唱戏，有些还点戏请彩调团进行排演。

彩调班子没有京剧界那种严格的师承制度，也没有清晰的派系，以前在乡下，是高兴了就唱，农忙时就停。这种自由自在、随心所欲，也是广西这个"歌海之乡"的一大特点。

但自由不意味着随意，培养一个好彩调演员非常之难。单说基本功，"头功"有帽、发、胡、脸子等8种；"巾功"有滚、抛、轮、指、咬等6种；"带功"有打、摆、甩、抛、踢、耍瓢、盘龙等7种；"唱念功"有本、真、大、子、假、小、真假、阴阳嗓和舌尖花等9种；"苦笑功"有微、眯、傻、狂、奸、阴、干等26种。一个苦笑，分出这么多表情，还要根据剧情加以表现，其难度可见一斑。但这只是冰山一角，其他的眼法、身法、步法、手法、扇法……每一项都足以吓退渴望速成的年轻人。电影《刘三姐》的配唱傅锦华老师那淳朴甜润的原嗓唱法，曾经倾倒无数海内外听众，就是最典型的彩调唱法，可惜目前无人能够再现其神韵。技艺习得本就艰难，传播起来更是不易，这也是彩调演员"青黄不接"的重要原因。

2018年大年初三，"80后"彩调剧女演员吴文军，跟松鹤团里几位白发苍苍的老演员相互唱和，在文庙演绎百年彩调剧《啼笑因缘》。王忠殿很是欣慰："有年轻人接班，彩调剧就不会消失。现在大家越来越重视彩调剧的传习工作，已经有些小学，组织了相应的剧社，让孩子们学习彩调。我们相信，这'哪嗬咿嗬嗨'还能够继续唱下去！"

# 一水同舟，薪火相传

撰文 李胜昌

九月天高，乘船行驶在波平如镜的融江上，水天一色。远处传来铿锵锣鼓，一艘龙舟劈波斩浪飞驶而来，整齐翻飞的桨叶、雄壮的号子，荡起我们心中的激动。这是鸬鹚洲龙舟队在为即将开始的龙舟赛刻苦训练。有人可能会纳闷，龙舟赛，不是应该在端午节搞的吗？九月飞龙，是何道理？

没错，湖南、两广一带的龙舟竞渡，大多都在端午节前后进行，但从1978年第一届龙舟赛开始，融安县就选择了9月来群龙争霸，其中原因不得而知，但充分说明了融安龙舟的个性。同样地，在两广流传颇广的

传统龙舟制作技艺，在融安也发生了细微而有趣的变化。

鸬鹚洲村是融江中的一个小岛，村民出行都得划船，船是各家各户必备家具，造船技术自然水涨船高。清道光年间，古镇长安开始举行端午节龙舟比赛，声势一年胜似一年。鸬鹚洲村制作的龙舟从此脱颖而出，受到四方好评。

出生于19世纪80年代的张天师和沈六四，是鸬鹚洲最早打造龙舟的两位师傅，也是龙舟技艺传承人沈观佑和尹碑养的师祖。"我们小时候都爱去看沈师傅（张天师

在融安，龙舟制作与赛龙舟已有上百年的历史。近几十年来，每年9月于融江上举行的融安国际龙舟赛日益壮大，已成为柳州规模最大、影响最深、最受民众喜爱的传统体育运动品牌赛事。摄影／黄光亮

的徒弟）做船，有时调皮拿起凿子在树上凿，就被师傅用手指凿头。后来沈师傅看我们喜欢木工，就收我们为徒了。"年逾古稀的"小沈"师傅说。

制作龙舟几十年，两位师傅讲起龙舟结构和制作过程如数家珍：龙舟分为龙头、龙尾、龙骨、龙脊、舢板五部分，用料就地取材，本地糠杉纤维柔韧，质轻、浮力强，比较坚固，不容易损坏，是造龙舟的上佳之选。到山里寻找双手合抱、长度超过15米、树龄30年的杉木，砍倒摆在简陋的工棚，角尺定位、墨斗"哗"地拉开弹线，一把大锯锯出一块块

3厘米厚的木板，留下中间最好的10厘米树芯部分做龙骨，其余的做龙脊、舢板，物尽其用。

接下来，要把这些山中的原料变成一艘水中的游龙，斧、凿、刨、锯一字摆开，轮番使用。先做底骨（龙骨），这是龙舟的脊梁，它的正直决定着龙舟的好坏。龙骨成形后还要经受火烤、拗弯，最后呈流线型才告完工，这道工序叫作"起水"。虽然每年4月打捞埋在河涌里龙舟的仪式与这道工序同名，但意思完全不同。

做龙舟，最考验技术的就是木板拼装船型，分水底斜板和水上边板即转水和做大旁，

龙舟的制作工序繁复讲究，从选材到凿制、拼装、抛光、刷漆，每一个步骤都不能马虎。摄影／陈建明

这是决定龙舟速度的关键。从祖辈起，拼装龙舟都没有图纸，全凭造船者的经验和双手。原来都是边装边校，往往费时费工。两位师傅大胆改进木料的定型工艺，先校型后装档，按照龙舟规格，把锯好的木板用火熏烤成最适合的弯度后，再安装。这样造出的龙舟破水好、阻力小，用本地话讲就是，飙。

装上边板后的龙舟已经成形。每隔1米安装一块隔板，形成一个个独立的小舱，万一龙舟漏水，避免殃及整条船。上面再安一根横板作为划手的坐板，12格坐板之上装一根直木，有如龙脊，用竹篾片绑扎加固，

与舟底龙骨形成整条舟的骨架。板与板之间用竹钉或铁钉钉紧，桐油调石灰，加上篾丝，混合成油灰，勾缝防水。

最后一道工序，用刨子刨光舟身，刷以桐油、清漆或彩色油漆，让舟身光滑、滴水不漏。由整块樟木雕刻的龙头、龙尾要单独制作。因为是门面，最能彰显龙舟的霸气与灵气，龙头龙尾往往是师傅炫技的舞台。刀刀见功，凿凿出神。龙头、龙尾与舟身拼接完毕，一条两头微翘、线条优美的游龙终于横空出世。两位师傅已埋首苦干20多天。

一锯一尺一墨斗，一刨一凿一斧头，在

塑钢龙舟大行其道的今天，鸬鹚洲的龙舟制作仍沿用传统的木制技术。脸上已刻满岁月风霜的沈观佑和尹碑养，将绝活分别传给儿子沈振强、尹景洲，正当壮年的"小小沈"师傅们，有信心将这门手艺长久传承下去。

"他们现在做龙舟，用上了电锯、电刨、电钻，省力又省工啊。"沈观佑感慨道。

锣鼓声中驶来的黑色龙舟，正是"龙头"沈振强在指挥训练。24位划手奋力舞桨，水花四溅中，黑龙飞驰而过，两岸响起一片叫好声。

100多年来，融安赛龙舟采用的都是鸬鹚洲制造的传统木制龙舟，"起水""回拜""庆宴"这一整套赛龙舟仪式，也充满本地色彩。比如，获奖队的奖品是一头百余斤重的烧猪，这烧猪举办"庆宴"时要拿来做主菜，庆宴上还要摆歌台、唱山歌、演彩调，通宵达旦。庆宴上汉、壮、苗、侗族不分彼此，乐在一起，如此汇聚各民族的龙舟庆典，恐怕在其他任何地方都很难见到吧。

技艺

# 云片糕的传统手工记忆

撰文 周枳伽 陈俊

初看云片糕，似微微泛着油光，掰下一块细细观察，才发现它被均匀切成了一指宽的长方形薄片。手指捏住那一小叠云片糕的一端，轻轻一甩，长方形便作扇形张开，正如它的名字，色白如雪，薄如轻云。嗅着扑鼻的清香，撕下薄纸般的一片送入口中，仿佛马上化开了去，清甜、软糯、滑爽、滋润……那层次丰富的味觉体验，让人终生难忘。

柳城云片糕诞生在旧县城凤山镇，最早被称作"叫花"生意。早在明代就有手艺人挑着担子沿街叫卖。到清乾隆年间，凤山商

柳城云片糕历史悠久，因其片薄、色白而得名，早在清乾隆年间已有记载。质地滋润细软，犹如凝脂，久藏不硬。
摄影／黄蕊

贸繁荣，一些手艺人组成了规模较大的作坊，"前店后厂"，既生产又销售，原先的"叫花"生意才落户到街市当中。民国时期，凤山云片糕作坊最多时有六七十家。当年的赶圩日，在凤山码头停留的船只有 500 艘之多，客人带得最多的当地小吃就是云片糕。每年农历二月初八的凤山开山寺庙会，周边县市乃至东南亚的香客信徒前来朝拜，云片糕必是佛爷座下供品，如此一来，这美味的名声便穿山越岭、漂洋过海了。

制作云片糕，以糯米为主要原料，配以白糖、少许猪油，再加上陈皮、芝麻等不同的配料。食材虽不复杂，制作的工艺可很有讲究。

首先，要改造糯米。柳城云片糕制作技艺代表性传承人黄智英，对这个过程熟稔于心。"先用粗沙炒糯米。沙子洗净，用油炒过，锅里温度上升到 150 度左右时，放糯米下锅炒制。"釜底的柴薪在燃烧，温热的沙子裹挟着糯米，在锅中玩起了蹦床。"糯米在沙子当中浮上来，就熟了。一般来说，糯米脱水剩原来八成五的重量，做出来的云片糕光

摄影／严跃新

摄影／严跃新

摄影／黄蕊

摄影／黄蕊

摄影／严跃新

摄影／严跃新

摄影／严跃新

柳城云片糕是以优质糯米、白糖为主要原料，佐以猪油、蜂蜜、桂花、陈皮、芝麻等，经做馅、用饼锤擂实、做糕皮、压糕皮、切片多道严格工序精制而成。

泽比较好。如果只脱水到九成，打出的粉偏黑色，而且雾雾的。"与沙子分手的糯米被拿去打粉。一粒粒糯米跌跌撞撞通过 150 目振动筛，才完成了从米到粉，由粗糙到精细的蜕变。

接下来，磨好的粉要放在阴冷的仓库中贮存 3 个月，充分吸潮。有些湿润的黄泥地上挖出一个大坑，坑里垫两层白布。将筛出的糯米粉倒进坑里，盖上白布。漫长的 3 个月里，粉会慢慢吸收泥土的湿度。"这个过程叫润粉。让糯米粉回潮，吸湿到饱和点，抓起可以成团了，拿去再翻炒一回，再晾干，就可以用了。"经过这番"蹂躏"，未来云片糕的口感将变得异常松软爽口。

云片糕里，米粉最重要的伴侣就是白糖，而白糖是要经过熬炼的。100 斤的白糖要用 25 斤的水来配合熬炼。熬制四五个小时后，需要用力搅拌，早年是人工用手臂来搅，后来机器代替了人力，但要求一样，都要把糖浆搅和成白白的、沙沙的糖油，才肯罢休。

与此同时，还要准备云片糕的饼芯（馅），过去多是用陈皮。陈皮煮沸一两个小时，滤出来的渣打成粉。后来又发展到用芝麻、山楂做馅，最近还开发出了螺旋藻等新品种，满足食客们求新的要求。

糖油、饼芯准备停当，最关键的一步就要开始了：调粉。

将糯米粉与糖油以 1：1 的比例搅拌，搅拌的时间必须控制在四五分钟内。揉过了头，面就会发酵，让云片糕变酸。为了加速粉与油的结合进程，少许猪油也参与其中，让成品味道变得更为醇厚。

搅拌好的粉团要及时放入饼架内成型，如果耽误了时间，粉团就会结坨，影响下一步工序。最下面一层是皮，先用饼锤擂实，再用汤板（饼尖）拖烫平整；之后铺馅，一个饼架放三条馅；接着又覆上一层皮，再锤实烫平。如此重复几遍，云片糕已基本成形。"云片糕还有一个固形的过程，一般是要放上一晚，第二天才切，这样就不会散了。"黄智英说，早年老手艺人都操着大斧头样的切刀，完成最后一道切片工序，切片既薄又匀且齐，技术要求非常高，最显功力。现在为提高效率，都改用了机器。

在柳城云片糕的传承谱系中，黄智英是第三代传承人，她从自家奶奶那儿学来了这门手艺。20 世纪 90 年代，还在国有企业工作的她毅然离职，拾起凤山人做云片糕的老行当。一路走来，她的云片糕厂早已实现了机械化生产，但是云片糕的传统制作工艺，仍是她念念不忘的美好记忆。她在送别我时说："机器生产的确效率要高，质量也稳定，但这样一来，奶奶做云片糕的样子，就越来越模糊了。如果厂子再扩大些，我要增设一个 DIY 体验区，让更多人了解传统手艺，把它一代代地传下去。"

也许，机器生产的云片糕口味并不比手工制作的差，但我们仍然会怀念旧时记忆里手作的悠长，和那份伴随其中的人情味儿。

融安芙蓉酥，至今已有 200 余年的历史，其色泽金黄、香酥可口、营养丰富、风味独特。摄影／黄光亮

# 冲天香阵透『长安』，满城尽赞芙蓉酥

撰文 李胜昌

融安县长安镇传统宴席有四大名菜，芙蓉酥位列其一。芙蓉酥，听名字似乎是佐餐的糕点，实则是宴席必上的主菜。看看与其并称的另外三道佳肴：扣肉、元蹄、白切鸡，都是名不虚传的硬菜，就知道这小家碧玉的名字背后另有玄机。

相传，清代桂林有一厨师廖武，青梅竹马恋人阿莲家遭变故，迁徙至古镇长安后被卖入花捐公司，成了一名卖艺不卖身的歌舞女，艺名"赛芙蓉"。清道光二十八年（1848），廖武一路寻访阿莲跟至长安，得知阿莲境遇，遂应聘于花捐公司"燕来居"酒家，仍做厨师，准备打工赚钱为阿莲赎身。廖武原本擅

制作过程：备料—拌馅—装入九宫格—下锅油炸—捞出切段。制作中的火候与用料配比，全赖老师傅多年积累的经验。图为芙蓉酥制作技艺第七代传人岑有培示范制作芙蓉酥。摄影／黄光亮

长烹制名菜"妃留香"，见本地茶油丰富，于是改水蒸为油炸，得一新菜。因外酥里糯，食客为之倾倒，称赞好比"赛芙蓉"，一见骨头就酥了。"芙蓉酥"由此得名，"燕来居"也因此生意红火。老板得知廖武与阿莲的关系，最终成全了二人。一道名菜成就了一段美好姻缘。

故事虽有演绎，芙蓉酥却名副其实。近代，古镇长安商业繁荣，客商众多，芙蓉酥一直是高档宴席必备菜品。自廖武创菜伊始，到中华人民共和国成立前，手艺已经传至第五代传人廖建忠。新中国成立后，已是名厨的廖建忠与各位厨师互相切磋，通过增加配料、改进工艺，使得芙蓉酥色泽金黄、香酥可口、油而不腻，口味层次更为丰富。又名之为"杂锦芙蓉"，成为宴席上的压台"好戏"。

如今，芙蓉酥制作已经传至第七代传人岑有培。岑师傅年过古稀，制作芙蓉酥已逾60年，经营大三元酒家，注册"岑师傅金牌芙蓉酥"。

走进大三元酒家的后厨，灶膛中柴火燃得正旺，大铁锅里的茶油泛起油花，一块块巴掌见方的芙蓉酥在油中翻腾。

岑师傅介绍，要做出口感酥爽、味道纯正的芙蓉酥，必须挑选好的食材。芙蓉酥以猪肉为主料，辅以香菇、马蹄、冬笋、木耳、山药、虾仁等10多种食材。取大块猪肉，肥三瘦七搭配，先切成小块再剁碎。猪肉不能太小，太小则缺乏甜味，难以成料，也不能剁得太细。选用本地冬笋、香菇，马蹄最好是桂林马蹄，槟榔芋用荔浦芋，切碎拌入，再加入虾米、面粉、红薯淀粉、鸡蛋、古月、味精、食盐等，与切好的肉泥按二八比例混合搅拌制成馅料。

取一木制九宫格，将馅料放入格中压实、抹平，把面粉、红薯淀粉混合调成糊状，均匀地铺在馅面，再涂一层鸡蛋液。岑师傅说，这样做出来的芙蓉酥更香脆。

铁锅中倒入茶油，用柴火烧至七八成油温，丢入一颗蒜瓣儿，能浮起刚好。除去木方格，铲起坯料，料面朝下轻轻推入锅中。油温一般保持在160—200摄氏度，正反两面小火煎炸15—20分钟，待两边都变成黄色，轻敲不软、有轻响时即可捞起控净余油。出锅后，切成寸余长指宽小段装碟即成。

岑师傅说，现在许多人为节约成本，纷纷改用调和油，但自己一直坚持用柴火灶、山茶油，虽然成本高，但炸出来的芙蓉酥色泽更好，更加原汁原味。

除了油炸的芙蓉酥，当地还有一种使用蒸笼水蒸的"水晶芙蓉"。两者用料一样，只是后者的馅料更细一些，蒸熟后晶莹透亮、软糯适中，不易上火，适合老人小孩食用。上桌时淋上鸡汤、撒些葱花，口味更佳。

随着生活水平逐步提高，芙蓉酥已经由过去宴席上的大菜，"下嫁"到了街边小店、市场熟食摊。过年时，有人在市场边支个大灶，现炸现卖。正所谓"旧时王谢堂前燕，飞入寻常百姓家"。

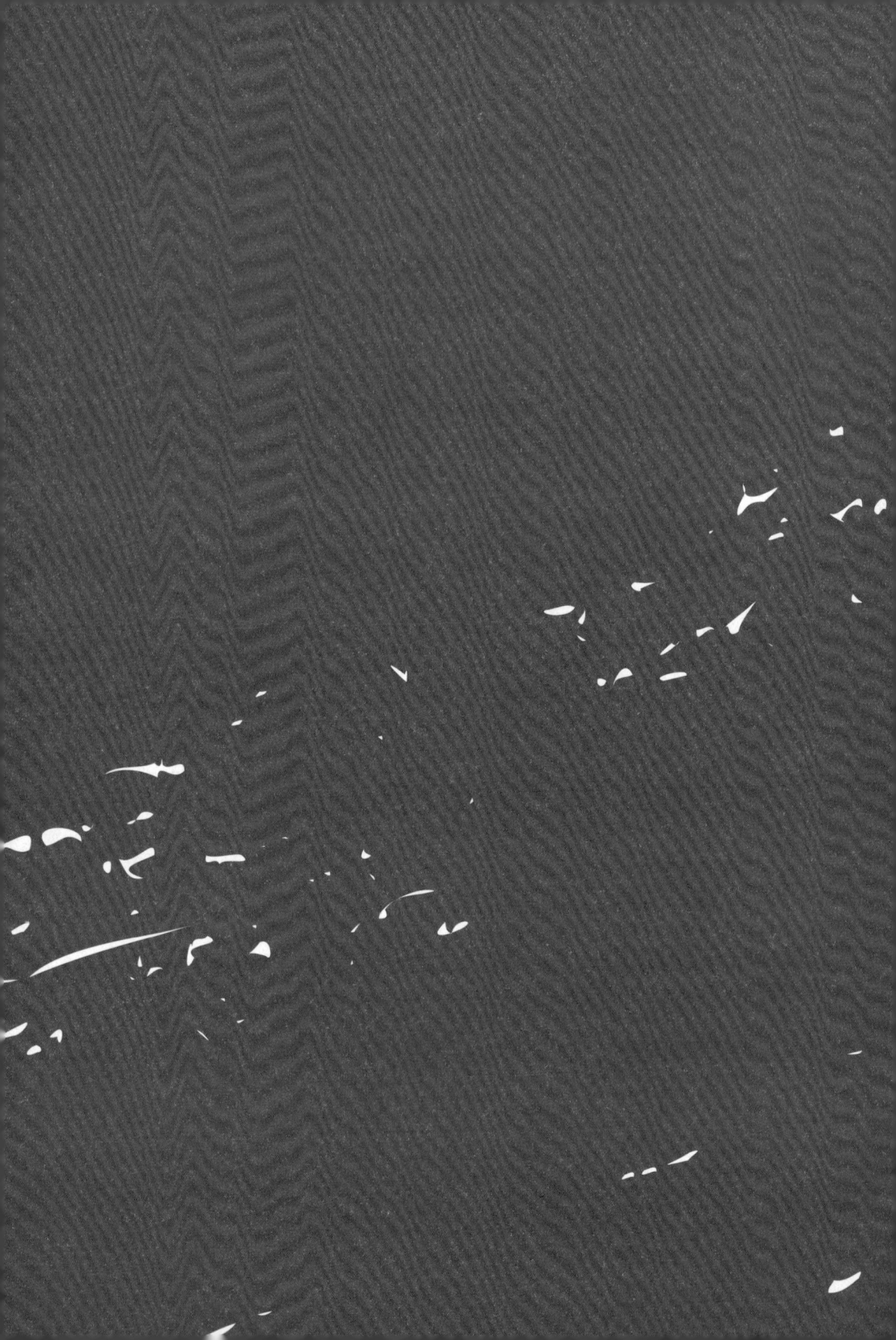

## Chapter 4

风物

# 第四篇

# 舌尖上的Q弹——趣谈柳州话

撰文 陈铁生

有趣的语言像美食一样，既可以甜若蜂蜜、苦如黄连，也可以辛若艾子、酸如柠檬。柳州话就是这么一种方言：因有趣而Q，因生动而弹。

柳州话可不是柳州人的专属，使用者从桂林南部到梧州北部、河池东部，再加上南宁和百色部分地区，几乎覆盖了半个广西。不过，柳州的柳州话与各地的柳州话还是颇有不同，在语音、语调、用词上多少有一些差异。

外乡人（北方人）初到柳州，不用像到上海、潮汕和广府那样仿佛在听外语，柳州话毕竟源自中原官话，基本的交流应该没有问题，但要想欣赏到柳州话的韵味，就不是短时间的功夫了。

先看看我们耳熟能详的动物，进了柳州城会变成什么样。

屎壳郎叫"拱屎虫"，这个还好，毕竟都与"屎"沾边。下面的就只能靠猜了：青蛙叫"蚂蜗"，蚯蚓叫"鸭虫"，蟑螂叫"骚甲"，螳螂叫"马螂蜣"，蝉叫"唧喳虫"，蛐蛐叫"嘎蜊"，蝙蝠叫"飞鼠"，壁虎叫"檐蛇"……简直像穿越到了《笑傲江湖》中五毒教教主蓝凤凰的地盘。

再来看看生活中的常用词。

"晌午"，这个简单，就是中午，"正晌午时说话，谁也没有家"。"这垱"，啥意思？这里。"赖水"，什么东西？热水。再比如："圜"——圆，"论天"——整天，"抖"——踢，"打阿啾"——打喷嚏。还有许多特别的表达方式。比如：把"很多"讲成"大把""大把多"，"当初"讲成"起

柳州话最大的魅力，就是它"接地气"。它是亲情、乡情和不可取代的群体归属感的载体。五星街口，本地人与外地游客川流不息。在各种语言的交汇中，柳州话总是主角。摄影／邓柳辉

先"，"上面"讲成"高头"，"对面"讲成"对脸"，"肯定"讲成"亘定"，"怎样"讲成"恁子"，"去哪里"讲成"克哪塆"，"听力好""视力好"讲成"耳朵利""眼睛利"……

其实，各地都有不少"土词"，但还说明不了方言的特色。柳州人讲话真正有趣的地方在于其生动、形象、丰富的表达。

柳州话能够只用一字就状物传神。比如，"摇"原义为晃动，柳州话却指某人做事不牢靠、不稳妥；"蔫"通常指花木水果因失去水分萎缩，柳州话还可指人的精神状态不佳、萎靡不振。再比如，"潽"指水满盈外溢，柳州话也可指人多，"三月三长假，龙潭公园里人多得'潽'出来"；"狼"本是名词，柳州话却拿来形容人的凶狠，"作为父亲，怎么能对女儿这么'狼'呢？"；"山"本是一种地形地貌，柳州话却用来形容封闭落后、孤陋寡闻，"你怎么'山'得连手机短信都不会发"。类似的还有："狗"是形容不肯通融、不近人情者的贬义词；"鼠"是举止猥琐的同义语；"嚣"指某人做事"阴湿"，不光明正大；等等。

柳州话也能够给不同的人找到形象的对应：

三脚猫——一刻也坐不住、行踪不定的人
叫鸟、唧喳虫——不分场合对象，滔滔不绝、不知停歇的人
闷头鸡——沉默寡言却颇具心计的人
癫子头——难对付的家伙

庙祝——孤独怪僻、不合群的人
花头鸭——爱出风头的人
两头蛇——挑拨离间、两边讨好的人

柳州话似乎天生擅长讽刺与幽默，把类比对比、明喻暗喻之类的修辞手法和语言技巧运用得娴熟而不露痕迹，天上飞的、地上跑的、脏的臭的、香的辣的，只要觉得贴切就信手拈来，少了一本正经的说教，多了鲜活生动的地气：

锤姜——拍马屁
跌摊——出洋相、丢面子
吃得咸——漫天要价
扒烂船——破罐破摔、不顾后果
打泼汤——把事情弄得不可收拾
闻衣领——喜欢站在后面，看人下棋、打牌
搞秾水、搅屎——把事情越弄越糟
洗老闷、洗驼子下岭——捉弄或欺骗老实人
盐罐出蛆——自己人内讧
蚂蚴闹塘——乱哄哄的场面戏
找虱子上头——自惹麻烦
屁股夹算盘——惯于算计
打跛脚老虎——乘人之危、落井下石
死狗等棒槌——不知变通，不想办法解决问题
鼻涕水倒流、茄子倒开花、十七教十八——晚辈不尊重长辈
叫花还嫌米糙——贪心不足
蚂蟥见不得水响——贪得无厌
冷狗不知六月天——不识季节变化、不辨冷暖
苦瓜虫，吃里不吃外——对自己人打坏主意、有歪心思
颈脖擦血，假充挨刀——爱出风头、充内行

还有一些话拐了不止一道弯，更是只有

本地人才能领会了。比如，"痱子镶"，是一种南方人热天易患的皮肤瘙痒、刺辣症状，柳州人用它来形容一个人不便发作的恼怒；"泼水饭"，把向贪婪的有权者行贿送礼，与本地民俗的七月十四送鬼仪式同等看待。再比如，"该煨"原是壮语的汉语音译，意为糟糕、倒霉。柳州人把"wēi"字音译为"煨红薯"的"煨"，于是有了"红薯进灶——你该煨"这一歇后语。另外，柳州人还爱把厚颜做出或讲出有失礼仪的事或话形容为"麻风出脸"，而不好打交道者自然就称为"麻风佬"了。

对于柳州人而言，说话绝不仅是传递信息的需要，更是一种生活态度的表达，甚至是一种语言和智力的游戏。

20世纪六七十年代，柳州当地人的物质和精神生活都很贫乏，恋爱中的男女无处可去，只能在街上闲逛，被柳州人戏称为"量马路"，深夜幽会就成了"打露水"。我们常常用"跪搓板""跪键盘"形容男人被老婆"教训"，柳州人则另有发明，称之为"上链"（钟表）、"扭频道"（电视），意指被老婆大人拧了耳朵。现在，谈恋爱早已非走街一途，上发条的钟、扭旋钮的电视也进了博物馆，这些当年的流行词语也听不到有人挂在嘴上了。

有时，柳州人说话就像打机锋，能否理解这类词语中的含义，那就全靠听者的悟性了。如"等下子你晓得错"，听到这话，聪明人就会反思自己的言行是否有冒犯对方之处。又如前些年流行的"讲点别的"，听起来像是请求对方转移话题，实则是婉转地表达对对方的议论不愿领教甚至反感，如果有谁听不出"弦外之音"，继续"大发海水"，很可能就会自讨没趣。还有一句相似的"经典"："答你都困"，也是委婉表示对对方言语的轻视及不满。这两句话一段时间内甚至影响到柳州地区以外。

听柳州话犹如身处"脱口秀"现场，既大众化又富于语言表达艺术。日常交往中，只要点缀上这类柳州话，就仿佛做菜加了味精，场面就会气氛活跃、意趣横生，讲者会给人一种机灵聪慧之感。当然，如果不分场合对象，任意发挥、不加制约，则又如味精过量，令人倒胃反感，其人则有轻薄油滑之嫌。运用之妙只可意会难以言传，因此恐怕人人能说，但未必个个会恰到好处地说出来。

喜爱柳州风光、历史、人文的朋友，到柳州旅游赏景问俗的同时，不妨用心领略一下柳州话的Q弹，那将是除螺蛳粉之外的另外一种风味。

# 下一站，青云夜市

撰文 熊茜茜

没有逛过青云夜市，
不足以在柳州谈人生。

如果每个城市都要有一个关于夜市的记忆，那柳州人的记忆就是青云夜市。夜市上的人们总是千姿百态，充满生活的勇气，又带着稍稍的市井烟火。与柳州其他民生夜市不同，青云夜市坐拥这座城市的繁华地段，硬生生地在寸土寸金的城中区里，开辟出自己的一方天地，浓缩了柳州的味道。熙熙攘攘的人潮和在城市夹缝中安身立命的摆摊人，让这里成为全柳州最接地气、最有血有肉的地方。

青云夜市位于柳州市中心青云路老街上，各种地道美食、平价服饰应有尽有，充满老柳州的生活气息。摄影／邹柳辉

早期的青云夜市，是因美食聚集起来的，以青云美食城为中心辐射周边，作为柳州美食的特有符号，每到晚上都能吸引几万人流聚集于此。

"夜间经济"的兴起，让一些经济困难的个体户和下岗职工看到了商机，用几根钢管、几张板凳、几个夹子、一块布、一盏电灯，搭起一个小摊，以此谋生。鼎盛时期，北起二轻商场，南至青云菜市，延伸到映山街，贯穿了青云路，一路都是浩浩荡荡的实惠大排档、廉价衣物和生活用品，应有尽有，渐渐地就成了街、成了市。

但有人爱就有人恨，一度野蛮生长的青云夜市，过度乱摆乱卖导致交通堵塞、消夜摊喝酒喧哗扰民、小贩与城管的冲突，这些都成为不得不解决的难题。

直接取缔？偏爱市井生活的柳州人可不同意。最后在 2012 年，由政府出力，把青云路一段，划为如今的青云民生市场，规范经营，让这条独具代表性的夜市得以延续。

一入夜的青云夜市，摊主们陆陆续续来到这条不到几百米的老街，打开拖车，沿着画好的路线摆好摊位，从贴膜、小吃，到服饰首饰一应俱全……

他们谈不上规模，却深谙生存之道，通过做一些小成本的生意，慢慢把一个小摊子做大做好。

卖首饰的小张，是这里的"老江湖"了，他靠着风趣幽默的性格和物美价廉的首饰，积攒了不少回头客；来到他的摊上，他能跟你从首饰搭配的服饰，聊到生活哲学，知识面特别广。

多年的摆摊生活，也让他对青云夜市有自己的见解。

"青云夜市，看着人来人往的，十分赚钱，但也是一个无奈的环境，早就不是那时候的淘金年代啦。"

小张说，眼光的好坏，决定了老板赚钱的多少，虽然是摆地摊，也必须不断跟上时代审美，才能获得青睐。

柳州妹子不一定都在工贸买过价值 5 位数的衣服，但一定都挽着闺蜜来这条街上，逛到生活费见底才舍得停手。

如今的青云夜市，早已不是逛街买衣服的首选，但还是爱来逛逛，亲身感受那一份热闹。为心动的物品砍价、传说中的美女老板、卖凉粉的个性大爷，这些都是电商所不能给的"老柳州的生活气息"。

身处青云夜市，生活就好像被按下了慢进的按钮，不管这座城市的速度如何变化，它总保持着自己的样子，它没有商场高大上，却有着让人倍感亲切的魅力。

美食是夜市恒久不变的主线，青云夜市里的美食藏得很深，如果没有耐心走到巷尾，还真吃不到。水果捞、麻辣烫、卷粉、牛杂串的小摊都藏在这里。

吴姐，在青云路夜市一带摆摊卖麻辣烫已有几年了，一到晚上她的小摊基本都坐满了，拣菜舀汤动作一气呵成，干净利落。

"从晚上 9 点这样卖到 12 点甚至凌晨 2 点，小孩子写作业也都没有时间理了，阿婆带。白天打打零工，晚上摆摊卖这个，能多赚点就多赚点嘛！"

对吴姐来说，即便打工也无非社会底层，选择地摊营生，毫无稳定可言，但至少有希望多赚一些。

簇拥在这一带的摊贩大多如此，他们来自五湖四海，一张小桌、一隅小摊、一个巷口，便是一方天地。他们没有光鲜衣着，也不像吉卜赛人潇洒漂泊，有的就是努力赚取更好的生活。

没事了，就去青云夜市走走吧。美食的诱惑，动静相宜的生活，虽然有些说不清道不明，却相得益彰，把柳州人最真实的一面演绎得活色生香。

灯光如昼的夜市，一个个支起的小摊位下，物品种类齐全，价钱实惠，人群熙熙攘攘，精挑细选。摄影／邹柳辉

流动小吃摊，烟火大排档，同样都是吃得热火朝天、酣畅淋漓。摄影／邹柳辉

立鱼峰下
山歌传

撰文 李千帆

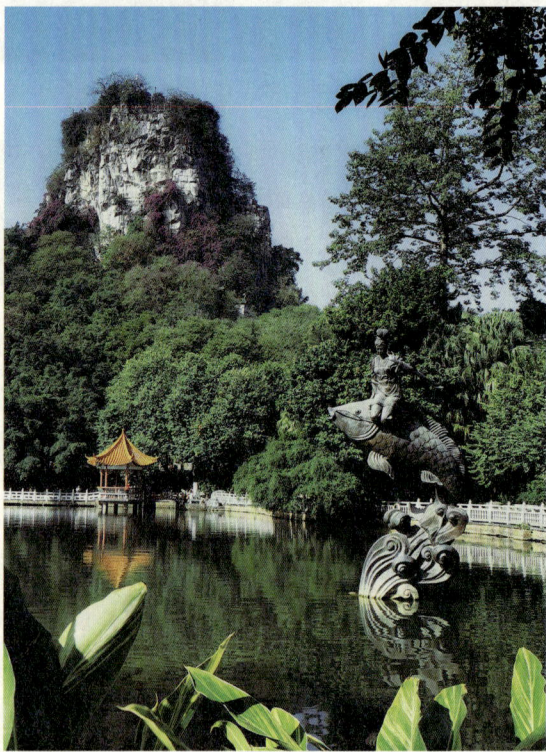

立鱼峰平地崛起，突兀耸秀。唐代文学家柳宗元称其"山小而高，其形如立鱼"，故得名立鱼峰，也叫石鱼山，习称鱼峰山。这里与山歌和壮族歌仙刘三姐，结下了不解之缘。摄影／严跃新

柳州名山立鱼峰，地处柳江河曲南岸的闹市区内，与马鞍山东西相望。山峰突兀孤挺，犹如一尾巨大的鲤鱼。柳宗元称其"山小而高，其形如立鱼"，故得名立鱼峰。人们也叫它石鱼山、鱼峰山。

和不少喀斯特石峰一样，立鱼峰身形小巧，海拔154米，相对高度63米，山麓近似圆形。山体由早石炭纪时期沉积的灰岩、生物碎屑灰岩构成，经过漫长的风化溶蚀作用形成现在的模样。山壁陡峭，沿着400多级石阶往上，在半山腰可以看到崖刻"柳江砥柱"四个大字。站在峰顶，可俯视城区风貌。

说起立鱼峰，柳州人马上就会想到壮族"歌仙"刘三姐。在20世纪60年代以刘三姐传说和民间山歌为素材创编的彩调剧电影《刘三姐》里，刘三姐最后和阿牛隐没于山水之间。其实这个传说从头到尾都离不开立鱼峰。壮族姑娘刘三姐生活在唐代宜州的山村，为人刚直，机敏聪慧，善唱山歌。她常用山歌传唱穷人的心声和不平，故而触犯了豪绅的利益，被官兵追杀。为免遭毒手，三姐辗转来到柳州，在小龙潭村边的立鱼峰东麓的小岩洞里居住，继续向四乡民众传唱山歌，慕名来学歌、对歌的人络绎不绝。后豪绅侦知，官兵将立鱼峰团团围住。刘三姐不愿屈服，纵身跳入小龙潭，却见一条金色鲤鱼冲出潭水，驮住三姐，飞上云霄。至今，立鱼峰上仍保留有"三姐岩""对歌坪""麻篮石"等遗迹。

鱼峰山和小龙潭是刘三姐传歌和成仙的地方，成为广西山歌文化的一处发祥地。电影《刘三姐》风靡全国后，立鱼峰遂成为柳州乃至整个广西的山歌"圣地"。

说到唱山歌，一般人都会想到对歌。柳州山歌有独唱、对唱、联唱等形式，其中对唱（俗称对歌）这种富有互动性、竞赛性的形式，是传统中最常用且最具特色的一种。每逢壮族"三月三"、中秋节等喜庆日子，四面八方的歌手和歌迷都汇聚一处，举行盛大的对歌比赛活动，称为"赶歌圩"。其规模少则数十人，多则成千上万。赛歌开始，双方锋芒毕露，互不相让，用词诙谐风趣，出歌迅速犀利，千方百计想压倒对方。整个赛歌阶段，歌声此起彼伏，每到精彩之处，围观者鼓掌欢呼，呐喊助阵，场面热烈。歌圩的时间从早到晚，乃至通宵达旦，能持续数日，歌手和观众乐此不疲。

山歌也是一种民间口头文学，歌词内容多与民众的生活息息相关。传唱山歌，为的是交友择偶、传承历史，也可传授生产生活知识，展现风俗礼仪。曲调多七言四句，灵活多变，简朴耐听，语言生动形象，运用赋比兴和夸张等表现手法，歌手信手拈来，但又生动贴切，恰到好处。如"山中只有藤缠树，世上哪有树缠藤；青藤若是不缠树，枉过一春又一春"，又如"想妹想得哥心焦，想妹多来病成痨；不信你到哥门看，药渣堆有三尺高"，语言诙谐生动，常常让听者为之捧腹。

柳州人敬仰刘三姐、崇尚山歌的习俗传统起源于唐代。千百年来，柳州人对山歌一

闹中取静的鱼峰山下，退休群众齐聚一堂，吹拉弹唱，欢声笑语。摄影／严跃新

往情深，素有"以歌代言"的习俗。明代岳和声在《后骖鸾录》里记录了古代柳州山歌的盛景："遥望松下，搭歌成群，数十人一聚。其俗女歌与男歌相答，男歌胜而女歌不胜，则父母以为耻。又必使女先而男后，其答而相当，则男女相挽而去。"清乾隆《柳州府志》记载："少妇于春时三五为伴，采芳拾翠于山间水湄，歌唱为乐；男女亦三五成群，歌以赴之。一唱一和，竟日乃已。"抗战时期，红学家吴世昌流落柳州，记录柳州的歌圩情况："其地质朴，俨若古风。两岸圩落之间，男女歌声相对，响彻云霄，萦回山谷，

此乡之人谓之'对歌'。"可见柳州男女对歌千百年来民间盛行之风。

"柳州有个鱼峰山，山下有个小龙潭。终年四季歌不断，都是三姐亲口传。"鱼峰山作为山歌"圣地"，自古就是柳州最著名的歌圩。都说广西是"歌海"，柳州则在歌海的中心，那么鱼峰山就是中心的中心。每逢周末，鱼峰山下、小龙潭边便飘荡着悠扬的歌声，以歌仙广场为中心，或一男一女、或两男一女、一男两女分为两方对歌，你来我往，此起彼伏。不管是满腹歌才的能手，还是初学者，在这里总能找到对手。旁边的

山歌遗风，至今犹存，图为山脚下群众高歌互答，妙趣横生。摄影／刘丽虹

观众围得里三层外三层，听得如痴如醉。

鱼峰山下的中秋节也是歌节。"年年中秋是歌节，木叶歌声满山间，木叶吹得山也笑，山歌唱得月更圆。"男女歌手会聚在立鱼峰下，小龙潭边，三五成群，寻找对歌。有一对一，也有两男对两女，一问一答，即兴编唱。天上一轮圆月，水潭粼粼波光，歌声此起彼伏，这样的场景，确实令人沉醉。

鱼峰山下"三月三"、中秋节等节日歌圩活动和周末歌圩的参与超过 300 万人次。时代在变化，鱼峰歌圩还是充满文艺气息。

鱼峰区办起了"鱼峰之声"群众文艺会演、"立鱼欢歌"广场文化节。2014 年，柳州市在"三月三"鱼峰歌圩发起全国山歌邀请赛，邀请全国各地的民间歌手来此参赛展演，近两年甚至有哈萨克斯坦、喀麦隆、古巴、俄罗斯、乌克兰等国的乡村歌手来这里演出。

"唱歌仙，唱歌得做女神仙，不信你看刘三姐，立鱼岩洞受香烟。"在古老的立鱼峰下，刘三姐石像前的香火还在绵延，柳州的山歌也不断传唱到更远的地方。

# 活着的城隍：中渡城隍庙会

撰文 周枳伽 陈俊

图为城隍爷巡游。供图／中共鹿寨县委宣传部

中渡古镇历史悠久，文化底蕴深厚，境内奇山秀水，民风淳朴。摄影／冉玉杰

中渡依洛水而建，原名洛容，是唐贞观时的旧县、桂北名镇。这里处在四十八峒的隘口。洛水经中渡后与来自桂林的清江在旧街村汇合为洛清江，下到柳州，中渡成为桂林与柳州、桂北与桂中的水路口岸，清代的商客在这里修建了江西会馆和粤东会馆。柳州至桂林的陆路通道也经过这里，太平军石达开回师广西攻打桂林城不下时，曾取道中渡南下。

今天的中渡只是一座水边小镇。一座长桥跨过洛江，桥前已废的古渡长阶浸没在水里，孩子踩在水里嬉戏。两条老街保留着晚清民国时期的老屋。两街相会的城中心有一座武圣宫，供奉着关公和中渡的城隍爷。

这座城隍庙始建于宋代，在镇边的鹰山上，民国时被毁而迁到了镇里的武圣宫。中渡城隍爷是谁，已无从考证，但他关联着清末的一段吊诡历史：光绪大婚日大火。光绪十四年（1888）末，光绪帝在慈禧安排下与表姐叶赫那拉·静芬（隆裕皇后）大婚。十二月十五日深夜，夜风呼啸，紫禁城贞度门因两个值守睡着，油灯烧着东山墙檐而四更失火，大火延烧了两天，把周边库房和皇上大婚需经过的太和门烧为灰烬。紫禁城内惊恐万状，从满蒙贵族到各衙门司员、各旗营侍卫，救火的人有七千之众。火灭之后，慈禧让人彩扎了一座纸糊的太和门，才算把大婚的事了了。大厦将倾，人知否？23年后挥泪在《清帝逊位诏书》上嘱人用玺的，就是隆裕太后。

光绪帝在那场火灾中现场指挥灭火时，曾指着太和门上说"鹰山城隍"来救火了。大臣们查寻"鹰山城隍"查到了广西中渡。火灭后，朝廷御赐的木匾被挂了鹰山的城隍庙中。中渡城隍庙会每年农历五月二十八举行，这一天是中渡城隍的寿诞。城隍是守卫城池的保护神，隍是没水的护城沟堑。城隍并不是固定的神，这个职位大多由故往的忠臣贤良担任，柳州城隍是柳宗元，北京城隍是明代忠良杨继盛，海瑞是安徽青阳的城隍爷。朱元璋时，"城隍爷"这一"阴官"也被分为都、府、县三级，加封王、公、侯、伯四等爵位，与朝廷派的"阳官"对应，负责阴间事务，更要监督阳间官员。新官上任都要到城隍这里宣誓。城隍庙是神庙、避难所、慈善总会（施舍钱粮棺木）、证婚机构，总揽阴阳两界、官与民。城隍爷才是一座城真正的父母官，是一座城里最管事的人。

中渡的城隍庙会兴起于明成化初年（约1462）。过去的庙会活动通常历时3—10天，这些大型的庙会活动由城里的江西、湖南、广东会馆和当地的商会出资，做花炮彩头（庙会基金），抢得花炮者得以负责举办来年的庙会。后来，城隍庙会曾一度中断，直到2005年，一些乡亲自己捐款，又向各村募捐，重塑了武庙神像，修葺了武圣宫，还把城隍庙会办了起来。

现在的城隍庙会活动为两天，有龙狮并舞、腰鼓、秧歌、抬阁、旱马等表演。这些是城隍爷巡城的格式化活动。此外，中渡还有龙舟比赛、桂剧演出和抢花炮节目。"过去是一边巡游一边抢花炮，花炮铁环到手的人，往巡游的城隍爷轿前一跪就算得屏（获胜），巡城就算结束。然后就吃和家宴，晚上再放河灯、看彩调戏。"镇上的民俗文化协会会长梁茂芳说。

城隍爷提前三天被接进城，八名壮汉事前要斋戒三天，并以柚子叶煮水沐浴，到农历五月二十八这天，八人抬着城隍爷沿着主街巡游。11点18分，吉日吉辰，巡城队伍来到武圣宫城隍爷像前，敬香唱和："城隍爷，请您去巡城！"八人大轿抬起城隍爷，从武圣宫出发，大锣敲起，急如律令。挑着香炉的人用浓郁的檀香，清洁街瘴，解味辟邪。举着大牌和旗帜的队伍接踵而至。

醒狮队踩着震天的鼓点，点睛、闯天涯、爬杆、采青、吐福。腰鼓队、秧歌队、载着金童玉女的抬阁也为城隍爷开道，还有蝴蝶、蚌壳、旱船、挺马，游行队伍多达300人，绵延百余米。城隍爷坐于队伍中心，左边是拿印的丞，右边是持剑的相，恪守为民办事的权利与义务。这一日，百姓在各自门前供

头香上完后，居民们纷纷轮流敬香祈愿。摄影／刘丽虹

图为庙会上的舞狮表演。摄影／李家树

奉三支清香，一杯清茶，祈愿他一如既往，为中渡百姓保丰收，佑安宁。

传了 600 年的中渡和家宴，是中渡城隍庙会巡城后的重要的一环。中渡和家宴，旧时称"吃和饭"，保留着旧时全城人和为一家的意蕴。傍晚，镇上东、西、南、北四街圆桌一张紧挨一张，成为长龙状，场面类似侗族百家宴，但桌上菜式散发着不一样的汉民族的味道：肚肺汤寓意清正廉洁，大杂烩寓意五谷丰登，酸甜肉圆象征团团圆圆，大碗扣肉象征邻里和睦，所谓"清正廉洁肚肺汤，养颜益寿甜又香；丰收成果大杂烩，多种食材拢一堆；老少平安毫细松，肉末马蹄切得溶"。和家宴食材包括英山水蕹、中渡干切粉、擂盆辣椒等地方食材和特别做法。

2005 年的首场庙会，是让街上的各家各户分别煮一个菜，拿到门前集中吃，延续了旧时"和饭"的传统。后来吃客渐增，就进行了分工，一条街的人烧饭，其他三条街的人做菜。以和谐为主的庙会"和饭"，也顺应时代发展更名为"和家宴"。上千人共享这美味佳肴的氛围，是极少有的体验。

盛夏夕阳下，漫步于中渡古镇街头，旧城墙已经斑驳陆离，听着人们的彩调放歌，我放下一盏小河灯在古渡口，寄情远方。这古老又鲜活的城隍庙会的记忆，融进了人们的血液与骨髓。

庙会接近尾声，各家各户将自家最好的几道菜献上饭桌，斟上香醇的米酒，全城人共进和家宴，举杯相碰，祝愿彼此生活红红火火，兴旺发达。供图／中共鹿寨县委宣传部

广西『长寿果』：融安金橘

撰文 李胜昌

金橘为芸香科金橘属常绿灌木。果椭圆形或卵状椭圆形，橙黄至橙红色，果皮味甜；果实含有丰富的维生素 C、金橘甙等。
摄影／谭凯兴

金橘性喜温暖湿润，怕涝，喜光，但怕强光，稍耐寒，五岭以北较少见。融安气候温和，充足的日照、适中的温度和降水为金橘的生长和成熟提供了十分有利的气候条件。摄影／黄光亮

　　1947 年，美国驻华大使司徒雷登尝到一盘金灿灿的水果，大呼："上帝也没法吃到这样好的水果！"1985 年，朝鲜金日成主席访华，指名要品尝它。它就是融安金橘。多年来，融安金橘多次成为国家重大活动和迎接外宾的上佳果品。①

　　融安金橘橘皮油泡小而密，果皮甘香，橘肉鲜美，与一般金橘不同，有"长寿果"的美称。

　　在桂北浪溪江边一个名叫"拉敢"的小村庄，四周是连绵起伏的丘陵。掩映在绿树丛中的白墙黑瓦土屋，保持着古朴的样式，融合在山水之间。屋内，偶尔有一两个鹤发老人，坐在那里，手摇蒲扇，悠闲纳凉。整个小村安然静谧。

　　村前小山包上有几株外形朴素、略显老态而依旧碧绿的树——金橘树。我们怀着朝圣的心情，跟着王名逸老人爬上不高的山坡。金橘树不高，身披灰白斑衣，撒开约 4 平方米的树冠，树身大腿般粗细，细枝上长着一根根利刺。在我们仰望的目光中，仿佛久经沧桑的老人。王名逸老人告诉我们，这几株

图为融安果农在采摘金橘。摄影／谭凯兴

金橘树是融安金橘的老祖宗。

拉敢屯王家，原籍江西吉安府龙泉县堆钱子乡（现属遂川县），清乾隆二十三年（1758）迁居于此。遂川金橘史上闻名，宋代曾为贡品。南宋韩彦直《橘录》载："金橘出江西，北人不识，景祐中至汴都，因温成皇后嗜之，价遂贵重。"王家先人一路南来，被融安的山水所吸引，遂定居下来。最初的一代仍与遂川有着隔不断的亲情联系，每年会回到遂川，听听家乡话，喝口家乡水，当然还要尝上几颗金橘。"金橘"者，橘桔相通，桔为吉，金为财，吉祥招财。在南方，金橘一直都是最好的贺岁礼品。过新年时，几乎家家户户大门、阳台都要摆上两盆金橘，有的还在金橘树上挂满利是红包，把吉祥富贵挂满枝头。开门见橘，世上有什么比送金送吉更好的祝福呢？每当离别，故乡人都把金橘作为礼品送给他们带回，祝福他们一路吉祥平安，生活富足，年年见金。而金橘似乎通人性，要陪伴南迁的主人，以慰其思乡之苦，吃过后随手扔掉的种子居然发芽生长起来。

中国种植金橘有1700多年的历史，秦岭淮河以南均适宜种植，但品种单一。融安金橘却在不过300多年的种植历史中，发生了奇异的变化。1979年，科技人员在大将公社雅仕村四季冲曾庆喜家的金橘园发现一金橘新变种，经过两年的艰苦培育，1981年，金橘历史上一个新的品种——滑皮金橘诞生。这是金橘在融安大地的一次嬗变，是金橘千年种植史的一次突破。普通金橘为长卵圆形，表皮油胞细密、富含芳香油，清香甜脆，略带苦味。滑皮金橘则呈短卵圆形、油胞稀小而光滑，肉质紧密细嫩，有特殊芳香，皮薄甜脆，无酸辣味。更奇异的是，它还会"认生"！30多年来，滑皮金橘不断被移植到其他产区，但外形品质均出现不同程度的变异，尤其是可溶性固形物含量、总糖量都会降低，总酸度增加，原有的色香味不复浓厚，很难与融安原产地金橘媲美。

2005年，在浪溪江畔大将镇合理村种植户谢共和的果园，科技人员再次发现变异的滑皮金橘植株，经精心选育推广，又一个新的金橘品种诞生了！因其品质比滑皮金橘更优，不仅果实更大更甜，而且皮更薄、水分更足。咬一口，清脆甜蜜充溢唇齿，因此得名"脆蜜金橘"。滑皮金橘的出现，原本就颠覆了人们对金橘油性大、会醉人的认知，而脆蜜金橘一经推出，愈发得到更多人的青睐。小小金橘在融安大地再一次嬗变。

融安土地的滋养，融安橘农的埋首耕耘，造就了广西的"长寿果"：融安金橘。

---

① 陈静：《融安金橘甜如蜜》，《广西日报》2019年8月6日第2版。

# 融县烧炙：烟火里的饱足

撰文 木木

在各类美食中，但凡名字里带上一个"烧"字的，都带着一股浓厚的烟火味。烧鸭、烧鸡、烧鹅、叉烧，单是听着名字，便有一种扑面而来的烈火烤制后的浓烈味道，连那鲜活的烹饪手艺，也在每一个炙热的名字里，若隐若现。但融县的烧炙，却让人有些摸不着头脑。

其实，"炙"之一字，在古时便有说法，称"炙"为烤肉，生食近火烧烤而熟之，其法曰炙，在《齐民要术》中亦有"炙法"。而融县（融安、融水）的烧炙，是一道传统的风味小吃，以碎猪肉、碎猪肝、葱白、冬笋等制成肉馅，用猪网油包住油炸或烤制而成，外貌似油炸丸子。这道风味小吃，虽其貌不扬，却是融安、融水县宴席上的"十大碗"之一，当地人对它还有一个形象的称呼——猪油网。这与烧炙的制作方式有关。

先将猪肉、猪肝剁碎，再用酱料、姜、酒、葱白、五香粉拌匀腌制，再取一片猪网油包裹，逐个串上小竹签，用炭火烘烤炙熟，这就是著名的融安小吃——烧炙。摄影／陈建明

烧炙并非大菜，外表粗糙，制作平常，隐藏在街头巷尾之中，活跃于寻常百姓的餐桌。摄影／陈建明

与任何一味地方小吃一样，烧炙隐藏在融安、融水县的街头巷尾之中，食物非大菜，制作也显平常，粗糙的外表，容易让人们忽视它对食材的精细要求和制作的奥秘，要说值得慰藉的，大概是那圆滚滚的一颗里，让人轻易感受到的饱足感。

烧炙的制作，馅料是关键。取猪的前胛肉剁碎，以胡椒粉、五香粉、白糖调味。再将冬笋、马蹄、香菇、葱白切成细末，放入猪肉中，再加酱油、蚝油等一同搅拌均匀。追求传统口味的掌厨者，会选择手工搅拌，因为机器会将食材搅融，以致影响口感。各类馅料的分量因人而异。好脆者，马蹄与冬笋的分量便多一些。搅拌过后，需要腌制两三个小时，让各类食材在安静的等待之中，互相渗透与吸收。

包馅的材料猪油网，是猪身上包住内脏的一层脂肪。包馅之后，入炉烤制，或油炸而成。传统的烧炙做法，以纯竹炭慢烤。烤至色泽金黄时，烧炙浓厚的香味便出来了。鲜美的肉香夹杂着马蹄、竹笋、香菇的味道，金黄的表皮上，"滋滋滋"地冒出一层油，猪油网已完全黏附在肉馅之上，只剩下丝丝缕缕包裹的痕迹，完成粗犷与精细的完美融合，味蕾与舌尖，会比眼睛先一步折服在这道美食之下。

烧炙的酥香，滤粉的爽滑，在食客的舌尖上碰撞出幸福的快感。摄影／黄光亮

融县人吃烧炙，大多与滤粉一起吃。滤粉是米粉的一种，以大米浸泡，磨成浓稠的米浆，用多孔的漏勺，滤入烧开沸水的大锅之中，米浆遇热水凝结成粉条，因滤而成，故名"滤粉"。融县滤粉嫩滑爽脆、香甜味鲜，是融县早餐的最佳选择。

如同啤酒烧烤与夜间是绝配一般，烧炙与滤粉是融县人早餐桌上的最佳选择。现做的滤粉在热水中翻烫过，放入碗中，再加豆角、花生、芝麻、葱花、辣椒粉、肉末、头菜、蒜末、酸笋等调料，淋上一勺香浓味鲜的骨头汤，再放两个烧炙，一碗热腾腾的烧炙滤粉便上桌了。吃一口滤粉，嫩滑的粉条在舌尖弹跳，花生芝麻头菜肉末的滋味爽口鲜明；咬一口烧炙，酥脆的表皮之后，是软嫩的肉馅，残余的肉汁弥漫在舌尖，肉的鲜美、马蹄冬笋的香脆，一起冲撞味蕾，而鼻尖旁萦绕着汤的浓香，来一口汤，身心俱美，为一天的顺当开了个好头。

小小的粉店里，蒸腾的热气，来来往往的客人，夹杂着客人"多加两个烧炙"的粗嗓门和店家爽朗的应和声。对桌而食的人们，即便不认识，也能侃侃而谈。小城里的生活，不需要大滋大味来滋养，小滋小味的烧炙，就足以串联起人情与时光的温度，烟火里食物的香味，勾勒出一个明朗而满足的融县清晨。

273

# 山野间的仙草：融安青蒿

撰文 李胜昌

青蒿（植物学上的黄花蒿，下同），一年生草本植物，高 50—150 厘米，全株具有较强的挥发性气味。
摄影／覃士柱

青蒿科研基地，科研人员正在查看营养液中培育的青蒿幼苗。摄影／覃士柱

2015 年，中国科学家屠呦呦因提炼、研制治疗疟疾的青蒿素获得诺贝尔生理学或医学奖。疟疾曾经是肆虐全世界的流行病，在今天非洲的许多地方，仍然威胁着人们的生命。中国自 2016 年 8 月以来，未发现一起感染疟疾的病例，已经基本上消除了这种恶疾。青蒿素是"目前在世界范围内治疗恶性疟疾唯一真正有效的药物"。因为屠呦呦的医学发现，青蒿素也被世界卫生组织认定为抗疟疾首选药物。产生青蒿素的黄花蒿，这种抵抗疟疾的野草进入了人们的视野。

对中国人来说，山间道旁、房前屋后的"蒿草"（Artemisia，这个名字来自荒野之主、狩猎女神阿尔忒弥斯）再熟悉不过，艾草即其中之一。随处一块撂荒的土地上，都可以看见大片蒿属群落。中国古代词汇，蒿、艾、蔌、苹、萧、蘩、萩、蘩、蒌、蔚等，指的就是它们。"呦呦鹿鸣，食野之蒿。我有嘉宾，德音孔昭"，"彼采萧兮，一日不见，如三秋兮"，《诗经》中常提及它们。全球蒿属植物 400 余种，中国《植物志》记载的有 210 种，如蒌蒿、黄花蒿、艾、野艾蒿、南艾蒿、五月艾、杜蒿、蒙古蒿、龙蒿等。同属菊科的茼蒿菜属于茼蒿属，不是蒿属。

当地村民采收青蒿。摄影／覃士柱

融安目前是国内最大的青蒿素生产基地。因易于种植，收入可观，青蒿草已经成为当地的"致富草"。
摄影／覃士柱

植物学上的黄花蒿（Artemisia annua），即提取青蒿素、同时也是中药所用的"青蒿"（而在植物学上的青蒿，称为 Artemisia carvifolia，在东北、华北、华南只有零星分布），是蒿属家族的重要成员。黄花蒿，像个高大粗糙的愣头青，植株高 1 米有余，油性大，发出刺鼻的气味。这气味中包括青蒿素所属的倍半萜内酯类（sesquiterpene lactone），只要揉搓植物的叶子，就会闻到它浓烈的味道。有人以为香，有人以为臭。黄花蒿同时有"香蒿"和"臭蒿"的别名。黄花蒿秋后开花，没有虫瘿，口感苦涩，牛羊也只吃它的嫩芽。黄花蒿生境各异，对生长环境要求不高，只要有一点泥土，它细小的种子就会随风而至，发芽生根。它头状花序（堆积的小花）的气味不招昆虫待见，而靠风媒传粉。

早在 1974 年，有关部门对全国 40 多个青蒿素产地进行调查，发现融安县黄花蒿的青蒿素含量最高，在 0.98% 以上。2005 年，广西柳州融安县开展了野生黄花蒿调查、种源抚育和人工栽培的试验，开始生产青蒿素。于是，仙草堂公司便派人下乡宣传，号召农民兄弟种植青蒿。听说这遍地皆是的野草，竟是治"打摆子"的仙草，大家都惊奇不已。原来这野小子，这么有用场！

春天里，四十八峾到处是忙碌劳动的身影，人们小心翼翼撒播下黄花蒿细小的种子。种子引进自广州中医药大学培育的品种。它们在山野间长得相当皮实，无须精耕细作，移栽后只要撒上一两次肥料，给幼苗除上一两次草，你就可以去忙别的事情了，这样的劳动强度，连老人都可以胜任。夏日的阳光下，片片黄花蒿欢实地生长。9 月，黄花蒿长成，细小而淡黄色的花朵一出现即可收割，因为此时青蒿素含量最高。野外、晒坪甚至乡村公路上，都会有摊开的黄花蒿在阳光下晾晒，空气中散发黄花蒿特有的微苦香气。棒槌捶落干叶，拣除杂质茎枝，装入编织袋，等候装满收购者的车辆。

透明的生产车间内，一袋袋黄褐色的蒿叶经过程复杂的溶剂提取，变成洁白的针状晶体，一吨原料只能提取出 6—8 公斤青蒿素成品。2006 年，融安生产的青蒿素全部销往国外，占当时全国出口量的四分之一。2019 年，融安生产的青蒿素已占目前全球产量的三分之一。屠呦呦所在的中国中医科学院中药研究所在融安建立了黄花蒿国家种质资源库，库存 1000 余种黄花蒿种子，为黄花蒿的研究和种植提供优质种源。融安，正为全世界饱受疟疾折磨的人们提供源源不断的"中国神药"。

其实，黄花蒿不仅是疟疾的克星，古人还用它来治疗瘰病、刀伤和牙痛，屠呦呦研究团队也在探索它对红斑狼疮、糖尿病的治疗作用。这味"中国神药"的价值还远远没有完全开发出来。作为全国优质黄花蒿种源提供地、最大青蒿素生产基地，融安的黄花蒿成为全球青蒿素原料第一大供应商，为更多病患带来福音。

# 苗年，心上流淌的温情

撰文 陆征 廖维

每年冬日的年头，广西融水苗族自治县的男女老少都会穿上苗家盛装，佩戴起平日很少戴的银饰品，载歌载舞陶醉在"努伦"的氛围里。

"努伦"是苗语"过年"的意思。苗族使用着与汉族农历不同的历法——苗历。苗历的岁首，即为苗年。苗年是苗族最隆重、盛大的节日，在融水，对于聚居在元宝山和滚贝老山的苗族同胞，这一刻是他们一年中最欢快的日子。

融水各地苗族过苗年的时间，最开始是不一样的。在大年、良寨、拱洞、红水、白云一带，每年农历十一月第一个卯日或者第二个卯日过苗年；在安陲、香粉、四荣、安太、洞头、滚贝，逢闰年则在农历十一月初一过苗年；在杆洞，每年农历十一月三十日为除夕，十二月初一过苗年。2017 年 5 月 25 日，新修订的《融水苗族自治县条例》出台，规定每年农历十一月二十八日（不含闰月）为自治县苗族传统节日苗年，融水苗人这才在同一时间过苗年。

苗年区分先后的原因，要追溯到神话时代。传说，苗年最开始只属于天上人独享，他们过年时长幼欢聚，喝酒吃肉，很是热闹。

苗年是苗族人最隆重的传统节日，各地苗族过年时间并不一致。苗年的民俗活动很丰富，主要有祭祀祖先、芦笙踩堂、走寨结同年、芒蒿表演、斗马等。
摄影／陈光基

冷清荒凉的人间向天上讨要苗年被拒绝，迫不得已向上苍宣战。经过激烈斗争，天上人这才做出让步：年节在天上走完，就可以降临人间。由于天上广大，年节下凡已经是九月初了，它首先来到一个叫朗利的地方，接着年节又一个个地方走去，走到哪里，哪里就卯日过年，直到十一月底最后一个卯日，年节又回到天上，苗族所有地方才算过完年。

苗族人对来之不易的苗年十分重视，在苗年到来的前几天，家家户户的苗家汉子就会上山打柴，备足过年燃料，女人们则会下田割回担担嫩草，作为"关年栏"的喂牛饲料，等到家里准备完毕，男人们还会集中去维修道路，以方便村寨之间的节日往来。其实，一切的准备最终是为了祖先的到来。

祭祖是苗年最重要的事宜。到了苗年除夕这一天，女主人会精心准备好丰盛的饭菜，不仅有鸡鸭鱼肉，还必须摆上用猪血拌糯米灌入猪大肠内煮熟制成的"粽扒"（苗语），这是苗人祖先最爱吃的东西。馋得流口水的孩子，在这天里丝毫享受不到偷吃的快乐——摆放在火塘边的年饭要先用来祭祖，由男主人向祖先祷告，全家一起捧起食物叩拜供奉后才能动筷。在这之前，每当孩子们刚伸出"小爪"，就会被眼尖的父母逮个正着，有时还会受到训斥。

吃罢年饭的苗家人从楼底搬来干柴，堆在火塘上烧起又旺又大的火，全家大小围坐着"守年夜"。"年"让我们与祖先相见，共享欢愉，这是苗族也是汉族过年的真正含义。据说，古时苗族祖先居住荒林野岭，用火战胜各种来袭的野兽，所以后人在除夕晚上特意烧火，迎接历代去世的祖先阴魂一起过年。子孙们把家中所有的凳子都搬到火塘边摆好，除了家里人坐的其他都留空，供祖先就座，一直到第二天雄鸡报晓，全家人才散去。这时，主人会提着鞭炮站在木楼的走廊上燃放，也有人家沿袭古老的做法，砍来数节生竹筒放在火里烧出"砰、砰、砰"的爆裂声迎接新年。手提竹鞭的小孩则赶紧将牲畜从圈里赶出来再赶进去，边赶边祝愿"牛羊满栏，鸡鸭满舍，走来我家，进到我圈"。

苗年除夕这一天，女人们的主要任务就是准备丰盛的饭菜，先祭祀祖先，然后才能满足守在一旁等待许久的孩子们。图中女主人正在做糯米饭。摄影／龙涛

苗族姑娘们穿着节日盛装，载歌载舞。摄影／覃士柱

欢聚一堂的时刻，兄弟情谊，尽在酒中。摄影／龙涛

苗人与祖先的约会一直到苗年第三天才算结束。热情好客的苗人这才开始身穿盛装，走出村门，用芒蒿表演、斗马、苗歌对唱表达相互间的祝福与欢庆，关系莫逆的村寨还会一起开展"芦笙走村寨"活动，大家共同指定一个寨子的年轻男女组成芦笙队，载歌载舞走访各寨，今年你来，明年我往，其乐融融。2018年1月17日，农历苗年的第三天，在融水县杆洞乡举行了一场盛大的百家宴，锦洞村500多户苗族群众，每一户都准备了至少一桌的佳肴款待宾朋，当天的宴席多达700多桌，绵延1000多米，吸引了数千位远道而来的旅人。

苗寨苗年，处处温情，直到"梭伦"，也就是收年的当天，优美的芦笙依然不停。此时的声音悠扬婉转，男女老幼汇集到芦笙坪上，为来客载歌载舞，邀约再来。晚上，各家各户宰鸭劁鸡，热情邀客共席。酒过三巡之后，主人会为客人斟上一杯浸泡有鸡鸭胆的苦胆酒，名为"酒冲"，寓意从此以后互相信任，肝胆相照。

"莫笑农家腊酒浑，丰年留客足鸡豚。"从融水苗寨离开，你从此会多一分牵挂，那是苗家人真挚的情谊在胸膛回荡，那是融水温情的山水在心上流淌……

# 苗山坡会

撰文 陆征 廖维

每年正月，苗民穿着节日盛装，从各个村寨聚集芦笙坪赶坡会。大家围着芦笙柱、吹起芦笙，跳起舞蹈，一起踩堂，欢庆新年。摄影／廖维

芦笙队进寨。摄影／覃士柱

寨老手持芭芒草，接受对方村寨年长者的敬酒。摄影／邓贵发

融水，俗称大苗山，位于广西北部，与云贵高原相连。融水大部分地区是山区，华南第三高峰元宝山坐落境内。融水是广西唯一的苗族自治县，有苗民21万多人，融水与广西的融安、三江，以及贵州都柳江流域诸县属于中国西南苗族中部方言区的南部土语区，在风俗、年节、口传文学等方面非常接近。

融水坡会为这一方言区最典型的苗年祭祖和欢庆新年的活动。按苗族习惯，苗年正月初三到初十七，是各乡屯办坡会和全村人到他村赶坡的时间。融水四境为元宝山阻隔，境内各村寨平时少往来，传统的各乡屯的大小坡会有近百个。为了简便集中，逐渐形成了初三到初十七的十五场固定的大型坡会。其中元宝山西的安太乡有三场大型坡会："忍沛松"初六坡会、"忍整呆"十一坡会、安太乡十三坡会；元宝山东部的安锤乡、南部的香粉乡和北部的拱洞乡都各有两场坡会。其中，最盛大的安太乡十三坡会，赶坡的人还有来自融安、罗城等地的苗族同胞，人多时达到5万人。

每乡每年的坡会除祭祖外，每年本乡的安排的娱乐项目各不相同。为了赶坡，这段时间，村中男子都会背上大小芦笙，女子身披银饰，翻山越岭赶到会场。回家路上，他们会到事先邀约的村子打同年，留宿他乡，让两村的年轻男女联谊，男孩到女孩家围坐火塘、唱山歌、守年夜。客人回请的请帖就留在主人的芦笙上。

在新年的融水，在收拾停当的田野上，竖着数十根高达十米的芦笙柱。柱头雕有凤鸟，柱身插着牛角，柱身附着龙形。每一根芦笙柱都代表着来参加坡会的一个村寨。每一根芦笙柱是一支苗民的象征，是苗家的圣物。祭拜芦笙柱为祭祖核心的仪式。本地和客乡的苗人穿着节日盛装，吹着芦笙"签到"先后进场，烧香烧纸，围芦笙柱行拜礼之后，人们用酒、酸鱼、酸肉、糯米饭来敬神祈祷，祈望新的一年族人顺利、安康，村寨兴旺发达。祭祀祖宗后，大家燃放鞭炮醒场，拿起芦笙柱下的芦笙，绕柱而舞，男内女外，跳起芦笙舞蹈，一起踩堂。

跳芦笙舞，也被称为芦笙踩堂，这一祭祖仪式与云贵川西部方言区的花山节"跳花坡"祭祖同源。花山节苗语为"阿特劳"，意思是"欢庆脱离灾难的聚会"。古时，苗族与异族发生了一场旷日持久的战争，战争结束于五月五日。战争停息后，人们登上高山，以芦笙为号，芦笙声传高山深谷，人们听到芦笙声响，重聚山坡之上，悼念死者。芦笙是当时的战斗号角，它唤起后生们前赴后继。

苗人的踩堂舞是继承传统，跳给祖先看的。当围观的人多起来，一位中年的芦笙头开始吹奏芦笙，身体自由晃动，芦笙在他手中翻飞，将年轻的小伙和姑娘带动起来，跳起踩堂舞。小伙子们围着芦笙柱顺时针缓缓而行，芦笙左右摇摆，绕圈挪步的同时，他们向芦笙柱做着俯身鞠躬的动作，然后转过身来，背对芦笙柱向外俯身鞠躬。外圈的女

祭芦笙是每年坡会的一项重要祭祀活动，图为融水县安陲乡祭芦笙。摄影／黄保华

每年正月十七，苗家人都要举行仪式迎请山神"芒蒿"，跳芒蒿舞，祈求来年幸福安康、五谷丰登。摄影／覃定超

苗家小小少年吹芦笙。摄影／龙涛

孩围绕芦笙柱，逆时针转，边舞边轻柔地俯身鞠躬。渐渐地，踩堂的人都开始了舞蹈，观赏的人们围聚得也越来越多，直到十几支芦笙队同时踩堂，场面壮观。

融水县各村屯的坡会，各自都有各自的来源和传统。红水乡"整依直"初十坡会，是清康熙三十五年（1696）良双洞苗寨族长杨勇韦联络邀请各寨族长盟约，在良双确立坡会，已经经历了十三代。香粉乡古龙十六坡会是清咸丰间，当地苗族联合瑶、壮族反清、反霸田斗争后形成的。杆洞乡杆洞屯百鸟衣制作传承到了第八代；安陲乡乌吉村乌勇屯芒蒿面具制作传承人传到了第八代，是元宝山吉曼苗人对抵御强盗和野兽的一位先祖的祭奠。

坡会期间的田间与河滩因聚集了四乡八镇，甚至外县、外省赶坡的不同民族的民众，因此也成为贩卖小商品的市场和做交易的集市。香菇、木耳、笋干、酸鱼、酸肉等苗家农副产品交易的规模也不断扩大。很多游客把苗家特产带走销往外地。

踩堂之后，来自各地的芦笙队要进行芦笙比响的淘汰赛事，评出一、二、三、四名，有的地方还评出第五名、第六名。之后，人们还要进行各村屯的斗马、斗鸡、对歌、选美比赛。在舞蹈和赛事的漫长时间中，各地的青年男女能够在此相识、相约，找到自己的人生伴侣。

在苗年，不仅苗族有坡会，侗族也有芦笙坡会，在苗族坡会上相聚的不只有苗人，还有侗族、瑶族、壮族和汉族人，踩堂融合着各个族裔，塑造着共同传统。

# 斗马节上来相会

撰文 廖维

"你来得可真是时候，马上就到我们的县庆日啦！"如果 11 月下旬，你到融水苗乡旅游，县里的苗族同胞一定会这么对你说。因为当月 26 日县庆日这天，他们将会举办盛大的芦笙斗马节。

这是怎样一个节日呢？为了找寻它的原汁原味，我们扛着摄像机，准备自己去发现。

虽然离芦笙斗马节还有几天，但镜头里的苗家小伙，一个个都是满脸兴奋，不用说，这所谓的芦笙斗马节，必然万人空巷，热闹非常。但有些姑娘说起这芦笙斗马节，脸上却显露羞涩的笑容。

原来，这芦笙斗马节的起源很是有趣。相传，苗族青年男女，自古以来就有用吹奏芦笙传递爱恋的传统，每当风清月夜，有情的小伙子手捧心爱的芦笙吹一首婉转悠扬的爱情曲，姑娘们闻声，就心领神会，以清脆的歌声相对。

500 年前，有位居于元宝山山麓，如花似玉、能歌善舞的苗族部落首领的女儿，面对许多优秀少年的芦笙传情，却始终不为所动。慎重考虑后，她决定采用斗马招亲选择如意郎君，因为她认为，在激烈的搏斗中能夺魁的马匹，犹如马主其人。果然，最终那

斗马是融水苗族传统民俗，在融水苗乡盛行已有百年历史，获胜的青年马主往往会赢得姑娘的芳心，因此有"为爱情而战"之名。1987年，融水县政府确定每年11月26日为斗马节。摄影／李家树

斗马并不局限于斗马节里举行，图为融水小桑村新禾节时，冲出赛场的斗马。摄影／邓毅林

名脱颖而出的小伙，如骏马一般出色，赢得了她的青睐。

斗马选夫，自此成为一段佳话。后来，只要遇到几个小伙同时为一个姑娘吹响芦笙，许多苗寨的寨老不约而同都会举办斗马。久而久之，芦笙斗马渐渐合二为一，演变成一个特定的节日。

美丽的故事让我们眼前一亮，融水苗乡的浪漫，就这样猝不及防地走进我们的视野。我们迫不及待地问面前的几个女孩："你们的意中人，也是斗马节上选的么？"

"现在，我们看芦笙斗马节，可不再是为了选情郎啦！"几个苗女看看身边的男友，眼中透出一丝狡黠。一个年龄明显大些的苗女笑着补充说："谁不喜欢芦笙斗马节上精神抖擞的哥哥呀，但是数量太少，你们自己去现场拍一拍就知道了。"

我们了解到，随着时代变迁，苗人表达爱恋的方式更为直接，芦笙传情的传统已渐渐消失，转而以芦笙会的形式，成为苗族非物质文化遗产的一部分。但芦笙斗马节，却因斗马的激烈盛况，成了融水苗文化活动的重头戏。

芦笙斗马节这一天，村寨笙歌震天，穿着节日盛装的苗、瑶、侗等少数民族兴高采烈、载歌载舞聚到一起，围坐在专门用于斗马的场地四周，场内，精神抖擞的苗族小伙，牵着各自的壮马，统一亮相。

人似虎，马如龙；人既矫捷，马亦雄健。

试问，又有哪个姑娘不喜欢呢？

果然，镜头一转，几乎每个小伙在主持人介绍下鞠躬致意后，目光都会锁定到四周的看台上，而那里，必然有一个羞红了双颊的姑娘，不顾他人的目光，大着胆子站起来冲他挥手致意。当斗马开始，马儿踏动四蹄，急切求战；两马相斗时，前蹄腾空，相互踢打，那些姑娘更显得无比紧张，似乎场上激斗的不是马儿，就是她们的心上人一般。

"能不心疼紧张吗？！"一位长者面对采访，说出了其中缘由，"那些马儿啊，都是姑娘们和小伙一起喂养的。"他接着感慨，这些豆蔻年华的苗家儿女，生活多么多姿多彩。

说话间，一匹连赢三场的马儿，忽然落败，被一名苗族青年牵下场。让人意外的是，场下不知何时，已经有一名身着霓彩绣衣，各种配饰在阳光下熠熠生辉的少女等候。原本显得略有萎靡的马儿，在少男少女的安抚下，快乐地摇着头，与那对热恋中的情侣一起，迈着轻快的步伐走向远方。

这一幕如此美好，一直留在我的心间。如今，大型芦笙踩堂舞、各种主题大型广场舞、芦笙比赛、斗鸡斗鸟比赛、民歌演唱，以及农产品展销和大苗山美食活动，接连上演，但我始终认为，美妙的音乐声里，那一对对手牵手的少男少女，才是这个节日里，最美的亮色。

撰文 廖维

# 禾魂归来

农历六月到七月的盛夏时节，新禾成熟，苗山迎来了新禾节。这一天是娱乐活动的开禁日，大家在河中抢鱼。摄影／彭长新

新禾节又称吃新节，是苗族庆祝丰收的节日，其隆重程度仅次于苗年节和清明节。节日这天，家家都到田里剪取一些新谷穗，拿回家舂出扁米，蒸熟成饭，或煮鲤鱼粥，先供奉祖宗、神灵，然后全家按长幼辈分依次序品尝新米饭。摄影／覃远军

盛夏时节走进融水的山间苗寨，阳光炙热，泉水淙淙。鲤鱼穿梭在水田里，浓浓稻花香随风敲打着人们的鼻翼，苗人的嘴角这个时节也弯成了彩虹。

苗族是古老的稻作民族，稻熟尝新的传统历史悠久。苗族的"新禾节"，原本叫"吃新节"，其欢庆热闹的场面仅次于苗家过年。每年农历六月二十五日到农历七月十三日中的某日，夏季稻禾长势旺的时候，苗人都会迎来"吃新节"。"吃新"这个词在苗语中称为"脑戛列"或"脑戛先"。用苗语说这个词时，音调和嘴角都会一起上扬。

传说古老的苗族曾经被饥饿困扰，不少人外出狩猎，不惜与猛兽搏斗，仍然不能填饱肚子。苗族祖先考先、考里为了让全族人都能吃上白米饭，拿出自家所猎的异兽，同谷子国的考嘎（雷公）交换稻谷种回来试种，然后把试种成功的稻谷播撒到土地里。那年的七月十三，稻香飘满苗寨，全体苗人那天都能够"吃新"。

中国是水稻的发源地，长江、淮河中下游的百越民族很早就开始了水稻种植。水稻北传山东、辽东甚至朝鲜、日本，南传云贵、两广、海南甚至越南。在中国稻作文化范围内，苗族、侗族、壮族、布依族、傣族、水族、白族等民族都有关于稻种与稻魂的传说，

新米下锅，红艳艳的炭火照出了丰收的喜悦。摄影／钟良识

庆祝活动之——水上芦笙踩堂。摄影／龙涛

保持着"吃新节"传统，而日本皇室还有"偿新祭"。稻作改变了古代苗人的饮食与信仰体系。插秧伊始，苗人就在田头立"兜听"，保佑秧苗的生长。与众多稻作民族一样，苗人相信稻谷是有魂灵的，等到稻子收完，稻草被挂在家中祛邪、保家。现代杂交稻的泛滥和现代种业的挤压，使中国农民的自留种变得稀少珍贵。而保存着留种文化的苗人仍年复一年地自留稻种，用它们长出的糯米祭祖，用新米养孩子。今天，要吃到有七千年栽培史的传统品种的稻米，见到那些珍贵的稻种，明白稻子的文化，应该来苗乡。

与苗家过新年一样，"吃新"的时间在苗人不是固定的，它以早稻成熟为标志。每到吃新节，苗家的父亲、母亲会早早走到田间地头，郑重地摘取颗粒饱满的稻穗捆扎成稻束，取两束悬挂在农舍门厅的两旁，将糯米做好供奉在中堂神龛的桌案上。黄澄澄的稻穗倒垂着，随着微风摇动。对苗家人而言，这道仪式寓意将请田间的稻魂回家，保佑家人平安，来年能够五谷丰登。

从新年到吃新，苗人的重大节日都与祖先有关。不忘先祖一饭之恩，告慰先祖在天的看顾，让稻禾之魂强壮苗家人的身体，是苗人吃新节的本旨。煮好晚上的饭菜，人们便在火塘边摆上祭品，烧起香纸，祭拜稻魂和祖先。全家人肃穆庄重，最为调皮的小孩也会噤声。这天晚上的餐席虽然丰盛，但每次打饭都要"精打细算"，但凡有几个饭粒剩在碗里或掉在桌上，都会受到批评，因为这不仅意味着不懂盘中餐得来的辛苦，更是对祖先千阻万难换来粮食的最大不敬。

苗家长大的孩子，对吃新节这天的记忆，都集中在吃新节上的芦笙舞和各种欢庆节目。中午时分，村里芦笙头带着芦笙手们，在广场吹奏起芦笙，跳起芦笙舞，召唤村民和远道而来的客人。芦笙队领着人们担着新糯米饭和酸鱼、酸肉，到坡上、河边，祭祀祖先，燃放鞭炮。祭祖之后，是欢庆节目的开始。各村镇的欢庆方式各异，安隆乡九同村有斗马节，男子到河中抢鱼、抢活鸭；安太乡的培秀村有女子的水上拔河比赛。有的村屯有芒蒿驱邪节目。村屯中杀猪宰牛，招待来过节的客人，有的村屯的饕餮大宴会持续两三天。

吃新节上，姑娘和小伙子们三五成群地邀约，赶到附近的芦笙场上跳起芦笙舞，赶集，看斗马、斗牛。男男女女玩到太阳将要落山，才尽兴而归，归来时不忘在路边砍些树枝、竹子一并回来，希望借此把福气带回家。

在吃新节背后，苗人这个大山中的农耕民族，对祖先的感念从未改变，对稻谷的敬畏从未改变，对来之不易的生活的珍惜从未改变。

# 三防鸭：苗山深处飘美味

撰文 木木

位于云贵高原苗岭山地东部延伸区域的融水，境内峰丛林立，山脉相连，山岭沟壑交错环绕，形成独特的自然地理风貌。源自大山深处的流水汇聚成纵横交错的河网，水质纯净天然，日日滋养着这片土地上的生命。生活在大山里的融水人，享受着得天独厚的自然环境，连食物——从食材的诞生，到美食的形成——也带着一股质朴与原生的天然。

每一个去过融水的人，每当与当地人讨论起吃食，一定会提及三防鸭。这是融水人的骄傲，是纯净山水带来的恩赐。

三防鸭属于广西小麻鸭的一种，是当地人长期封闭自繁自养形成的地方家禽品种，

生长于青山绿水之间的三防鸭，身形矫健，神采奕奕。
摄影／韦喜恒

因主要分布在以融水三防镇为中心的贝江流域，又以三防镇为主要养殖区而得名。

在融水，能上桌的每一只鸭，都不能辜负其"鲜香"之名。为了这份鲜香，当地人有一套因地制宜的养殖方式，这种独特的养育过程成就了它的独一无二。

融水地区河流丰富，水质清冽，为喜水的鸭群提供了天然的生活条件。融水人养鸭，大多放养，围出一个足够大的区域，将鸭放养在河流、水库、小溪、稻田里，让鸭群尽情嬉戏玩耍。三防鸭经过长期"野蛮生长"，身形健美，比一般品种的鸭体貌略小，与其说是"娇小"，倒不如说是矫健。足够广阔的活动区域，充足的运动空间，造就了三防鸭肉质的细嫩紧凑，口感筋道。

水中尽情嬉戏的鸭群。摄影／严跃新

肉质好让三防鸭从众多品种中胜出，但"鲜香"才是三防鸭最吸引食客的地方。融水人将所有的细腻与耐心，都奉献给了餐桌上的这一道美味。"圈以高山溪流，饲以野草昆虫、鱼虾蚓螺"，食物与食物之间，自有特殊的交流方式。食物制作过程中，佐料香料固然能让同一种食材变化出七十二道风味，但那香味，终究与原材料存在隔阂，唯有源自食材与生俱来的味道，才是食物的精魂所在。融水人以香糯米糠作为饲养三防鸭的主食，让每一只鸭从吃下第一口食物开始，便为调整内在的品质做准备。如果鸭子也有选美大赛，三防鸭大约已经赢在起跑线上。如此饲养出来的三防鸭，才能保证入口的每一块肉，都清甜可口、肉质鲜美、毫无膻腥之味，具有独特的肉香。当地人有顺口溜形容这一苗山风味："不腥不膻很适口，鲜香带甜味儿全，皮薄油少多瘦肉，神仙吃了不想走。"

越是高品质的食材，就越要保留其原本的味道。三防鸭肉质本香，大烹大饪亦可，但最地道的吃法，还是白切。白切鸭的做法，看似寻常，其实暗藏玄机。老饕们连煮鸭的清水，也要衡量挑选一番，而融水当地的条件得天独厚，水质甘洌清醇，无可挑剔。但这世上，大多数是寻常的食客，煮鸭的水选择无多，只能退一步，在火候时机和温度上多费一点心思。

鸭子清理干净后，两只爪子对折放入腹中，鸭腹放姜片与八角之类的佐料去腥增香，而后缝口，在煮沸的清水里放入整只鸭子，中间为受热均匀要多次翻动，至熟装起，晾凉而后斩件。这过程不能有丝毫的马虎，火候和时机的掌握，全靠掌厨者的经验。其奥秘与玄机，唯有在入口后的惊叹中，或能捕捉一二。

斩件之后，放入盘中，肉块堆叠，可见鸭皮白中略有黄色、油亮有光，肉质细腻，瘦而不柴，骨髓里还可见几缕血丝，闻之味道鲜香，入口细嫩香甜，诚不负"神仙吃了不想走"之名。当然，广西人多喜欢以葱姜剁碎成蓉，配以酱油细盐调成蘸料蘸鸭肉食用，吃多而不腻。

古人云："诸禽贵幼，而鸭独贵长。"鸭肉是禽类中少数以老为佳的肉食。一道白切鸭，固然让人垂涎不已，一盅精致的老鸭汤，则尽显主人的诚意，也更能将三防鸭的鲜香，发挥得淋漓尽致。炖烂的鸭肉，入口酥烂鲜醇，汤汁澄清，上面漂浮着一层金黄的油脂。一般而言，鸭汤最忌炖后还留腥膻味，但三防鸭没有这个顾虑，反倒是成汤之后，更能激发鸭肉的鲜香味，让人食指大动。

三防鸭是融水人待客餐桌上必不可少的一道美食，以最引以为豪的食材，表示最大的诚意。婚丧嫁娶，鸭肉也是餐桌上的必需。诚然，在人们耳熟能详的各地的烤鸭、醋血鸭、柠檬鸭、盐水鸭名中，作为基本食材的三防鸭，并不为人所识所记，至今仍是"养在深闺人鲜知"，可若走进融水，这一道苗山风味，便足以让每一个食客津津乐道。

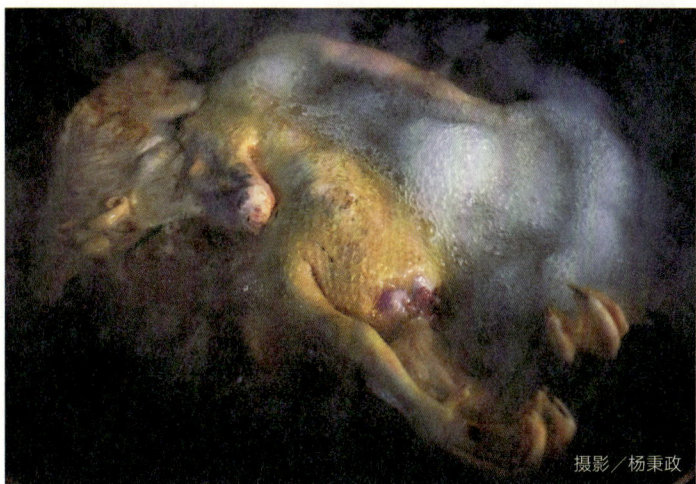

融水三防鸭的传统吃法是做成白切鸭，配合鸭血制成的鸭酱食用，细细品尝，满嘴留香，回味无穷。

# 黑香猪：人间至味在吾乡

撰文 木木 贾仲光

所谓一方水土养一方人，此话用在猪身上，也诚不为过。在地大物博的中国，人们根据不同的地理条件、自然环境、养殖方式，培育出了不同品种的猪。其中黔桂地区的香猪便以体小早熟、肉味鲜美而闻名。不同地域又培育出了特点各异的香猪，有从江香猪、剑白香猪、巴马香猪、环江香猪等，而比之此四者，融水黑香猪的名气则小了不少。

黑香猪是苗族、侗族等少数民族驯化而来的独立种群，在融水，具有非常悠久的养

炭烤融水黑香猪，技术活儿。摄影／严跃新

殖历史。据《罗城县志》（1935年版，第170页）记载："猪有数种，白花者为家猪，尽黑者为苗猪，苗猪小者为香猪（即苗猪之乳猪，出三防，其肉嫩甜、脆滑与鸡肉无异）。"融水苗族自治县《三防镇志》也有"其味之美，不下于雌鸡，干之为脯，尤为适口"的描述，并说"岁腊之间，商人远至苗山，贩猪为博原利者，项背相望"。

融水黑香猪至今仍旧坚持传统的粗放饲养，以玉米、稻谷、米糠，还有木薯、蕉芋、芋头、红薯、黄豆、绿豆、饭豆、火麻等为食，

饮以山泉，力求健康、绿色、天然。每一只香猪，在成为餐桌上的美食之前，都经历过这样的"礼遇"，名为粗放饲养，随猪所欲，但养料却精致讲究，绝非糟糠剩菜，一分也不马虎。这样的待遇，不是一般品种的猪所能拥有，自然，也唯有这样的"礼遇"，才能成就每一块香猪肉的上乘品质——皮薄柔软、肉质香嫩、味甘有香。

难得的食材，永远能激发食客对美食的创造。猪肉是人食用肉类里最平常的一种，恰恰也因为寻常，反倒能以各种烹饪方式做

摄影／陈靖文

摄影／严跃新

摄影／严跃新

摄影／严跃新

摄影／严跃新

摄影／严跃新

矮、小、短、圆的融水黑香猪，是中国香猪的一个独立的种群。

出符合个人口味的菜肴，焖烧煎炸煮、蒸烤炖煨炒，各有特色。而融水人对黑香猪的喜爱，显出两个极端：一是豪迈的整烤，二则是清淡的水煮。

或许是人们对于美味食物的欲望使然，也或许是苗山深处丰富的林木提供了炭烤的最佳材料，融水人记忆里家乡的味道，是炭烤黑香猪的味道。

炭烤黑香猪是一门手艺活，非一般人能做得来，即便能明其门道，未必能掌其精髓。将猪宰杀之后，用香糯稻草，边烧边刮去黑毛，而后取出内脏，清洗干净，全身搓涂食盐、白糖、白酒、酱油、豆腐乳、五香粉、葱姜等多种佐料，腌渍半小时以上。佐料的用量和取舍不同，香猪烤成之后的味道也不同，口味全在个人的选择。腌渍之后，再用竹片将整只猪拉平，放在炭火上慢烤。

如果说前面的步骤，只是炭烤香猪过程中一个小小的环节，绝大部分因素取决于个人口味的选择，那么一只烤香猪成功与否，则取决于如何烤。手艺的秘密，只藏在经验丰富的老师傅的心中。而火候的掌握，全看经验，何时翻身，要靠一双洞若观火的眼。慢烤两三个小时之后，猪肉的香味已经弥漫开来，白色的猪皮变黄，猪油滴滴冒出，或衔或落，脂肪肥肉里的细油，随着香味冒出，发出"滋滋"的声音，光是看着，便让人垂涎欲滴。接下来的步骤，也堪称手艺活。要

在表皮上敷冰水和以米醋和麦芽糖或蜂蜜调成的糖米醋，过"旺火"大烤，方算完成。

烤制成后的黑香猪，皮脆肉香，猪皮呈枣红色，色泽艳丽，香味扑鼻。用刀切成块之后，皮肉略有分离，瘦肉焦而不硬，入口香酥，肥肉肥而不腻，肉质鲜嫩，最外一层，更是香脆爽口，或咸或甜，入口之后，堪称味蕾的盛宴。倘若再配一点酱料，几块萝卜酸，怕是吃撑都不腻味。

炭烤香猪是一场舌尖的舞蹈，是浓烈的味道镌刻，是鲜明的融水记忆。清水煮肉，则最高程度地激发出了香猪原本的肉质之美。

清水白煮，看似简单，也颇有门道。一般选择猪腿肉，要分前腿和后腿，前腿瘦肉多，后腿则肥瘦分明，抉择还看个人喜好。清水煮后切成薄片，肉白而微黄，最外一层皮，软滑而不失筋道，瘦肉少筋不柴，肥肉丰腴不腻，入口清香，再蘸葱姜蒜蓉和香菜配以酱油制成的蘸料，虽没有浓烈的烧烤香，却是回味无穷。

浓烈的炭烤也好，清淡的水煮也罢，每一个融水人，会将这些味道镌刻在记忆的深处。哪怕尝遍千百滋味，吃过更加丰富和精致的美食，味蕾被大江南北的食物熏染得不辨西东，可案板上的一块黑香猪，鼻尖嗅到的烤香猪滋味，足以唤醒灵魂里的故乡记忆。

# 打油茶：围炉之情

撰文 木木

金黄的油茶水，搭配黄豆、米花、花生，先涩后甘，回味无穷。摄影／吴冠炜

打油茶，是侗族的一种日常饮食方式，也是待客的重要礼俗。茶叶用油炒后，加水煮成"油茶水"。碗里放上已经炒好的米花、花生、黄豆等，将油茶水趁热浇上，即可食用。图为姑娘们正在炒茶。摄影／常湖川

三江侗族的清晨，是从一碗香气四溢的油茶开始的。

打油茶，是每一个家庭里妇女代代传承的手艺。清晨的雾霭笼罩着三江的山水，晨光从厨房小窗射入，主妇们已经在为这一天的第一道食物而忙碌地准备。

她们取出从高山上采摘下来的三江人惯吃的茶叶，放在热水之中浸泡十多分钟。这个过程名为"醒茶"，意在去除茶叶的苦涩之味。

趁着醒茶的工夫，主妇们拿出阴米（糯米饭蒸熟晒干而成）、花生、黄豆备放，起火，架起铁锅，在铁锅中油炸。炸阴米的火候非常讲究，一边炸一边捞，以免焦黑发苦，如此制成米花后，再油炸花生、黄豆。葱花、香菜、蒜末已切好，分别被放入小碗中待用。桌上的小小陶碗里，盛满了让人眼花缭乱的各类小食佐料，观之满足感已油然而生。

油茶水的制作是关键，从锅具的选择到火候的把握，都有一条讲究的门道。煮茶水的锅，非铁锅不用，百年传承的手艺，让每一个懂得打油茶的侗人相信，唯有铁锅的厚重，才能煮出色清味正的茶水。茶叶煮前要先炒。炒茶的油，是三江茶树炼制出来的茶

305

油。油入热锅中，再放入原先浸泡过的茶叶，加姜片拌炒至半焦，再倒入热水加盖煮沸。不多久，满室皆是茶香，嗅觉与味觉皆被唤醒。

三江油茶的制作工艺相对简单。与需要经过茶槌捶打，真正践行了打油茶之"打"的恭城油茶相比，三江油茶省略了这一步骤。也因为如此，三江油茶的涩味，并不那么浓厚，却又恰到好处地激发出了茶叶的甘醇。

茶水煮沸之后，用竹篾将茶叶的残渣过滤掉，便得出一锅汤水干净的油茶了。一碗简单的油茶，佐以原先备好的炸阴米、花生和黄豆，再添葱花香菜和蒜末，放两颗油果，便能食用。有人喜甜，有人喜咸，但每一碗油茶，都不会给任何坚守着味蕾战场的人以苦恼，喜好随心所选。一杯放好了佐料的油茶，闻之虽略有茶的涩味，茶水浸泡过的阴米软糯香滑，花生黄豆外软内脆，入口香脆犹在，鼻尖萦绕的虽是甘涩混合的茶香，入口之后，先涩后甘，回味无穷。再丰盛一点的油茶，则不能少了猪肝、瘦肉、粉肠之类的佐食。

侗人吃油茶，奉行长者为先，将第一碗油茶端给长者之后，其余人陆陆续续接过，直至每人手中都拿了一碗油茶，方一同食用。

宴请亲朋好友的油茶，一定是一顿丰盛的食宴，尤其是逢年过节，用以招待客人的油茶，非常讲究，要分四道来吃，当地人称为"一空、二圆、三方、四甜"。一空，指只带了米花、油果、花生米伴以猪肝、瘦肉、

粉肠食用的油茶；二圆是在第一道油茶的基础上，加上三江当地人特制的小汤圆；三方则是切成方块的油煎糍粑；四甜是油茶过后，奉上一杯糖水润喉、清嘴。

打油茶一直以来是侗、瑶族人世代流传的饮食方式。侗、瑶两族人民倚山而居，深山之中瘴气浓重，潮湿阴冷，为了抗寒去湿，他们便就地取材，围炉而聚，将茶叶和生姜同煮，一边喝茶，一边畅谈，饮至天明。当然，还有一种说法，那便是长居深山的侗民，为了抵抗猛兽的攻袭，经常围聚在一起，于是便煮茶度过漫漫长夜，从而逐渐衍生出打油茶的习俗。说法虽有不一，但油茶温热抗寒的功能，侗族人借打油茶聚在一起聊天或走家串户的生活，却一直流传至今。不仅侗族、瑶族，后来，与侗、瑶两族人杂居的壮、汉、苗等民族，也在侗族人的影响下，慢慢将油茶变成当地的待客习俗。油茶除了能御寒防病，还具有生津解渴、提神醒脑、解除疲劳的功效，作为辅食，为人们的身体提供能量，支撑着山里人的日常生活。

各地打油茶的习俗，或因当地饮食习惯不一样而有所不同，但基本上大同小异。三江人的打油茶，往往带着朋友相聚、亲人聚会、恋人相会的悠然与缠绵，在侗寨里，伴随着打油茶的香味一起飘出寨外的，往往还有轻快的笑声和细腻婉转的山歌。那一碗小小的油茶，承载的盛情与温暖，熨帖着人们的五脏六腑，也弥漫在每一段悠然的时光里，填满了日常的喜怒哀乐。

摄影／常湖川

摄影／陈碧信

摄影／常湖川

摄影／常湖川

制作过程：炒茶—煮茶—沥茶—浇入装好食料的碗中，又香、又爽、又鲜的油茶就打好了。

# 百食之旅
# 百家宴

撰文 木木

百家宴的好菜好酒已备好，只等开席。摄影／唐汉忠

百家宴是侗族待客的最高礼仪。每逢村寨互访或有特别尊贵的客人来访时，全村各户自备酒菜饭，一起到鼓楼坪呈"一"字形摆开长桌，客人可从第一桌吃到最后一桌，你来我往，觥筹交错，热闹非凡。摄影／刘永培

三江侗族自治县，因浔江、溶江和融江在境内穿流过而得名，位于云贵高原、湖南丘陵与广西丘陵交会处的狭长地带。特殊的地理环境，造就了三江别样的风貌，让这里成为民风质朴、环境清幽的桃源之地，也造就了丰富的食材，衍生出一道道独具侗乡特色的美食，让三江成为寻味的胜地。

在三江侗寨，没有任何形式，比百家宴更能让人真切地感受到侗寨美食的魅力与诱惑。百家宴，顾名思义，百家供菜，百家同吃。这是一种传统的侗族饮食习俗，一般在村寨互访、重大节日以及迎接客人的时候举办。传统的侗族百家宴，一般设在鼓楼前，乡民们自备拿手的好酒好菜，放在竹篮之中，从各家挑担至鼓楼，摆开长桌，百家共食。

在三江，百家宴往往伴随着祭祀、唱多耶、唱侗戏、舞芦笙等侗族活动，带着浓厚的民族风情。民族风情固然让人心向往之，百家宴上的各类美食，才是吸引外来游客源源不断进寨的诱惑。

与寻常酒楼冷盘热菜、摆盘错落有致的排场不一样，传统的百家宴，带着些随性的野趣，却又有着传统的坚守——甜酸冷热，缺一不可。

侗家妇女将自家备好的酒菜装在竹篮里，用扁担挑到鼓楼坪上。摄影／唐汉忠

侗族百家宴上的甜热菜与传统的酸冷菜区分不一样。甜热菜指的是村寨人集体供应热炒的猪肉或牛肉。这是一道大锅菜，摆在饭桌的中心位置。大锅菜，单是名字，便带着一股粗犷的烟火气，爱吃者百食不厌，爱其对食物原味的追求；厌之者厌其食不精细，闻之避走。殊不知，这道菜，也是颇为讲究的。肉要先用盐酒腌过，架在大火灶膛上的铁锅烧热，放油、葱、姜、蒜等佐料，在热火中翻炒之后，再倒入肉。佐料与主料在铁锅与热火中产生奇异的反应，直到一股股浓郁的芳香弥漫在鼻尖和四周，在"滋啦啦"的响声之中，浓汁咕咕冒泡，渐炒渐收，最后成为附着在肉块上黏稠的汤汁，汤汁香浓，肉块酥软不烂，那是征服每一个味蕾的先锋，攻无不克。

酸冷菜则是各家开酸坛送来的菜，酸鱼酸肉、酸鸭酸豆、酸笋酸蒜酸菜……不一而足。侗人嗜酸有着悠久的传统，酸肉酸鱼酸鸭被称为"侗家三宝"，更有酸鸭酸鱼当大菜的说法。这与三江侗族的生活习惯有着密切的联系，侗人喜食糯米，吃酸可促进消化，而制酸，也是储藏食物的好方法。

侗人制作酸鸭酸鱼酸肉，从食材的选择开始，每一道工序，都要遵循古法。猪肉要选五花肉，鸭与鱼是养在稻田里的稻鸭稻鱼，饲以天然的养料长大，肉质鲜美自不必说。制酸之前，先腌肉，每一块肉都要抹上细盐，慢慢揉搓，直到将肉中的水分完全揉搓出来，再抹上香料与米酒，放在木盆之中腌制一两晚。高山丘陵昼夜温差大，环境特殊，在这一两晚的腌制中，盐、酒与香料慢慢渗透入肉，为下一步的风干与火熏做准备。

酸鱼酸肉多在腊月腌制。三江的气候，为风干与熏制提供了天然的优势，深山里丰富的林木，也为熏肉提供了天然的材料。松柏、果树枝、茶树枝等杂木果壳，都是熏肉的最佳选择，不同的材料，也会影响肉的口味。枝木的植物香味，也将在未来两三天的熏制中，慢慢渗入每一块肉的肌理之中。

酸肉的制作，是侗家生活智慧的积累，抹酸料也是重要的环节。酸糟以蒸熟的糯米

摄影／陈靖文

摄影／严跃新

摄影／陈靖文

摄影／陈靖文

摄影／严跃新

腌制酸鱼、酸鸭、酸肉，要先把蒸熟的糯米饭放凉，再与辣椒面、花椒和食盐等混合，然后均匀涂抹在鱼、肉上，进行自然发酵。

为原料，再用糯米甜酒糟搅拌而成。酸糟的优劣，要看材料的选择，糯米越好，制作出来的酸糟就越香浓，最好的糯米，自然是养在三江高山梯田里，以侗人传承千年的古法耕种出来的香糯。

最后才是封坛，满坛密封，静待冬天过去，在来年四五月开坛。密封在酸坛里的鱼、鸭、肉在不为人知的角落，慢慢地舒展开来，呼吸、发酵，日复一日产生细微的变化，历经了冬春的季节变换，直到开坛的那一刻，满室盈香，惊艳世人。

酸鱼酸肉酸鸭是百家宴上必不可少的食物。每个家庭制成的酸肉，口味因个人手艺不同而略有差别，细微之处，只能交给味蕾去辨别。酸是侗家人心中的宝，除了酸鸭酸鱼酸肉，还有酸豆角、酸芋苗、酸笋、酸蒜头、酸藠头、酸萝卜、酸芥菜……腌制酸菜的酸水，也是炒菜的难得佐料。中秋之前，稻田里捕捉回来的稻鱼，不足两指宽，清水加盐煮后，放入芥菜酸坛水焙上一刻钟，又是一道侗家风味。

无酒不宴，尽管百家宴上菜式丰富，让人眼花缭乱，但一定不能少了酒。侗家的酒，大多自家自酿。对于居住在深山里的民族而言，酿酒犹如生存本能一般，上好的稻米，优质的山泉水，天赐的自然环境，日月与风云变幻的规律恰到好处，早已为这一切的诞生做好了充足的准备。煮熟的米加上凉水拌的酒曲，入缸密封发酵，烧锅烧制。山泉、好米在长期的发酵后酿成的米酒，口感香甜醇厚，酒性温和。

酸鸭酸鱼酸肉之外，还有许多好山好水孕育出来的食材，为百家宴提供了丰富的菜品，红薯饼、炸豆腐、腊鱼干、韭菜炒河虾、田螺……应有尽有。虽非山珍海味，却是外地尝不到的鲜美。鼓楼前的长桌，纵横摆了一条又一条，当宣布宴会开始时，等候在旁的四方宾客纷纷就席。觥筹交错间，宾客们可以从长桌的桌头吃到桌尾，尝尽百家的味道，是为吃百家饭菜、喝百家米酒、享百家福气。这场美食的盛宴，注定是热闹非凡的。从进寨开始，好客的侗族人便准备了好酒唱着侗歌迎接客人，入寨需对歌，对歌不成便喝酒。饭桌上更要经历一番干杯、敬酒、换酒再到团圆酒的过程，未曾见过这等场面的宾客，大约要被这一轮又一轮的喝酒方式弄得目瞪口呆。饭桌上拉家常、对歌，饭桌外，侗族的男男女女们，将所有对宾客的热情，都放进了一杯杯香醇的米酒之中，伴随着交杯换盏之声的，还有人们欢快的笑声，场面之热闹，颇为壮观。

其实，中国许多地方皆有百家宴，有的是社区邻里的美食聚会，有的是村社民族的节日宴会。百家宴在今天已不是多么特别的地方饮食风俗，但宴上让人目不暇接的食物，却因地而异。三江侗族的百家宴，因浓厚的地方风情，大山深处的天然食材，让这一场美食之旅，变得越发多姿多彩。那些隐藏在食物里的传统手艺，三江侗家小小的日常，在推杯换盏之间，得以一一窥探。

百家宴菜式丰富，除了大锅菜还有酸鸭、酸鱼、酸肉、红薯饼、炸豆腐等。图为挑着各种菜式的侗族妇女。摄影／钟毓宁

侗家敬酒的方式也很特别，敬酒时大家一边唱祝酒歌，一边敬酒，敬完一杯又一杯。摄影／赵建华

# 迷之侗『款』

撰文 杨尚荣

作为游客，当你第一次从侗族兄弟嘴中听到"款"这个字眼的时候，千万不要以为是催你还账，或者是邀你讨论新鲜出炉的时尚 Style。当然，最大的可能，是你根本听不懂。万一听懂了，或者侗族兄弟让你听懂了，一定要明白，就像理解"卡哇伊"一样，"款"只是汉语普通话在力有未逮时的随机选择。

这个时候，最好屏息静气，因为，接下来发生的事情可能很严重。

"款"到底是什么呢？

最终构成了侗族款组织的结构体系。

据研究考证，大约在唐末五代时期，侗族由原始氏族社会跨越奴隶社会直接进入封建社会。这一时期，侗族"飞山王"杨再思经营飞山（在今湖南省靖州苗族侗族自治县境内），实行民族区域自治，实现民族融合发展，得到中央政权认可，形成了后世备受推崇的"飞山精神"。经他和数代族人的不懈努力，侗族社会逐渐成为"平权社会"。"款"这种社会组织形态，也在这个历史阶段正式成型，并得到长足发展，达到极盛。

"款"的军事作用同样突出。战事来临或抓贼捕盗时，只要擂响鼓楼上的牛皮大鼓，款兵（青壮男子）就必须带上武器、干粮赶到鼓楼坪集合参战。款组织之间以"火急木牌"为信，一村村、一洞洞（坪）往下传送，很快即可成军，共同抵御敌袭。这种战争动员和军事组织方式，由于不愁供给、回旋灵活，使得敌人很难侵入腹地持久作战，加上地理地形优势，所以有史以来侗乡少有战事。

其次，"款"就是侗族人的祖宗家法，是侗族特殊社会结构衍生出的一套政治法规体系。

由于在村寨、"洞"、"坪"内部实行自治管理，生产生活秩序就由款首主持，靠款规维系。款规分威规、阳规和阴规三种。威规管礼仪道德，以劝教为主。阳规、阴规管行为规范，阳规处罚的多是轻罪，类似村规民约；阴规处罚的则多为重罪。

款规是由款组织共同参与制定，并通过

款，在侗语中指的是民族法典。侗族善于将枯燥的法律条文用形象生动的诗歌讲唱出来。讲款时大家聚集在款坪上，款坪上有供寨老念诵的台子，有记录决议的石碑。图为寨老们在款坪进行祭祀活动。摄影／唐汉忠

首先，款就是侗族人的赵家屯、李家庄、张家湾，更准确的说法是，侗族历史上曾经长期存在的以地缘为纽带，以血缘为基础，具有政治、军事结盟意味的民族自治组织。

在侗族传统社会里，多个家庭组成房族或家族，房族家族再组成村寨，以数个村寨组成小款（环地百里，称"洞"或"坪"），以数个"洞"或数个"坪"组成大款（环地数百里），以数个大款组成"特大款"，即湘黔桂交界整个侗族地区，整个侗族的联合，

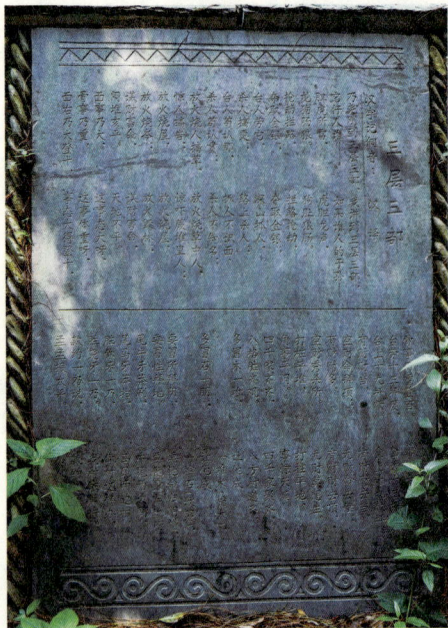
款碑所记六面阴规的详细内容。摄影／唐汉忠

歃血盟誓、刻石树碑确定下来，具有极强的权威性。哪个村寨的人犯了款规，由那个村寨的款组织来执行处罚；哪个家族的人犯了款规，就由这个家族来进行惩罚；如果不按款来处罚，就会受到款洞款坪的严厉惩处。款规在实施时，通常人威（人判）和神威（神判）并用，不容置疑。

打个不恰当的比方：过去农村出了事，比如隔壁老王和甄家媳妇研究账本研究了一宿，不用平台热搜，直接开祠堂断事；修锅师傅和徒弟因为工钱那点事闹不和，不用吐槽发泄，再开一次祠堂……祠堂好忙。

农耕时代，或者传统社会，"款"这种

社会组织形态并不少见。在人们都靠种地过活的时候，土地就像现在的商品房一样是人们生活的中心，加上土地又不像工厂一样可以搬来搬去，不像工作一样可以换来换去，所以很容易形成以血缘（亲戚：打虎亲兄弟，上阵父子兵）为中心，以地缘（同乡：老乡见老乡，两眼泪汪汪）为纽带的社会组织结构。"款"的特别之处在于，受历史、地理因素影响（主要是太偏僻，中央政府管不了管不着，也就不管了），大约从原始氏族社会后期的部落联盟开始，一直到封建社会末期的清末民初，侗族社会一直处于"款"这种社会组织形态中，就仿佛植物界的银杏树、动物界的中华鲟一样，成为社会学、人类学、民族学的生动教材，和研究民族自治与民族仪礼宗法的"活化石"。

再次，"款"还是侗族人的《格萨尔》（藏族）、《江格尔》（蒙古族），代表一种传统民间文学样式——款词。

"款"的内容不仅包含款规款约（即约法款，宣讲威款、阳款、阴款的具体规定、规则），也包含侗族世代的创世款、风俗款、英雄款、款坪款，以及以款词的体裁出现的祭词、祝语、白话歌等。因此，款词在侗族的古籍中占有相当多的内容，其文化和文学地位十分重要。它涉及侗族的族源、历史、地理、政治、经济、宗教、法律、文学、风俗等诸多方面的内容，称得上侗族的"百科全书"。

正如挖掘"汉"与"汉族"放在一起的

侗族没有文字，只能通过口头形式将"款"传承下去，图为寨老在讲款。摄影／杨忠平

时候，你会发现许多基因密码一样，"款"在侗族所代表的，是侗族独特的文化传统和历史传承。

中华人民共和国成立后，随着侗族地区政治和经济地位的变迁，形式上的款组织已消失，但其潜在形式，包括民间款约及其文化约束力，在涉及治安防灾、文物管理、风水山林、红白喜事、社会风俗等内容，在维护正常的社会生产生活秩序、兴办公益事业、组织群众娱乐活动、传承民族传统文化等方面仍在起作用。可以说，"款"所代表的文化传统，包括对外和平、对内严明，自我约束、自我管理的社会方式，与人为善、温和内敛的价值取向，已经成为民族性格，融入了侗族人的血脉。

2008年，侗族"款"习俗被列入广西壮族自治区非物质文化遗产保护名录；2014年，被列入国家非物质文化遗产保护名录。

现在，侗族村寨里都建立了飞山庙，既为追思、祭祀先祖，也是纪念"飞山王"杨再思的历史功绩。2002年，三江县人民政府在独峒乡岜团村建立了供全侗族人祭祀的贯公、洛公神像及款坪款场，成为著名的旅游景点。

多耶

撰文　杨尚荣

多耶属于侗族特有的大型集体歌舞。当贵客来临，侗家也喜欢用多耶相待，鼓楼坪上，主客手牵手，围成圆圈共歌共舞，整个寨子都沉浸在欢乐和谐的气氛中。摄影／杨忠平

今年春节，我陪同中国民间文艺家协会的学者到三江侗族自治县高友村侗寨参加"拜太阳"活动，做田野调查。同车的当地民俗学家老杨通告大家，今天的活动有多耶①！

我一下子就兴奋起来。三江侗族的多耶，好玩得很，不管认不认识，也不管听不听得懂侗话，只要有多耶，尽可参与进去，手牵着手，"嗨"上一场。侗族多耶让人神往。

高友侗寨的"拜太阳节"②，固定在每年的腊月十九，这次改在春节，是专门为北京来的客人"重播"。老杨介绍说，拜太阳首先要祭祀，献祭和颂经过后，村民再集体唱跳歌颂太阳的耶歌。

香烟袅袅，祭祀过程隆重而繁复。我记惦着多耶，就从人群中退出来，找老杨闲聊，问起侗族人多耶的传统。

老杨来了谈兴，一下打开了话匣子。侗族多耶历史久远，起源于原始人类劳作时的号子、祭祀时的吟唱，由原始歌谣逐步演变

圈子越来越大，耶歌越唱越欢快。摄影／贺肖华

而成。到唐宋时期，侗族的歌、乐、舞得到历史性的融合，多耶开始盛行。南宋陆游在《老学庵笔记》中写道，侗人"农隙时，至一二百人为曹，手相握而歌"。这是关于侗族多耶最早的文献记录。此后，在明代邝露的《赤雅》（卷一）中有载："侗亦僚类，不喜杀，善音乐，弹胡琴，吹六管，长歌闭目，顿首摇足，为混沌舞。"

老杨的话有点掉书袋。我正听得蒙头，飞山庙里的祭祀终于结束了。人群陆续散到鼓楼广场上，三三两两地闲聊。

"快要到多耶了吧？"我按捺不住问。

"快了。"老杨说。

猛然，广场上一人高呼："多耶啰——！"一众原本散漫的村民立时精神起来，回应道："好啊！"

这时，下晌的太阳正挂在西山顶上，山脊梁上渲下来的霞光，把鼓楼广场洇得金黄。

广场东侧的几个妇女，手牵手，唱了起来，"呀啰耶，呀啰嘿！呀啰耶，呀啰嘿……"

人群自动跟在她们身后，踏步进入广场中央。刚刚还人声嘈杂的地方，已经整齐响

大年初一到十五，是多耶的主要时间，一般女队留在本寨，男队到邻寨对歌。摄影／杨忠平

起一阵阵"呀啰耶，呀啰嘿！"的声音。众人有序地沿着一个方向，走出一个个圆圈，内圈最小，逐圈向外漾大。

多耶正式开始了！

歌师姓罗。他手拿着一本歌书，跟在队列中领唱。

歌师："人来光明唱古今啰呀！"

众人："唱古今啰呀！"

歌师："一是太阴二太阳啰！"

众人："呀啰耶，二太阳啰耶！"

……

北京来的客人，开始还只顾拍照，等发现多耶的圈子越来越大，参加的人越来越多，便也忘了身份，大叫一声"我也来"，纷纷跳入圆圈之中。

"进去呀，你不是盼着多耶吗？"老杨笑着催促我。

"好咧！"我本就跃跃欲试，就差老杨推这一把。

顶着围观村民的目光，我专门找了两个侗妹中间插队。

"阿哥，来啦？"姑娘戏谑地问，普通

话很好。笑容中的调皮，打消了我最后一丝局促。

"来了，跟你们一起多耶！"

圈子越圈越圆，耶歌越唱越欢快。我听不懂侗话，只好每到"呀啰耶"时，就用力大声跟和，惹得侗族妹妹一阵阵笑。走了几个回合，慢慢摸出门道：歌师领唱一句，众人有时是一边伴唱"耶，耶，耶！"一边重唱句尾三字；有时是多声部拉长腔合唱，或是整句重复，再唱"呀啰耶，耶啰呀！"动作逐渐合拍起来，或拍手，或搭肩，或踏步，或甩腿……

越跳越唱就越兴奋。没有了男女之隔、没有了长幼尊卑、没有了民族差异，唱者激扬，听者兴奋，乐而忘忧，乐而忘返，乐而忘我，这大概就是多耶的魅力所在。

回程的车上，老杨向我解释了祭太阳的耶歌歌词："人来光明唱古今，一是太阴二太阳。今日聚集来纪念，鱼肉祭品献到堂。蜡烛香纸办齐备，先生摆案又开场。地广天高日在顶，乾坤分化卦阴阳……土地山林万物生，枯木逢春四季旺。阳光照耀收成丰，雨水田耕润田塘。敬供太阳思谢恩，五谷丰登养地方。人财两旺我发旺，阳间世上太平洋。"

在侗族，多耶只在祭祀、月也（集体做客）、庆典等特定场合才进行，所以在歌词韵律里，总是饱含着对神明的敬畏、对祖先的怀念、对大自然的感恩。多耶给人的快乐，更加空灵质朴，更加细密绵长，超于俗而近乎巫了。

电影《寻梦环游记》中，有这样一句经典台词：真正的死亡是世界上没有一个人记得你。死亡不是生命的终点，遗忘才是。

侗族有多耶，所以生生不息。

---

①多耶：侗语音译，"多"有唱、跳之义，"耶"是因演唱中常伴有"耶"的衬词，"多耶"即"唱耶歌"，又称"踩歌堂"。多耶集歌、乐、舞于一体，属于侗族特有的大型集体歌舞，参与者需手拉手围成一圈，跟着领唱的节奏边唱边舞。柳州三江侗族多耶节是桂湘黔交界地区和广西乃至全国最成功、最有影响力、最具代表性的民族传统节庆品牌之一，一般每年国庆黄金周期间举行。

②拜太阳节：侗族人对太阳有着虔诚的敬畏与崇拜，在他们朴素的认知里，万物生长要太阳。有的村寨专门将一块大白石放在"萨神"祭坛中央，以代表太阳，四周用十二颗石子包围，代表星星与月亮，也代表一年十二个月。这是大自然天体崇拜与祖先神崇拜的合体。

侗族人在鼓楼坪上围了一圈又一圈，载歌载舞，红艳艳的围巾衬得整个场面热闹非凡，生机勃勃。摄影／刘永培

風物

# 缘牵
# 侗寨唱大歌

撰文 杨尚荣

很多去过黔东南的背包客盛赞那里的侗族大歌，说那是最宝贵的天籁之音，我很想对他们说，来柳州吧，听听这里的侗寨大歌。

不是什么都能叫"大歌"的。大歌是侗族人的专属。之所以名之为"大"，是为了区别于琵琶歌、牛腿琴歌、笛子歌、山歌、流水歌等"小歌"。

在侗寨，侗族人喜欢把大歌叫"嘎老"。"嘎"就是歌，"老"则表示"宏大或古老"，有四个特殊含义：一是唱法特殊，必须多人多声部，至少是两声部五人以上；二是歌词特殊，都是过去流传下来的；三是场合特殊，不是想唱就唱，一般只在特定的场合演出；四是传承特殊，需要由歌队一代代传唱下去。由于多声部无伴奏合唱所呈现出的听觉盛宴极为优美，侗族大歌被认为是"清泉般闪光

的音乐，掠过古梦边缘的旋律"，享誉海内外。

作为最忠实的拥趸，我与大歌的缘分可以追溯到十多年前。

2008年，第十三届CCTV青年歌手电视大奖赛广西赛区预赛时，我带领柳州市三江县"三江侗族组合"侗族大歌队参加原生态唱法比赛，毫无悬念地在柳州市赛区拿到了一等奖，取得了去南宁市比赛的门票。虽然距离进京决赛又近了一步，我却开始发愁，因为领唱声部只有弟花一人，后势不足。

三江县处在侗区大歌流传区域的边缘，主要集中在融江河的梅林、富禄两乡侗寨，范围很小。当时正是外出打工的繁盛期，根本找不到符合参赛年龄要求的青年人。为了完成任务，我照着文化部门和有关人士推荐的名单，在柳州市龙潭公园和广西艺校等地

侗族大歌传承方式独特，各个村寨或氏族都有多种形式的歌班，如少年班、青年班、老年班、妇女班等。通过对歌、赛歌、传歌，世代承继。其音律结构、演唱技艺、演唱方式和演唱场合均与一般民间歌曲不同，一领众和，分高低音多声部，在中外民间音乐中极为罕见。摄影／杨忠平

"饭养身，歌养心。"侗乡一向被誉为"民歌之乡"，侗族大歌，更是以其神奇的多声部合韵名扬世界。图为三江梅林侗族大歌演唱现场。摄影／李家树

鼓楼侗族大歌是大歌中曲调最为古老的一种，专在鼓楼里演唱，歌词内容以情歌对唱为主。摄影／杨忠平

在侗族村寨，少年学歌、青年唱歌、老年传歌已经形成传统。自 2000 年起，三江县开展"侗族大歌进校园"活动，大歌的传唱后继有人。摄影／杨忠平

三江县举办农历二月初二"龙抬头"侗族大歌节，参赛者站在竹排上唱侗族大歌。摄影／杨忠平

按图索骥，找来弟花、培园等八个姑娘，集中起来练了几个晚上，合了几回就上台比赛，侗族大歌拿了一等奖。

可是，真要到南宁参加复赛，还要拿到进京的门票，必须得凭真本事。我和姑娘们便都心怯。

侗族大歌的演唱，主要由领唱声部、高声部和低声部构成，尤以领唱声部为灵魂。领唱者的声音需要高亢、圆润、饱满，真实干净，特别要具有"野性"，这是一首大歌成功的关键。演唱时，领唱声部的任务很重，有的歌要从头领唱到尾，很辛苦，一首歌领唱下来，嗓子都会辣。侗寨每一个歌队中，都要有两至三个人领唱声部，以便换音、歇嗓。可我们只有弟花一人领唱声部。柳州市的几场比赛下来，她已经嗓子发麻，疲态尽显。

"去把培月叫来吧！"弟花和姑娘们都很着急，"培月是新民村的领唱声部，唱得可好啦！"其实，我之前也问过，都说培月去广东打工了，不在家。"前些天家里有点事，她刚回来。"我一听，立即驱车赶往新民村。

从对河公路这边坐船过江，新民村就在对岸。江风徐来，河水清冽，能看见江中遍布的卵石和石上漂游的小鱼。"难怪这地方人唱歌唱得那么好！"我思量着走进培月家门。她正好在家。

"我跟她们（指另外几个姑娘）不是同一个村，更不是同一个歌队，唱不好的呀！"培月面露难色。

"这有什么难，练几天就可以了的。"我有些不以为然。

"哪那么容易的哟！我们新民中寨歌队，我打七八岁就参加。先是跟着叔婶学唱，一句一句地学，一个声部一个声部地唱，自己唱熟练了，再试着跟大伙合。有时候一个晚上合不得几句，不是这个人偏音，就是那个人拉嗓，总是不对，几年都唱不好一首。现在要去跟另外的人合，可难了。大歌可不像那些小歌，一两个人就可以随便唱起来。"培月说。

看出她的犹豫，我只好打出感情牌。

"是弟花叫我来喊你的哦！"几年前，培月跟弟花在龙潭公园一起有过演出合作。

果真奏效。培月终于加入了"三江侗族组合"。

有了培月，弟花的潜力被激发了出来，两人的领唱声部，一放一收，情真意实。其他七位姑娘也被感染，高低声部齐整划一、配合默契，整体水平提升了一个档次。

中间还有个小插曲，大家在选歌时出现了不同意见。侗族大歌种类繁多，单从内容来讲就有鼓楼大歌、声音大歌、叙事大歌、童声大歌、戏曲大歌、礼俗大歌、混声大歌，等等。姑娘们根据各自熟悉程度，分别提出不同的歌类。最后还是依培月的意见，选了《知了歌》《三月歌》等几首，因为这类歌经常在鼓楼里演唱，评委和听众容易接受。

快到比赛的日子了，我们又发现了一个问题：无论姑娘们怎么唱，总是没有在村寨时的那种韵味，特别是在走台彩排时，这种感觉更加明显。究竟是什么原因呢？是环境不对。侗族大歌的原生土壤是侗寨，是村寨祭祀、月也（集体做客）、庆典时，在萨坛、鼓楼堂、鼓楼广场、戏台等特定场合演唱的，现在却是在大城市的舞台上，穿着设计的演出服，感觉怎么可能出得来呢。

果然，比赛中专家给"三江侗族组合"的评价并不高，总分只获得全区原生态唱法第三名。按照规则，每种唱法只有前两名才有进京的资格。

大家心怀不甘地准备回程。临行却接到通知："三江侗族组合"的侗族大歌《三月歌》代表广西进京，第二名不去了……

因为另有专人带队进京，我就算完成了任务，打道回三江。不到一个星期，姑娘们从北京打电话来，要我把她们自己的侗族盛装寄去。原来，进京后的第一场比赛，她们穿的还是歌舞团的演出服，被一名了解侗族民俗的评委点评：只有穿着侗族服装唱大歌，才能唱出韵味！

我立即找到姑娘们的父母，把她们压箱底的侗装翻出来，以最快速度寄往北京。后面的剧情就是，姑娘们穿着自己的民族服装，在银饰叮当中，唱着侗族大歌，一路通关进入决赛，获得了团体优秀奖。

一晃十多年过去，侗族大歌的名气越来越大，也逐渐走上了各类演出舞台，但在我看来，最好的大歌还在原乡，在侗寨。

# 侗族回门节

撰文 覃妮娜

农历正月初三，是三江侗族新娘回门的日子。结婚第一年的回门，是一场比婚礼有过之而无不及的盛大仪式。公公婆婆按照自家的经济能力，早早准备好了几十担甚至近百担的回门礼，让媳妇风风光光地回娘家。这个风俗也叫"送担子"。

箩筐上压着扁担，扁担上写着不同的名字。这些扁担分别属于这个房族四十岁以下的男女亲戚，而这些箩筐，就是他们明天早上要帮忙送往新娘家的回门礼。

按照三江侗族的风俗，新人结婚次年的农历正月初三，全寨上年结婚的新娘要统一在这天回门。只有在初三有大忌的年份，才会经寨老计算后改日子。

侗族新娘第一次回娘家，婆家除了要准备丰盛的回门礼物，还要邀请房族内的亲友，帮忙送往新娘家。礼物全部是食物，有宰杀好的猪肉、鸡鸭，还有大年糕、粳米、糯米、糍粑、糖果、饮料、酒类，份数要双数。婆家送的"担子"也要双数，"担子"越多，显示婆家的经济实力越雄厚、房族的人脉兴旺。新娘家接到的担子、招待的宾客越多，新娘家越有面子。

新娘们回门的前一天晚上，寨子里寨老也是忙碌的。既要为本村娶进的各家媳妇算好出门时间，还要算好本村嫁出的各家女儿的回门时间，避免进出的队伍在途中相互遇见，发生"冲喜"。因此，上年娶了媳妇的各家代表，纷纷聚在寨老家中，等候一个属于自家的"吉时"。

新娘回门时，婆家亲戚挑着彩礼，组成浩浩荡荡的送亲队伍，送亲队伍越长，表示新郎家的家业越兴旺。摄影／张立

早上，送亲的人陆续集中到新郎家。新郎家会煮饭或打油茶招待。吃过早饭，就开始分配各自要挑的担子。前往新娘家的路远近已定，但担子还是有轻有重，到得早的人可以先选，于是新郎家早早就热闹起来了。

清晨的侗寨，家家户户的木楼冒着炊烟。青石板小路弯曲上下，绕过水塘和楼脚。寨中每隔一段距离，就会有一口水井，供周边的住户使用。暗沉的木楼间，忽然走出来两个靓丽的身影，是挑水的新娘！

新娘是盛装打扮好了之后，才挑着水桶前往水井的，由同样盛装打扮的伴娘单独陪同。但伴娘不用挑水，只是空手走在新娘身后。因为挑水的新娘尤其受到路人的关注，挑水仪式也就成为伴娘隆重登场的场合。这个以新娘挑水为主题的行为，实际上却是展示伴娘的平台。

此时，各家送亲的队伍还没出门，路上往来的人不多。为各家送亲队伍而聚集起来的男人们，都在各家靠近路边的晾台、阳台上站着，各种窃窃私语。还是未婚姑娘的伴娘，是众多男青年眼中关注的对象。

大年初一，所有新娘都要到井亭挑水回家，一般由新郎的小妹陪伴。在侗家相传小孩是从井里来的，因此新娘挑水还有着企望新娘早生贵子的意思。摄影／徐行

新娘回门的程序，就从这一担水开始。新娘回门前，为婆家挑一担水。这一担水，喻示着新娘从今往后就和婆家融为一体，成为真正的一家人了。

一路上偶遇的三位"送担子"回门的新娘中，有两位已身怀六甲。这么高的怀孕和出生率，不禁让我联想到侗家新媳妇"过门第一年不用做事"的习俗，是给了新娘一个轻松愉快的心情，一个融入新家庭、孕育新生命的良好环境。

寨中陆续有鞭炮响起，那是某家"送担子"队伍出门的信号。各家按吉时分别出发。如果发生意外，路上两支"送担子"的队伍不期而遇，两个新娘需要交换梳子，也可保得吉利。

回门的路上要一路放炮，让新娘伴着响亮的炮声，踩着火红的炮纸屑回娘家。回门路线通常是先经过寨中的主干道，到村寨中的鼓楼坪前放鞭炮，之后再绕道回娘家。寨中的人们大多沾亲带故，所以大家都会聚集到寨门或主干道旁看热闹，鼓楼坪前的人最多，因而这里放的鞭炮也最多。

寨老会一一来到有新妇回门的婆家。口中念念有词，弯下腰，在大门口新娘离家时要跨过的那盆水中比画一下，然后起身出门而去。挑着担子准备出门的人们鸦雀无声地

初三送新娘回门，是当地侗族婚礼最隆重的仪式之一，新郎家要准备红猪、酸鱼、糯米、糍粑等礼物，良辰一到，鞭炮齐鸣，送亲队伍出发。围观的人群熙熙攘攘，热闹非凡。摄影／吴练勋

围观，纷纭的人群和静默的气氛，使现场有了某种神秘的仪式感。

屋角的男人躁动起来，有人喊"走了！"屋后随即响起炮仗声，烟也卷了进来。

按照规矩，要让新娘先出门，然后再一个接一个鱼贯而出。寨子里的石板路一时间硝烟弥漫。队伍出发时要放炮，停下来要放炮，走了要放炮，到鼓楼坪要放炮，若有一会儿没放炮了则又需放炮，新娘到家时更需放若干轮"盛大"的炮。

送亲的队伍一支接一支走过，长得不见首尾。队伍里的担子大同小异，一两个小时的时间里，身穿侗衣的男女挑着它们反复出现，络绎不绝，让人产生迷幻的感觉，这些在烟雾中穿梭的人刚才来过了！

侗家人肩上的一担担礼物，不仅仅是在彰显自家的富裕，推崇新娘的尊贵；他们是在用自己的方式，让女人获得美丽和幸福，使家庭更圆满，族群更壮大，子孙永保佑，世代传香火。

# 韭菜节：谷雨韭菜香

撰文 覃妮娜

韭菜在侗语中，有沉思、稳重、老实之意，蕴藏"自然和谐"之内涵，高友寨历来有韭菜春祭的传统，韭菜文化节始办于2007年，一般在谷雨节后。韭菜节上，少女们身披韭菜"盛装"，最长的韭菜可达70多厘米。
摄影／李贵云

高友韭菜俗称大叶韭菜，一年四季均有种植，春季生长尤为茂盛，特别是谷雨节前后 15 天出产的质量最优。高友寨的韭菜茎高叶大，色泽青翠，吃起来清甜可口。摄影／杨忠平

黄昏时一场突然的雨，把我们拦在了林溪镇的鼓楼里。同样被雨拦在鼓楼里的，还有几位婆婆。才聊几句，婆婆们就热情地邀请我们，第二天来鼓楼过谷雨，打油茶。噢！明天就是谷雨了。

在侗族人传统习惯中，谷雨是一个不大不小的节日，要那么略微地庆祝一下。韭菜节是为韭菜准备的节日，是距林溪镇 11 公里的高友侗寨每年农历三月初二谷雨这天专门举办的。周边地区则没有这个习俗。

我第一次知道韭菜节，是通过摄影师张小宁老师拍摄的韭菜节照片。那鼓楼前庄严的祭祀场面，欢快的芦笙踩堂，冲上云霄的侗族大歌，特别是打韭菜油茶的场景，那满桌盛着白米花、黄油果，点缀着青青碎韭菜的茶碗，浇上滚烫的茶汤，热气蒸腾的样子，在我脑海里挥之不去。

每年谷雨前后的半个月时间，是韭菜最鲜嫩的时候。《南史·周颙传》里记载："文惠太子问（周）颙，菜食，何味最胜？颙答：春初早韭。"这"韭"就是韭菜。初春时节的韭菜品质最佳。

韭菜节的祭祀活动一般在鼓楼坪进行，韭菜扎捆成小捆放在祭台上，由寨老主持讲款，气氛庄重严肃。摄影／覃美春

据说，韭菜节当天，还会进行韭菜评比。高友寨的侗人，会提前邀约周边村寨的亲友，十里八乡的人们也会自发赶来参加，村寨间会斗芦笙、跳踩堂舞，总之是热闹非凡。

5点多，天刚亮，林溪镇菜市场里已人声鼎沸，赶着来采购谷雨用物的人们，在市场里熙熙攘攘。传说中的韭菜，此刻就在眼前。我还是第一次看见这么大、这么多的韭菜！短的有50厘米，长的有70厘米，竖起来能到我的大腿一半以上。叶片窄的有1厘米，宽的能有2厘米以上！

韭菜性喜冷凉，耐寒也耐热。高友寨所处的高山沟涧，日照强而时间短，温差大又水分足，正是韭菜生长的理想家园。高友韭菜，茎叶高大，叶片色泽青翠，水头足，用手一捏，叶片能发出清脆的断裂声，吃起来鲜甜美味。周边各地的韭菜中，要数高友寨的品质最好，价钱也要比其他地方的高，这是最让高友人自豪的。

谷雨这天的高友人，早早就准备好了盛装迎接来参加韭菜节的朋友们。高友寨建在山顶上，还没进寨门，迎客的队伍就在茶园边上摆好了迎客酒。"韭菜割了还会再长，酒杯空了还会满上。"

韭菜擂台赛上，评委们正在进行评比，各家高下难分。摄影／杨忠平

据说，高友建寨始于明天顺二年（1458），距今已有 500 多年的历史。最早以杨和潘两姓建寨，生息繁衍。现在高友侗寨居住着 400 多户人家，居民 1900 多人。

一眼望去，依山而建的木楼盖满了几个山坡，层层叠叠的青瓦间凤尾竹和绿树掩映，寨后的山上是遍山的青青茶园。寨旁田间河上的风雨桥、寨中层檐高耸的鼓楼、路旁清泉涌动的井亭，很难找到比高友侗寨更好的宜居环境了！

唱罢酒歌，进寨，来到鼓楼坪上。祭台已摆好，除了新鲜采摘的大韭菜，还有猪头、鸡鸭、果、酒、饭等祭品和香炉。陆续有妇女抱着一把把的韭菜，从各条小路出来，把韭菜送到祭台周围摆好。那韭菜用草茎扎着，还带着清晨的露珠，挂着一张写着名字的小字条。

寨子里，男人、女人们都打扮好了，三三两两地聚在各自门前。他们身上的侗布外衣，闪着紫金色的光。和他们聊起来，发现有很多人都不是本寨的，是从外寨来过节的亲戚。

和往年一样，韭菜节从祭祀开始。祭祀由本寨的寨老主持，寨老身穿侗衣，侗布包头。寨老身后，坐着一排身穿绸缎的长者，有的戴西式礼帽，有的戴清式的暖帽。

春祀，是有几千年历史的仪式。《礼记》中便有记载。建寨500多年的高友寨人，一直有春祀的传统。春祭韭菜，就是韭菜节的起源。

拜过天地祖宗，寨老们开始讲款，每次讲完一段，听款的人们就要高声应答一次，表示听到了。那气氛很像老师学生在课堂上问答的样子。

讲完款，接着就是吹芦笙、唱侗歌、跳多耶舞。和讲款时凝重的应答不同，此时人群是流动着的，人们脸上的表情也是轻松愉快的。

此时，韭菜节的主角——韭菜，就那样摆在祭台上，代表某一家人的心愿和供奉。我一直以为会有一个评选，但直到结束，并没有人为它评出等级。但每把韭菜，也完成了它们的使命，祭台上，高低都在众人的眼中，实在无须去做多余的评判。

韭菜，对于大多数人们来说，是一种菜。但对于另一个群体来说，在谷雨这天，还代表着一些别的意思。谷雨要打谷雨油茶，还可以打韭菜油茶，但谷雨的韭菜油茶并不是人人都可以喝的！

谷雨油茶人人都可以喝。而韭菜油茶，是未婚青年在社交活动中喝的。已婚人士去喝韭菜油茶（参加打韭菜油茶的活动），是要被嘲笑的。

除了喝茶的人不一样，韭菜油茶还要在原料中多加两样东西。一个是河里新捕的小鱼小虾，还有一个就是从心仪的小伙子家的菜园里偷来的韭菜。谷雨这天，未婚男子家的菜园里，韭菜被偷得越多，种菜的妈妈就会越骄傲，因为那些韭菜都是姑娘们为她儿子偷的。

要是在过去，谷雨这天，各村寨的年轻男子会相约去别寨"坐夜"，就是年轻人间的聚会聊天。场地会选择在某一女孩家，年轻女孩们会各自提前准备好打油茶的材料，来坐夜的小伙子们则会带着琵琶等乐器来。

那炒过的茶叶加水煮出来的味道，头道尤其苦涩。就是那苦涩，在一道又一道加水后，逐渐变得清甜起来。再加上佐料，每一道油茶的味道都不一样。

这打油茶的过程，有点像年轻人即将面对的人生，既有准备中的兴奋与憧憬，也有初涉时的烦琐和苦涩，还有可预期的香甜及美好。就算在独处的夜晚，年轻人也体验着侗家人传承的人生教材。

除了喝油茶，年轻人之间的谈话，主要由一问一答的歌声代替。经过一夜的长歌，天亮前，小伙子们要离开。为了分别的时刻，不知是谁留下了这样的歌词："楼外鸡叫声连连，阿妹送哥寨门口。三年都有两头闰，为何不见闰五更。"不舍之情油然而生。

韭菜打油茶里一般有猪油、花生、粉肠、虾子、韭菜等，只有未婚男女才可以喝。摄影／张小宁

# 祭『夜郎』：三江三王宫庙会

撰文 熊茜茜

　　每年快到农历二月初五的时候，三江县良口乡和里、南寨这两个寨子的村民，都会聚集到村前的三王宫举行盛大的祭祀活动，缅怀古代西南少数民族英雄"夜郎王"竹氏父子，祈求风调雨顺、村寨平安。

　　据彝族传说，夜郎国存世两千余年，经武米夜郎、洛举夜郎、撒骂夜郎、金竹夜郎四朝，直至汉代。楚顷襄王时，庄蹻的军队循沅水而上，曾伐夜郎。夜郎幅员广阔而盛极一时，其北到四川，南到交趾，秦末与南

三王宫始建于明代，为歇山式砖木结构，占地1200平方米，有前楼后楼，中间有天井。前楼设有侗戏台，后楼大殿为平房，三开间。摄影／赖柳生

越国并峙，保持着与印度的贸易往来。竹多同为王时疆域北至成都，西到云南大部，东到湖南西部。汉武帝南征时，竹多同和他的儿子们自愿归顺。武帝赐印绶封其父子为夜郎侯。"夜郎"，即"耶朗""议朗"，即款约制度，"夜郎国"的组织形式就基于大大小小的"耶朗"。

三王宫始建于明嘉靖年间，原建于浔、溶两江交汇处老堡对门的石门边，《三江县志》记载："溶江汇浔处，亦称大溶江口，

在老堡对面，两山对峙，山有三王庙。"这里在明初是三江县治。明隆庆六年(1572)，三王宫迁到今天的和里村。

庙中供奉的三王，传说是夜郎王竹多同的三个儿子。竹氏父子在所辖区域力倡革新，深得黎民拥戴，逝世后百姓立庙祭祀。到了明朝，郝皇统军南下平乱时路过此地，为竹氏父子之功德所感，敕竹多同为竹王，封其三子为三王，建"三王宫"，从此香火不断。直到今天，竹王三郎祠仍遍布我国贵州、广

祭祀活动时，主祭者叩首上香、献古饼，陪祭者绕神台、叩拜，以祈求风调雨顺、村寨平安。
摄影／唐汉忠

西、湖北、四川、重庆、云南、湖南各省区市。

据《建置怀远始末记》记载："怀远，古夜郎之域。"可见三江（古称怀远）属古夜郎国，或者是深受夜郎国影响之地。侗族文化专家考察认为，三江地区保留了许多夜郎文化即竹文化的遗迹，而和里、南寨村的侗族村民也一直认为自己是夜郎后裔，无论生活方式还是风俗习惯，都或多或少有着夜郎文化的印记。

三王宫举行祭祀庙会的传统，可以追溯到明末清初，开始只是百里侗族百姓来此朝拜，皆觉灵验，渐渐地成为当地侗乡人约定俗成的盛大祭祀庙会，传承至今。清代诗人王渔华就曾作《题竹王庙》诗云："竹林溪口水茫茫，溪上人家赛竹王。铜鼓蛮歌争上日，竹林深处拜三郎。"记录了当时庙会"赛竹王"的盛况。

原以为最多只是两个寨子之间的活动，一去才知道，不仅十里八乡的侗汉苗瑶同胞都赶来参加盛会，慕名而来的外省外国游客也不少，特别是贵广高铁开通后，越来越多想要了解夜郎文化的人来到三江，看祭拜仪式、芦笙踩堂、听侗戏，热闹非常。

二月初五一大早，来到和里村，老远就能看见颇具规模的三王宫，坐北朝南，依山而建，融合了古代汉族宫廷与侗族建筑风格，前楼设侗戏台，后楼大殿为平房，三开间。通往宫门的石阶上杂草丛生，门口对联曰：

三王出巡，寨民抬三王塑像入轿，到各寨巡游。摄影／赖柳生

千亩南辖收眼底，三王北望总关情。500年过去，整栋建筑内部已是一片斑驳沧桑。

三王宫前，是良口乡和里、南寨两村之间的双溪汇合处，为方便善男信女来此朝拜，清光绪二十四年（1898）在此建立了一座风雨桥——人和桥。人和桥横卧在溪流之上，真可谓"庙因桥而居地利，桥因庙而占人和"。

早晨7点左右，三王宫外已是人头攒动，只见盛装的金童玉女立在宫门两侧，还有身着长袍头戴礼帽的各举办甲［举办甲相当于举办方，当地由各个寨轮流做举办方，和里、南寨（包括归斗、良柳）等6个寨子，会按天干地支的顺序轮流主持］。老人们恭迎守候，阵仗极大。

正殿内祭品摆设也有讲究，按照老规矩，金猪银猪各一头，猪头上刻一个"王"字，除此之外五生五熟（鸡、鸭、肝、肚、肠）也不能少，水果、饼干荤素搭配，样样俱全。

待9点吉时一到，正式的祭祀活动开始。

主祭者来到殿前，绕神台三圈以后，跪在殿前叩拜，身后还有各甲数十位老人，金童玉女、八仙、执事童等分列殿内两侧。

叩首之后上香、献五生五熟、献古饼，随后陪祭者和吉童分别绕神台三圈，叩拜三次，请求三王开光沐恩。行礼者和观众看上去都很严肃，我想，倒不是他们真的相信三王子能显灵，而是尊重活动本身。

这次恰逢三年一次的大庆，还有恭请三

王巡游的环节。寨民们在礼毕后抬三王塑像入轿，锣鼓喧天，爆竹轰鸣，大批盛装的侗族儿女跟着巡游队伍，还有戏班、舞狮队、腰鼓队加入，附近的侗族村寨也带着芦笙队、侗歌队前来联欢助兴，场面壮观，气氛庄严又热烈。

巡游队伍从三王宫出发依次到各个寨子走一遍，每到一个寨子，早已等候多时的人们皆放鞭炮迎接，游行人群渐渐壮大，一眼望不到尾。

三王神像出巡各寨后起驾回宫，祭拜仪式就此结束，但三王宫外的好戏才真正开始上演。

侗戏的演出，是每年三王宫庙会必不可少的节目。

往年的演出都在三王宫里的吊脚木楼戏台，因为宫内位置有限，戏台前常常里三层外三层，为了照顾看不到的寨民和游客，今年在宫外的人和桥下搭了个大型水上舞台，用拱桥做台面，让更多人能够欣赏到表演。

侗戏产生于嘉庆至道光年间，多在湘黔桂三省交界地带流传，距今已有150多年的历史。这里侗、汉、苗、壮各族杂处，因历来远离政权中心而冲突频发，侗戏便成为多民族之间和谐共处的一个特殊纽带。

作为我国民间戏曲之一种，侗戏从最初简单地分坐两列对唱、只限男子扮演的形式，经历了社会发展和汉族戏曲的影响，逐渐丰富和完善，今天已是曲调丰富、有说有唱、男女演员皆可参与，真正成为有故事情节、人物角色、唱腔表演、舞台布景的综合艺术，2006年被列入第一批国家非物质文化遗产。

由于侗族没有文字，过去侗戏师们全凭记忆将曲目记在心里，再传授给演员，加之侗戏也没有专门的演出班子，因此传承起来相当困难，全凭扎根乡土的旺盛生命力活在民间艺人的吹拉弹唱中。

一到庙会这种大型节日，寨民们农闲时自发组成的侗戏班子便竞相登场，今天上演的是侗戏《家和万事兴》。与之前在网上看到的豪华演出场面不同，今天的舞台简朴随意，演员皆素颜上台，服装亦是家常装扮，看得出来是刚从家里或田边赶来，完全没有"演"的架势，倒让观众领略了最原生态的侗戏。这出戏表现的是家庭纠纷，演员皆为女性，唱白夹杂，以两人对唱为主，对唱内容显然相当有趣，台下的侗家人不时笑成一团，频频叫好。可惜我不懂侗语，完全体会不到唱词和对白的妙处。好在观赏侗戏并不单靠语言，从演员的动作表情当中，也能猜出剧情大概。一个大家庭中两房儿女因赡养老人而吵架，争执一番后重归于好。剧终时，大家围着老祖母开心地同声齐歌。必须得说，在民族团结英雄竹三郎的宫前上演这出侗戏，很切题。

站在古色古香的人和桥下，听着别具一格的侗戏曲调，和偶尔传来的悠扬芦笙，不禁对古老的夜郎文明生出了更多好奇。

准备上台的演员正在对镜化妆。摄影／赖柳生

台下观看演出的群众。有不少外国游客慕名而来。
摄影／唐汉忠

三王宫戏台侗戏表演。摄影／赖柳生